松尾秀哉
Hideya Matsuo
近藤康史
Yasushi Kondo
溝口修平
Shuhei Mizoguchi
柳原克行
Katsuyuki Yanagihara
編

Is Federalism an Effective System of Governance?

連邦制の逆説？
● 効果的な統治制度か

ナカニシヤ出版

目　　次

序　章　連邦制は効果的な統治制度か
　　　　……………………近藤康史・松尾秀哉・溝口修平・柳原克行　3

　　1. 本書の目的　3
　　2. 本書の構成　6

第Ⅰ部　理論編

第1章　連邦制と民主主義……………………………近藤康史　13
「連邦制の効果」についての比較研究に向けて

　　1. 連邦制の比較研究の現在　13
　　2. 連邦制の類型論　16
　　3. 連邦制と政党・政党システム　19
　　4. 連邦制と民主的正統性　23
　　5. 連邦制の比較研究に向けて　28

第2章　連邦制と民族紛争の計量分析………………久保田徳仁　32
研究の進展と課題・展望

　　1. 計量分析の長所と短所　33
　　2. 連邦制と民族紛争　36
　　3. 民族連邦制　38
　　4. 連邦制に関する計量研究の現在と今後　43

第 3 章　連邦共和国の形成 …………………………………… 森分大輔　48
　　　　　連邦主義とアメリカ革命

　　　　1.　連邦主義への関心　48
　　　　2.　連邦主義のルーツ　50
　　　　3.　アメリカ独立革命と連邦主義　53
　　　　4.　連邦主義と市民社会　59
　　　　5.　連邦主義への期待　63

第 4 章　EU と連邦主義 ……………………………………… 臼井陽一郎　67
　　　　　フェデラル・ヨーロッパの行方

　　　　1.　連邦制の概念の曖昧さ　67
　　　　2.　連邦制の基本的な特徴と EU の共同体方式　74
　　　　3.　非国家連邦政体の政治価値　78
　　　　4.　政策実務の視点による批判的評価の必要性　82

　コラム①　国際法からみた地域の分離独立 ………………… 小松﨑利明　84

第Ⅱ部　事例編

　第 5 章　ベルギーにおける多極共存型連邦制の効果
　　　　　　2014 年の連立交渉を中心に ……………………… 松尾秀哉　91

　　　　1.　ベルギーの歴史と政治制度　91
　　　　2.　二つの分裂危機　97
　　　　3.　2014 年政権交渉──多層化する連立交渉　100
　　　　4.　考察と結論　104

第6章　スペインにおける自治州国家制の導入とその効果
　　　　　………………………………………………永田智成　108

　　1．連邦制メカニズムとスペイン　108
　　2．自治州国家の成立　109
　　3．自治州の同質化と権限の拡大　115
　　4．カタルーニャの独立という新たな問題の浮上　120

第7章　イギリスにおける連邦的解決をめぐる政治とスコットランド
　　　　安定か不均衡な連合の継続か………………………小舘尚文　124

　　1．緒言　124
　　2．イギリスにおける「連邦制」概念の歴史的展開とスコットランド　125
　　3．政治的妥協の産物としての権限委譲　129
　　4．結語──イギリスにおける連邦制の今後　136

第8章　中央集権的な連邦制下の分権的政党…………東原正明　140
　　　　オーストリアにおける連邦制と州政治の変容

　　1．オーストリアの連邦制　140
　　2．中央集権的連邦制と分権的政党　145
　　3．各州の政治と連邦制──州政府の形成とFPÖの台頭　148
　　4．小国オーストリアにおける連邦制　151

第9章　連邦国家か国家連合か……………………………馬場優　158
　　　　「複雑な生き物」オーストリア＝ハンガリー

　　1．アウスグライヒ体制の成立　158
　　2．アウスグライヒ体制の制度的特徴　163
　　3．アウスグライヒをめぐる認識の相違と民族問題　166

第 10 章　ロシアにおける連邦制の変容とその効果
　　　　　………………………………………………溝口修平　*174*

　　1．ロシアの連邦制　*175*
　　2．非対称な連邦制とその効果　*178*
　　3．中央集権化　*182*
　　4．まとめにかえて——連邦制の変容と統治の安定性　*186*

第 11 章　ボスニア・ヘルツェゴヴィナにおける民族対立と連邦制
　　　　　固定化された対立と国際社会の対応………………中村健史　*191*

　　1．紛争後国家における多極共存型権力分有制度の導入　*191*
　　2．ボスニアの国家・政治体制と民族対立　*194*
　　3．国際社会の関与——強権行使から EU 加盟コンディショナリティへ　*198*
　　4．憲法改正　*201*
　　5．紛争後国家における連邦制の課題　*204*

コラム②　ウクライナ………………………………………………溝口修平　*208*
コラム③　ユーゴスラヴィア崩壊…………………………………中村健史　*213*

第 12 章　マレーシアにおける一党優位体制とハイブリッドな連邦制
　　　　　………………………………………………鈴木絢女　*217*

　　1．強い中央政府と州の非対称な管轄　*218*
　　2．歴史的妥協の産物としての連邦制　*223*
　　3．連邦政府のための連邦制　*228*
　　4．おわりに——マレーシアの連邦制のゆくえ　*233*

目　次

第13章　インドネシアの連邦制なき「世界一の地方分権化」
　　　　　　　……………………………………………… 見市建　236

　　　1.　民主化と急速な地方分権化　237
　　　2.　地方分権化の帰結　240
　　　3.　民主化改革の一環としての地方分権化——地方首長
　　　　 公選制の廃止と復活から　243

第14章　途上国での分権改革は難しいのか？ …… 石井梨紗子　252
　　　　　フィリピンの事例からの考察

　　　1.　1991年地方自治法（LGC）の制定　252
　　　2.　分権化の効果に関する諸見解　257
　　　3.　分権化悲観論を超えて　263

コラム④　少数民族と天然資源——ミャンマーでの連邦制をめぐる議論
　　　　　　………………………………………………… 今村真央　267

第15章　カナダ連邦制と憲法秩序の再編 …………… 柳原克行　273
　　　　　ケベック・ナショナリズムに与える効果

　　　1.　カナダ連邦制の歴史的背景と制度的構造　273
　　　2.　ケベックのナショナリズムと自立性の模索　277
　　　3.　ケベック「主権」の模索と憲法秩序の再編　280
　　　4.　分離のハードル　285
　　　5.　カナダ連邦制が発揮した効果とは？　287

第16章　アメリカにおける連邦制の成立と発展
　　　　　20世紀後半の都市コミュニティと福祉政策をめぐるその効果
　　　　　……………………………………………… 石神圭子　291

　　　1.　アメリカの建国と連邦憲法の制定　292

  2. 20世紀連邦制と福祉国家 *295*
  3. 「創造的連邦制」の射程 *299*
  4. 「適応」する都市／連邦制の「効果」 *302*

あ と が き ……………………………………… 松尾秀哉 *309*

人 名 索 引 …………………………………………………… *313*
事 項 索 引 …………………………………………………… *315*

連邦制の逆説？
―効果的な統治制度か―

序章
連邦制は効果的な統治制度か

近藤康史・松尾秀哉・溝口修平・柳原克行

1．本書の目的

　連邦制ははたして効果的な統治制度といえるのだろうか。かつて連邦制は、ある国が外敵からの侵略を防ぐため、脅威を受ける地域全体が結集して安全保障をはかろうとする手法として高く評価されてきた（Riker, 1964）。またアレンド・レイプハルトは、複数の民族などによって多元的に構成される社会は、しばしば連邦制度をとると論じている。彼は、連邦制の導入によって、国家の民族的異質性を連邦構成体内の同質性に転化でき、社会的多元性を減少させることができるので、民族間対立を解消できると主張している（レイプハルト, 2005）。

　しかし、現状はむしろ、その逆を行っているようにみえる事例も多い。1980年以降、東欧の連邦国家であるチェコスロヴァキア、ユーゴスラヴィア、ソ連は消滅した。北米のカナダではケベックの問題がくすぶり続け、西欧のベルギーは近年、地域間対立からしばしば政治危機に陥っている。また、完全な連邦制とはいえないが分権化を推し進めた国家においても、スペインはカタルーニャ、イギリスではスコットランドと、それぞれ分離独立問題が大きくなってきている。

　また、フィリップ・ローダーによれば、過去存在したオーストリア＝ハンガリーを含む多民族連邦国家18カ国のうち、現存しているのは半数だけで

ある (Roeder, 2010: 15)。連邦制が何らかのプラスの効果を持つのであれば、連邦制国家がこれほど減少することはないのではないか。こうして「連邦制の効果」を疑問視する成果も近年数多く登場し、それらは一般に「連邦制の逆説（the paradox of federalism）」研究と呼ばれている。

　しかし、「連邦制の効果」が疑われるとしても、多民族連邦国家が不安定化する要因を、果たして「連邦制」や「分権化」に帰することは可能だろうか。むしろ問題は、冷戦の終結やグローバル化の影響など他の要因にあるのではないか、という議論もありうる。

　また、そもそも政治的に不安定化しているといわれ「連邦制の逆説」の代表例とされるベルギーやカナダのような事例は、逆に、連邦制によって民族対立による分裂をギリギリのところで食い止めているとみることもできるのではないか。このようにみるならば、実は連邦制は制度的な強靱性を有していると考えることも可能である。こうした批判や疑問を考慮すれば、「逆説」研究が主張するように「連邦制が現代の統治制度として不適切」と単純に言い切ることも、またできないだろう。

　はたして、連邦制は効果を持つのだろうか。そして持つのであればそれは、どのような効果なのか。本書は、過去から近年の連邦制国家や地方分権化を進めた国家の政治動向について比較研究を行い、それらがいかなる「連邦制の効果」を有していたのかについて検討する。もう少しいえば、正躰朝香（正躰, 2013）が指摘するように、連邦制度に働く二つの力学——内向きの（統一を維持しようとする）ベクトルと外向きの（分離を志向する）ベクトル——の交錯に注目し、より動的に連邦制を把握し分析することを一義的な課題とする。

　その課題を解明するうえで、ここで次の3点を強調しておきたい。第一に、本書では連邦制の導入の失敗を主張したいわけではなく、その効果について検討し、うまくいかない場合は何が問題になっているかを明らかにしたいということである。ただ単に「逆説」「失敗」を論じるだけでは、多民族社会に未来はなくなってしまうからだ。すなわち、連邦制はやはり効果的であると主張する論考を排除はしない。繰り返しになるが、本書の第一の課題は、

連邦制において「統合」の力学と「分離」の力学のどちらが強く作用するかを検討することにある。

　第二に挙げるべきは、「連邦制」の対象をめぐる問題である。「連邦制」とはいっても、その定義は多様である。アメリカ政治研究を筆頭に、古くはもちろんジョン・ヘイなどの連邦主義者、ジョン・スチュワート・ミル、ハロルド・ラスキなどさまざまな論者がこれを議論してきた（Burgess and Gagnon, 1993）。こうした議論の共通点を抽出するならば、中央政府から（地方政府などの）連邦構成体へ権限が移譲された政体と定義できるかもしれない。しかし、現代国家においては、立法権限や財政上の運用権限を考慮すれば、多くの国家で何らかの自治が地方政府に認められている。これを連邦制と呼べば、ほとんどの現代国家は連邦制を導入していることになる。もう少し明確な定義が必要だろう。

　そのなかでもウィリアム・ライカーは、連邦制を、税収効率と軍事増強のための「連邦政府リーダーと連邦構成政府との交渉〔過程〕」として解釈した。そしてこの「交渉」が、以下の基準を満たすとき、この政体は連邦であると呼んでいる。第一に、同一の領土と国民を統治する二つの次元の政府が存在する。第二に、それぞれの次元の政府は、少なくとも一つの排他的な政策領域を有していなければならない。さらに第三として、それぞれの領域での、それぞれの政府の自治が一定程度保証されていること、である（Riker, 1964: 11）。

　同様にウィル・キムリッカによれば、連邦制とは「一つの中央政府と、領域にもとづく二つ以上の下位構成体（地方／州など）の間の分権が憲法上付与され、それぞれのレベルの政府が一定のイシューについてそれぞれ主権を有する政治システム」（Kymlicka, 1998: 119）である。当面このキムリッカの定義に従うが、それでも「運用上、地方分権が進んだ集権的国家」や「国家連合」との線引きは、実際のところ曖昧である（スウェンデン, 2010）。

　連邦制の定義が曖昧である原因は、連邦制が一般にアメリカ（北米）起源と考えられているのに対して、近年の「連邦制の逆説」で論じられるのは、ほとんどが西欧諸国であり、さらにこうした「連邦制に対する疑義」は冷戦

終結以降の東欧における連邦制国家の——残酷なエスニック・クレンジングを伴うことすらある——崩壊と内戦をきっかけとしているからだと考えられる。すなわち連邦制をめぐる議論は、歴史的、文化的背景の異なる三つの地域でそれぞれに展開されてきたのである。それを地域横断的に一つに括って定義することはきわめて難しい。したがって固定された価値観や評価に帰すことも難しい。

　こうした定義の曖昧さを考慮して、本書では、必ずしも「連邦」を名乗らない「分権化改革」を行ってきた国や、「自治州国家」「二重帝国」といった、いわば準連邦制というべき国、さらに必ずしも「多民族」を前提とせず、連邦制を設計、導入したと思われる国家も射程に含めることとしたい。よって地域は西欧、北米に限らず、東欧、アジアを含む。一冊で扱うにはやや広範にすぎるが、それを通じて、本書は連邦制がはらむ問題、連邦国家が抱えている問題を幅広く提示する、手引き書になることも目指している。

　第三に、本書は、できる範囲で、連邦制研究における比較政治学的な方法論を意識した。もちろん事例の分析手法は、何を「効果」とすべきか、何が問題なのかなど各国固有の問題があるため、評価も含めてそれぞれのスペシャリストである各執筆者に委ねたが、合理的選択理論や歴史的制度論、統計、歴史分析を含め、各章の執筆者がそれぞれに適した方法論を自覚することで、比較政治学における議論に寄与することを意図した。

　本書は以上の意味で、近年の「連邦制の効果」をめぐる研究を念頭に、その対象範囲を拡大し、包括的に分権化・連邦化改革の意義を比較政治学的に考察することを目的とする。以下では本書の構成を簡単に紹介する。

2．本書の構成

　本書は大きく理論編と事例編からなる。理論編はこの序章で示した問題提起を理論的、思想的、歴史的に展開する。第1章は、比較政治学の視点から「連邦制の効果」をどのように分析しうるか、その可能性を簡潔に提示する。第2章は、先のように定義が曖昧故に操作化も難しい連邦制を、計量的な比

較分析の対象としてみる術を模索する。

　第3章と第4章はむしろ思想史、歴史的な考察から連邦制そして連邦主義の抱える問題を明らかにしようとする。大雑把にまとめると、連邦主義の系譜にはアメリカの系譜とヨーロッパの系譜がある。第3章はアメリカの伝統的な連邦主義思想を独自の視点で捕捉しようとした。第4章は、今なおしばしば話題に上る欧州連合の連邦主義の系譜を辿る。ここから思想、歴史解釈における「逆説」の可能性が浮かび上がる。同時に第一部では、コラムとして国際法の立場から「連邦制の効果」「連邦制の逆説」について議論を試みた。

　事例編の構成はやや特殊かもしれない。これまで特に「連邦制の効果」が問題になってきたのは、カナダを除けば、西欧そして東欧の諸国である。そこで本書では事例編で、まずそれらを扱うこととした。第5章では、言語問題に揺れるベルギーを、そして第6章、第7章ではそれぞれ、近年において自治独立問題を抱えているスペインとイギリスを取り上げた。いずれも独自の連邦王国、自治州国家、連合王国という形態をとるが、どうしてそれぞれの形態をとったのか、そしてその結果、何が生じたといえるのかなどについて議論を進める。さらに連邦制と政治のダイナミクスの間に潜む機微を見いだそうとする試みが、第8章のオーストリアおよび第9章のオーストリア＝ハンガリーの章である。二つのオーストリアの章や、以降のロシア、そしてアジアの事例は、ベルギーやカナダと比べれば、「多民族」や「多言語」社会に拘束されない「連邦制」や「分権化」政策の効果を各国の文脈で論じようとした。

　第10章と第11章では、東欧の国家に焦点を当てる。これは同時に、体制転換などによって生じた「新しい国家」における連邦制の効果を考える試みとしての意味も持つ。ソ連とユーゴスラヴィアという二つの連邦国家の崩壊後に新たに生まれた連邦国家であるロシアとボスニア・ヘルツェゴヴィナについて、連邦制の成立とその効果について論じる。また近年、時事的な面からも重要な対象となりつつあるウクライナについて、また、ボスニアを考えるときの歴史的前提を補うためにユーゴスラヴィアについて、それぞれコラ

ムを掲載した。

　また連邦制や分権化は、ヨーロッパにおいてのみ課題となっているわけではない。第12章以降では、アジアの事例としてマレーシアの連邦制の試みの経緯とその帰結、インドネシアにおける連邦制導入の失敗と分権化改革の意義、さらにフィリピンにおける分権化改革の意義を行政学的見地で検討し、やはり章として扱いきれなかったミャンマーの連邦制をめぐる議論についての考察をコラムとして掲載した。

　最後に、連邦制のいわば「本家」に焦点を当て、本書を締めることにする。第15章、第16章では「逆説」の代表例であるカナダと、「連邦制」の本流といえるアメリカを比較対象として論じる。しかし論者によれば、カナダのケベックの分離独立運動を「逆説」と位置づけるのは単純にすぎ、またアメリカも福祉をみるとき、いつまでも連邦国家の優等生ではいられないと含意する。

　これらの論考を通じて、本書は連邦制や地方分権政策の起源、さらにそれらが効果的に機能する条件もしくは機能不全に陥る条件を、それぞれの事例に応じて提供する。単に欧米の「逆説」論議に追従するわけでもなく、しばしば「地方消滅」などが叫ばれるわが国でも議論される道州制導入の是非など、実践的課題を見直す機会の書となれば幸いである。

【参考文献】
Burgess, M. and A. Gagnon (1993) *Comparative Federalism and Federation: Competing Traditions and Future Directions*, Harvester Wheatsheaf.
Erk, J. and L. M. Anderson (2010) *The Paradox of Federalism, Does Self-Rule Accommodate or Exacerbate Ethnic Divisions?*, Routledge.
Filippov, M., P. C. Ordeshook and Olga Vitalievna Shvetsova (2004) *Designing Federalism: a Theory of Self-Sustainable Federal Institutions*, Cambridge University Press.
Kymlicka, W. (1998) "Is Federalism a Viable Alternative to Secession?," in Percy B. Lehning (ed.), *Theories of Secession*, Routledge, pp.111-150.
Riker, W. H. (1964) *Federalism: Origin, Operation, Significance*, Little, Brown and Company.
Roeder, P. G. (2010) "Ethnofederalism and the Minmanagemant of Conflicting Nationalisms," in Erk and Anderson (2010) pp.13-29.

正躰朝香 (2013)「ベルギー連邦制の不安定化——「非領域性原理」の後退と求心力の欠

如」岩本和子・石部尚登編『「ベルギー」とは何か？アイデンティティの多層性』松籟社、19-39頁。
スウェンデン、ウィルフリード（2010）『西ヨーロッパにおける連邦主義と地域主義』山田徹訳、公人社。
レイプハルト、アレンド（2005）『民主主義対民主主義——多数決型とコンセンサス型の36カ国比較研究』粕谷祐子訳、勁草書房。

第Ⅰ部
理論編

第 1 章
連邦制と民主主義
「連邦制の効果」についての比較研究に向けて

近藤康史

1. 連邦制の比較研究の現在

　連邦制は、比較政治における「成長産業」として位置づけられるほど、近年あらためて注目されている。その理由として、特に二つの点が挙げられる（Erk and Swenden, 2010: 3-4）。

　一つは、公共政策の観点である。グローバル化や社会的多様化のなかで、中央集権的な政策運営は、非効率性や中央政府の過剰負担を生むと指摘されるようになった。そのため、地域に政策決定や実施の権限を委譲することで、その主体性を生かすと同時に、「小さな政府」をもたらすことが期待され、連邦制もその文脈のなかで注目されるようになった。

　もう一つは、連邦制の持つ紛争管理能力への注目である。特に、国家内に複数の民族や宗教、言語などを抱えるマルチ・ナショナル国家においては、その集団間での対立から生じる国家内での紛争や、国家の分裂を防ぐ必要が高まっている。ヨーロッパにおいても、イギリス、ベルギー、スペインなどでは、その内部の地域の自治独立を求める動きにどのように対応するかという問題が生じている。また、イラクなどの国家建設においては、内部の多様性を踏まえた新たなガバナンスの構築が模索されている。このような文脈においても、連邦制に注目は集まっている。

　これらの背景には、一つの共通点がある。それは、連邦制のもつ「効果」

や「パフォーマンス」への期待である。公共政策の観点であれば、連邦制は、効率的かつ効果的な公共政策につながるのではないか。また、マルチ・ナショナル国家において連邦制を採用した場合には、集団間の対立を融和し、紛争や分裂を防ぐことができるのではないか。連邦制は、このような状況における制度的処方箋の一つとして期待されており、「効果」が実際にあるのかどうかを分析することが、比較政治上の大きな論点となっているのである。

しかしこれまでの研究を概観すると、分析結果は両義的な場合が多い。たとえば、公共政策に関しては、A・レイプハルトが、連邦制を含む「コンセンサス民主主義」をとる国家ほど、政治的・経済的パフォーマンスが高いことを示した（Lijphart, 1999）。しかし、その効果が連邦制それ自体によるものであるかについては議論が分かれている。P・ピアソンは社会政策を対象に、アメリカとカナダとを比較してその効果を分析し、連邦制は確かに重要であるが、その重要性は、連邦制の個別の特性や、その他の変数との相互作用にあるとした（Pierson, 1995）。つまり、連邦制というだけでは、効果があるとは限らないのである。

マルチ・ナショナル国家における紛争管理に対して連邦制がもつ効果については、さらに議論は対立している。まず、連邦制の採用によって、国内の少数派を領域単位で承認することができ、民族や言語間の対立を融和する可能性があるとする立場がある。この観点からは、連邦制は多民族を国家内へと収容し、少数派の分離主義を抑制する効果があるとされる（Bermeo, 2002; Lustik *et al.*, 2004）。しかし、このような効果を否定するような事例も、近年では目立ってきた。1993年に連邦化したベルギーにおいて、国内の分離主義が抑制されるどころか高まりつつあることや、90年代末以降、連邦制ではないが地域分権が進んだイギリスにおいて、スコットランドの分離独立運動が高まった例などはその典型である。これらの現実は、「連邦制は分離への道中の一つの休憩地点にすぎない」とし、連邦制の効果を否定的に評価したホロヴィッツの古典的議論を再び想起させた（Horowitz, 1985）。

マルチ・ナショナル国家の安定性に関して効果を持つと想定されていた連邦制において、分離主義などが高まる事例が増えているのはなぜか。この問

題は「連邦制の逆説」として、連邦制の「効果」を議論するうえでの重要な論点となりつつある（Erk and Anderson, 2010）。もともと連邦制にはそのような効果はないのだろうか。あるいは、どのような連邦制であれば、そのような効果が期待できるのだろうか。

このような状況を前にして、連邦制の比較研究に何が求められているのか。本章では、連邦制の比較研究について、マルチ・ナショナル国家をはじめとして論点となっている「連邦制の逆説」を主に念頭に置きながら検討し、この問題について考えたい。その際、本章が意識しているのは次の2点である。

第一に、「連邦制の効果」を考える際、連邦制それ自体を説明変数として取った場合には、結果が両義的になりがちである。つまり、連邦制のなかでも、効果のある場合とそうでない場合に分かれる。とするならば問題は、「連邦制かどうか」ではなく、「どのような連邦制か」なのではないだろうか。本章ではこの観点に立ち、連邦制の類型論を取り上げる。

これまでの連邦制研究は、「連邦国家」と「単一国家」との違いを明らかにする観点から、「連邦制」を定義することに力を注いできたように見受けられる。しかし、連邦制の内部ですらその制度的編成はさまざまであるうえに、その「効果」も含めて分析上の概念とするには、連邦制と単一国家という区別は有効ではないという批判もある（建林・曽我・待鳥, 2008: 306）。このような議論も踏まえて本章では、連邦制内での類型とともに、単一国家と連邦制とを包摂したうえで、一定の基準に基づきそれを類型化する必要性についても考えたい。

第二に、本章では「新制度論」の視点を重視する。国家間の制度の違いは、比較政治学の重要な対象であるが、かつてはその国家の政治制度の仕組みや成り立ちについて記述することが主だったのに対して、近年は、その制度が政治的アクターにもたらす影響や、その結果として生じる政治的帰結の違いの分析を行うことが主流となりつつある。後者が「新制度論」と呼ばれるが、そこでは制度が説明変数となるのである。「連邦制の効果」に着目する場合にも、制度が説明変数でその効果が被説明変数であるという観点から検討する必要があるだろう。連邦制を類型に分けたうえでその効果を比較し、その

類型を構成するどの制度的パーツが、その「効果」の要因となっているかを探るという作業が求められる。

また、法律に成文化されているようなフォーマルな制度だけでなく、インフォーマルではあるがその国のルールを形成しているような「やわらかな制度」にも注目し、それがもつ効果を考えることも新制度論の特徴である(March and Olsen, 1989)。連邦制の制度も「憲法的編成以上のもの」(Wachendorfer-Schmidt, 2000: 7)であり、単に権限分割に関する憲法的規定の違いだけではなく、他のフォーマル・インフォーマルな制度との関連性から、その効果の違いを考えていく必要がある。本章では、連邦制を一つの民主主義的意思決定のシステムとしてとらえ、その媒介となる政党や政党システムとの関連を意識しながら、連邦制の類型と効果をとらえる方法を検討したい。

2．連邦制の類型論

連邦制の比較研究が展開されるなかで、その類型についても様々な議論が提起されているが、マルチ・ナショナル国家における「連邦制の逆説」の問題を考える際に、どのような類型論が求められているのだろうか。たとえばA・ステパンは、連邦制を分類する類型として、以下のものを取り上げている(Stepan, 2001)。

まず、連邦制の起源や目的による分類である。ステパンは、連邦制が採用される場合、「集合」と「統一」の二つのパターンがあるとする。「集合」とは、個々の政体を持つ集団が、それぞれの主権をプールすることに合意し、一つの国家へと連邦化したものである。1787年、当時の13植民地が集まって憲法を制定したアメリカはこの典型である(Riker, 1975)。それに対し「統一」は、もともと単一国家だが、その内部に、領域ごとに異なる言語や民族集団を含む国（マルチ・ナショナル国家）で、国家としての「統一」を保つために連邦化したケースである。1993年に連邦制へと移行したベルギーはその典型である（松尾, 2014）。

また、地域への権限委譲が対称的か非対称的かによる違いもある。対称的とは、権限がどの地域にも同様に委譲されていることを指し、非対称的とは、地域によって異なる権限が与えられている場合を意味する。非対称的な連邦国家としては、ベルギーやカナダが挙げられるが、それらの国に共通する特徴は、地域ごとに多様性を持つマルチ・ナショナル国家であるということである。アメリカやドイツなど、そのような特徴を持たない国においては、対称的連邦制がとられる場合が多い。

　ただし「連邦制の逆説」の観点からすると、上記の類型においてマルチ・ナショナルな連邦国家は、いずれの場合も片方の類型——前者では「統一」、後者においては「非対称的」——に入る場合が多い。したがって、連邦制がマルチ・ナショナル国家の安定性にどのような効果を持つかに関しては、この類型からは判断が難しい。したがって「統一」あるいは「非対称的連邦制」の内部におけるさらなる類型化が求められる。

　これらの類型論を踏まえたうえで、ステパン自身は、「デモス制約－デモス促進」という類型を提起する。この場合の「デモス」とは、中央議会における多数派を意味し、それが下す決定に対して、連邦を構成する諸地域がどの程度制約的に働きうるかに着目する。制約的であるほど、中央に対して地域がもつ権限がより強い。その指標は、連邦を構成する各地域の代表からなる第二院が存在するか、第二院が扱える政策の範囲、政党システムといったものである。全体的にみてデモス制約的なのがブラジルなど、デモス促進的なのがインドなどである。

　この類型は、いくつかの点で重要性をもつ。まず連邦制の類型が、二院制や政党システムといった、連邦制とは別の諸制度との連関のなかで形成されていることである。これらの制度的連関に注目することで、地域が国家に対してどの程度その要求をインプットしうるか、またアウトプットに関与することができるかという点に焦点を定め、民主主義的意思決定の総体として連邦制をとらえることが可能となる。また、連邦制とは別の制度との連関を重視することによって、連邦国家だけではなく、単一国家をも視野に入れて、類型を形成することが可能になる。さらには、類型間に線を引いてそのうち

のどれに置くかではなく、「デモス制約的－デモス促進的」を連続的な直線上に置き、その国家が「どの位置にあるか」を尺度的に示す点にも特徴がある。

この「尺度的」という特徴を共有しながら、連邦制を単に一直線上にではなく、二次元的に類型化する試みもある。H・ケーマンは、連邦制の政治体制は、単一国家のそれとは異なるが、その間に完全な二元論が成立するというよりも、むしろ程度の問題としてとらえられるべきとする。そのうえで、国内の地域組織（州など）が、どの程度「決定する権利」と「行為する権利」をもつかによって、分類を行っている。

ここで、「決定する権利」とは、地域組織が、どの程度国家の決定機関に代表され、国家の政治的決定に影響力を及ぼしうるかについての指標である。つまり国家の「政策決定」に対してもつ権限を示しており、主に憲法規定を指標に、「連邦的－単一的」の尺度が形成される。他方、「行為する権利」とは、地域組織がどの程度国家から自律的に「政策実行」できるかについての指標であり、こちらは「集権的－分権的」の尺度をなす。この二つを指標として、連邦国家と単一国家を包摂したうえで、各国家が四類型に基づいて尺度的に位置づけられる（Keman, 2000: 197-8）。

その結果、ケーマンが対象とした18カ国は、表1-1のように四つに分類される（2000年時点）。この類型の特徴は、連邦制を一種の民主主義システムととらえ、インプット（地域組織による要求入力から国家の決定まで）と、アウトプット（国家の決定から地域組織による実行まで）を切り分けて考えた点にある。一般的に、連邦国家は分権的であり、単一国家は集権的であると

表1-1　二次元での類型

連邦－分権	オーストラリア、オーストリア、カナダ、ドイツ、スイス、アメリカ
連邦－集権	ベルギー、イタリア
単一－分権	デンマーク、ノルウェー、スペイン、スウェーデン
単一－集権	フィンランド、フランス、アイルランド、オランダ、ポルトガル、イギリス

出所：Keman（2000: 209）より作成。

いうイメージがあるが、この類型からは、連邦制であっても集権度は高かったり、単一国家であっても分権度が高かったりするケースに光が当たるのである。

そのことは、マルチ・ナショナル国家の内部における類型化にもつながる。同じマルチ・ナショナル国家であっても、カナダは「連邦的・分権的」に位置づけられるのに対して、ベルギーは「連邦的・集権的」に、またスペインは「単一的・分権的」となり、その類型間での比較から、その安定性の要因を探ることが可能になるのである。

たとえば、その観点から「連邦制の逆説」を考える場合、特に注目すべきなのは、インプットは連邦的だが、アウトプットは集権的であるベルギーである。この類型において、地域組織は国家に対して要求のチャンネルが確保されているのに対して、国家の決定の実行に関しては自律性をもたず、それを甘受せざるをえない。その結果、国家レベルの決定に至る地域的要求間での合意形成には、大きな負荷がかかるとともに、ある地域にとって不満な決定になった場合には、離脱への要求が高まることも予想される。ベルギーにおいて、1993年の連邦化以後に分離主義運動が活発化し、国家の統合性が揺らいでいる背景には、このような制度が関わっているのではないかという仮説を考えることができる。

この類型からは、インプット面とアウトプット面との連関が、マルチ・ナショナル国家の安定性にも一定の影響を与えているという示唆が得られる。ただし、特にインプット面の重要性を認識するならば、単に憲法に規定されたフォーマルな権限関係だけでなく、社会から国家へのインプットを実質的に媒介する政党や、またそれらから構成される政党システムのありかたにも注目する必要があるだろう。次節ではこの点について考えてみたい。

3．連邦制と政党・政党システム

民主主義システムとして連邦制がもつ特徴の一つは、地域の代表に「発言」の権利を与える点にある（Erk and Swenden, 2010: 12）。このことは、マ

ルチ・ナショナル国家において、より重要となる。それぞれ民族や言語などの点で独自性をもつ地域が、その地域固有の要求を国家に対して伝えることが可能になるからである。しかし国家の中央側から見た場合には、その「発言」がどの程度反映されるかによって、その統合性や安定性が左右される。

　まず、地域代表による「発言」が、中央の決定に反映されない程度が高まるほど、その地域の国家からの「離脱」への欲求は高まることが想定される。ある組織に不満がある場合、内部のアクターが取りうる選択肢はその組織への「発言」とそこからの「離脱」があるとするA・O・ハーシュマンの理論 (Hirschman, 1970) は、連邦制にも当てはまる。また、「離脱」の信憑性がある場合ほど、「発言力」も高まることも想定されるため、地域組織が「離脱」を戦略的に訴える誘因がそこに働く。つまり、連邦制の特徴が「地域による中央への発言」である以上、「離脱」への関心も登場すると考えられる。

　とはいえ、すべての場合で「離脱」が強まるわけではない。連邦制というだけでは、離脱が高まるかどうかはわからないのである。ここで注目すべきは、地域の代表として、そのような「離脱」の主張を担う政治的主体があるかどうか、特に、社会から国家への媒介として要求を伝える政党の存在である。中央へと要求を伝える政党の組織が、国家の中央のレベルに基盤を置いているか、あるいは特定の地域のレベルだけに基盤を置いているかによって、大きな違いが生じる。

　地域の要求が政党を媒介して中央へと伝えられること自体は、どちらの場合でも同様である。しかし、中央レベルに組織的基盤を置く場合、各地域の個別的な要求は政党内で調整されるため、中央レベルでは、調整済みの利害が代表される。しかし、ある特定の地域だけに組織的基盤を置く場合には、その地域だけに関わる利害がむき出しの形で中央レベルへと代表されることになる。そのため、「国政レベルの利害と地域特殊的な利害のバランスをとること」がより困難になり、中央レベルの決定に「発言が反映されなかった」と感じる地域の政党が、戦略的に「離脱」に訴える可能性がより高まると考えられる。マルチ・ナショナル国家における連邦制の安定性は、政党組織や政党システム、政党が行う戦略的決定とも大きく関わっているのである

(Filippov et al., 2004)。

　上記の議論において、離脱に向かいやすいと想定される、「ある特定の地域の利害だけを代表する政党」の典型が、いわゆる「地域政党」である。マルチ・ナショナル国家での連邦制や分権化の効果に関して、地域政党の存在がカギを握るという研究もある。D・ブランカティによれば、連邦制の導入や分権化の進展は、全体的には分離主義のチャンスを減少させるが、その一方で地域政党を発展させるチャンスを高める。そして地域政党が発展した場合には、分離主義の高まりや、最悪の場合には内戦など、国家統合の安定性が揺らぐ可能性が高まることを統計的に示した。彼は、連邦制それ自体や分権化が直接に分離主義や地域間対立を誘発するのではなく、地域政党が生じた場合には、分離主義や地域間対立が生まれやすくなるとしたのである (Brancati, 2006)。

　「連邦制の逆説」の問題に対して、ブランカティは「地域政党」という要因を示した。ただし上述の論理からすれば、問題となるのは、当初から分離独立をも掲げて登場するようないわゆる「地域政党」だけでなく、地域単位で組織が形成され、特定の地域の利害だけを表出する誘因が高くなっている政党であろう。このような政党は、「地域政党」とは呼ばれない場合であっても、本質的には同様の効果をもたらすと考えられる。いかなる場合において、このような政党が登場するのだろうか。

　政党は、社会における要求を受動的に表出するだけではなく、それを主体的に集約する機能ももつ。その機能を競争的に果たすことで政党は、国民統合の重要なモーターとなり、政党内であれ政党間であれ、国家中央レベルで調整的な政策形成を担う (Detterbeck and Hepburn, 2010: 106)。しかし政党がこの機能を果たしうるかどうかは、政党間競争が主にどのレベルで行われているかにも依存する。特に、中央レベルの政党間競争と、地域レベルの政党間競争とが一致しなくなった場合、つまり異なる政党システムが形成されるようになった場合が問題である。このように、中央レベルと地域レベルで異なる政党システムが形成されると、各レベルでの政党間競争に対応できるよう、政党組織も中央と地域とで分離すると考えられる。

この場合、政党は地域レベルにより根ざしていくことになる。しかしその一方で、政党は中央レベルでの一体性を保てなくなり、国家単位での統合力を失うとともに、政党内部においても、また他の政党との間でも、相互の合意が難しくなり、調整的に政策形成を行うことが困難になってくるだろう。しかしいくら困難になろうとも、中央レベルにおいての政策決定は、主権国家である限りは不可避である。調整が困難ななかでもなお、このような決定を行い続けた場合には、一部の地域の政党がそれに不満を抱くようになり、分離主義的傾向を強めることもありうる。

　連邦化や分権化にともなって、政党間競争や政党システムが、中央と地域との間で多元化した場合において、政党がどのような組織戦略をとるようになるかについて、K・デッターベック／E・ヘップバーンは、表1-2のような分類を行っている。①連邦主義とは、地域支部の自律性が低く、中央レベルでの共同決定作成も強力な場合であり、それに対し地域支部の自律性が高いが、中央レベルでも強力な共同決定作成が行われるものが②モダニスト戦略である。この二つの場合には、地域支部の自律性には違いがあるとはいえ、政党の国民統合能力や調整的政策形成能力は高いまま維持されるだろう。

　問題は、地域支部の自律性が高く、中央レベルでの共同決定作成が弱いかたちでしか行われない④自律主義戦略を、政党がとった場合である。このような場合には、それぞれの政党が、その地域の要求のみを代表すべく地域内で競争することになるので（政党システムの地域化）、中央レベルでの調整能力を失っていく傾向をもつ。その場合、国家を離れてでも、自らの地域の要求を通そうという誘因、また分離を掲げることによって発言力を増大させようという誘因が高まる。

表1-2　地域政党の類型

	強力な共同決定作成	弱い共同決定作成
地域支部の自律性　低い	①連邦主義	③集権主義
地域支部の自律性　高い	②モダニスト	④自律主義

出所：Detterbeck and Hepburn（2010: 116）

この分類を行ったデターベック／ヘップバーンが、「自律主義」戦略を政党がとるようになった国として挙げているのが、ベルギーとイギリスである。ベルギーの諸政党は、もともとモダニスト戦略をとる場合が多かった。しかし連邦化にともなって、ある地域にのみ組織基盤をもつ地域政党が参入したことに加えて、既成政党もまたそれらの地域政党との競争の必要性から、言語的・地域的クリーヴィッジに沿ったかたちで組織が分裂することになった。またイギリスでも90年代末の地域分権化以降、SNP（スコットランド国民党）に代表される地域政党の伸長はもちろん、既成政党の組織の地域化も進み、やはり自律主義戦略への変化がみられる（Detterbeck and Hepburn, 2010: 120–121）。その後、ベルギーではフランデレンを中心に、イギリスではスコットランドを中心に、分離独立運動が活発化していることを考えれば、この政党組織や戦略の変化が、分離主義という結果につながっているとみることができる。

　このように、マルチ・ナショナル国家の安定性に対して連邦制がどのように寄与するかという問題に関しては、政党組織や政党システムを媒介項として考える必要がある。連邦化や分権化が進むことにより、地域政党が登場したり、既存政党の地域組織が自律主義的性格を強めたりすると、政党間の競争が、地域ごとの政党システムに基づいて展開されていくことになる。それによってまず、中央レベルでの政党の統合力の低下が引き起こされるだろう。同時に、地域レベルでの政党間競争によって代表権を得た諸政党は、自らが担う地域利害に関して非妥協的とならざるをえないため（安易に妥協すれば次の選挙で敗北しかねない）、中央レベルでの調整的な合意形成がますます困難となる。この両者は、いずれも分離主義化の進展に対して正の影響を、国家の統合性・安定性に対しては負の影響を与えると考えられるのである。

4．連邦制と民主的正統性

　連邦化や分権化といった制度変化は、直接に分離主義の高まりをもたらすのではなく、それが政党組織や政党システムに対して変化をもたらした場合

に、分離主義の高まりへと導かれる。このことは、特にマルチ・ナショナルな連邦国家の安定性を考える場合に、政党組織や政党システムのありかたにも注目する必要があることを示している。ではなぜ、政党や政党システムが重要となるのであろうか。この問題について、連邦制を一つの民主主義的意思決定のシステムとしてとらえ、その正統性の確保の観点から、検討してみよう。

連邦国家であれ単一国家であれ、民主主義国家の安定性は、その決定に対して国民が正統性を与えるということによって得られる。では、民主主義国家においてその決定の正統性は、どのような場合に、より得られるのだろうか。この点についてF・シャープは、インプット正統性とアウトプット正統性の二つの側面から検討している（Scharpf, 2000）。

インプット正統性とは、集合的決定が、人々の要求を聞いたうえで行われることによって、つまり「人民による政府」が成立していることによって、満たされるものである。自由民主主義体制においては、選挙や政党が、この正統性の主なチャンネルとなる。選挙が公正な手続きに基づいているかという手続き的正統性の側面に加え、諸政党が社会の要求を公正なかたちで表出できているかが、このインプット正統性の観点からは重要となる。またアウトプット正統性とは、集合的決定が、人々の共通の利害を満たしている状態、つまり「人民のための政府」が成立していることによって満たされる。この場合は、国民が満足するような政策をアウトプットできているかどうかがカギとなる。

このインプット正統性とアウトプット正統性とが両立した場合に、民主主義国家の安定性は最も得られると考えられる。しかし、その間にズレが生じる場合には、その民主主義国家の正統性自体が揺らぎかねない。このような状況を生み出してしまうのが、前節で扱った状態である。つまり、政党の地域化やそれに基づく自律主義化が生じ、政党間競争が中央レベルではなく地域レベルで行われることになった場合、インプットは個々の特定の地域だけを基盤としたかたちへと偏る。しかし連邦国家の場合であっても、それは国家である限り、アウトプットは中央レベルで実行される。つまり、インプッ

トは地域、アウトプットは中央というかたちで、ズレが生じるのである。

　この場合、その地域だけに基盤をもつ政党を通じて、各地域の利害・地域的要求がストレートに中央に伝達されるため、各政党は自らの地域だけを代表して主張をぶつけあい、中央レベルでの調整や合意には多大な負荷がかかるだろう。結局、中央レベルで決定を下すためには、各政党は少なからず妥協を迫られることになり、国家のアウトプットがそれぞれの地域のインプットすべてには応えられない状況が、この場合には増える。アウトプットに不満をもつ地域は、政党を媒介にした「発言」を通じて自らの要求を達成することに限界を覚え、国家からの「離脱」という選択肢をとる誘因が高まるだろう。

　この可能性は、インプットが地域的ながら、アウトプットが中央集権的に行われる国家において、最も高まると考えられる。その典型例が、ベルギーである。連邦制導入後、ベルギーの選挙区は実質的にフランデレンとワロンとの間で分断された。その結果、「政党システムの多層化」と呼ばれるように、フランデレンとワロンとでは、まったく異なる政党システムが形成され、政党間競争が行われることとなった（Deschouwer, 2009; 松尾, 2015）。それを受け、諸政党は自律主義的な性格を強め、中央レベルでの調整能力を低下させていった。

　また、政党間競争が地域で区切られている場合、野党は与党よりも、その地域固有の利害に固執し、分権や分離を主張する可能性が高まる（Sorens, 2010）。与党は、中央での政権運営のために別の地域の政党に対して妥協を迫られているが、野党はそれに対して、分離をしてでも地域の要求を実現すると訴えることが、合理的な戦略となるからである。さらに、野党の地域主義的挑戦を受けると、与党の側もそれを無視できない。つまり政党間競争が、一層の分権化や分離主義化へと引きつけられていくのである。この状況もベルギーでは主にフランデレン地域で生じている。

　それに加え、アウトプット面においては、前節におけるケーマンの分類でも示したように（表1-1）、2010年までのベルギーは特に集権的であった。とりわけ財政的権限に関して、税徴収を含む財政自治権を地域は限定的なか

第Ⅰ部　理論編

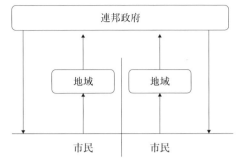

図1-2　ベルギーにおけるインプット・アウトプット

たちでしかもたない（Swenden, 2006）。この財政的集権制は、相対的に貧困なワロンにおいては有利に働くが、相対的に豊かなフランデレンにおいては不満をもたれることとなっている。

　このようにベルギーでは、国家へのインプットは実質的には地域単位で行われ、分極化の原因となるが、アウトプットは財政を中心として集権性が強い（図1-2）。したがってベルギーでは、中央での決定・合意過程に過大な負荷がかかるとともに、その産出された決定に対して地域的な不満が蓄積していると考えられるのである。その結果、ベルギーでは連邦化後に分離主義が高まるという、「連邦制の逆説」の典型例となったとみることができる[1]。

　このように、民主的正統性の観点からみれば、問題は連邦制自体ではなく、連邦制を構成する要素や、他の制度との連関なのである。したがって、単一国家における分権化の場合でも、それにともなって政党システムの地域化が生じれば、同様の論理で分離主義の高まりが想定できる。このことは、連邦国家間の、またさらには単一国家－連邦国家を貫いたかたちでの、比較へと視野を広げる。

　単一国家ながら、ベルギーと同様な構図にあると考えられるのが、イギリスである。1999年の分権化によって、スコットランドやウェールズの議会に権限が委譲され、それらの議会選の重要性が増すなかで、両地域では独自の政党システムが形成されつつある。たとえばスコットランドでは、SNPと労働党を中心とする多党制が主となった。そのことで、中央レベルにおい

第 1 章　連邦制と民主主義

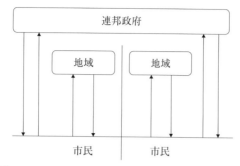

図 1-3　カナダにおけるインプット・アウトプット

ては保守党と労働党との二大政党による政党間競争が軸となる一方、スコットランドでは SNP と労働党とが軸となるかたちで、政党間競争が多層化されたのである。

　しかしアウトプット面においては、イギリスの中央集権性は高い。このように、インプットは地域的、アウトプットは集権的という、ベルギーに類似した構図が、分権化以後は生じつつある。その結果、2014 年にはスコットランド独立を問う住民投票が実現し、賛成派が独立の手前まで反対派を追い詰めるなど、分離主義運動の活発化もみられる。

　また、連邦制の場合であっても、インプット‐アウトプットの編成のありかたによっては、ベルギーとは異なったかたちとなることも、想定できる。たとえばカナダでは、イギリスと同様の小選挙区制に基づき、政党間競争は国家レベルで形成されている。国家レベルとは別に、各州レベルでは固有の政党システムが形成されているが、ケーマンの分類でもみたように、政策実行面でも州レベルへの分権化が進んでいる（表 1-1）。したがって、国家レベルのインプット‐アウトプット、州レベルのインプット‐アウトプットというかたちで、二つのレベル両方ともで、それぞれ民主的インプット‐アウトプットが完結しているシステムとなっている（図 1-3）。この場合、たしかに国家と州との間で、異なる政党システムが形成されているが、インプット‐アウトプットが領域的にずれてはいないために、国家レベルに地域利害が持ち込まれることはなく、その点に関して合意が困難になることはないと想

定される。

ただし、カナダにはケベックの問題が存在する。ケベック州においては、その分離独立を目指す地域政党（ケベック連合）が1991年に設立され、中央議会でも一定の議席を確保すると同時に、ケベックの分離独立運動も強さを増していった[2]。しかし現在は、ケベック連合の中央議会での議席数も激減し、分離独立運動も小康状態である。つまりカナダでは、ケベックの地域政党が中央レベルに進出した場合にのみ、ベルギーやスコットランドと同様の構図となり、分離主義運動が深刻化したのである。地域的な政党間競争が、中央レベルに持ち込まれた場合にのみ、分離主義運動が活発化するという、限定的な事例としてカナダをとらえることができる。

以上のように、連邦制の安定性や分離主義の問題を考える場合には、一つの民主主義的意思決定のシステムとして連邦制をとらえ、主に領域的な観点から、そのインプット正統性とアウトプット正統性の構図を、位置づけることが重要である。またこのことは、連邦制のみならず、分権化した単一国家においても同様である。この点で、単一国家 - 連邦国家の二分論を超えた、比較の枠組形成に寄与できると考えられる。

5．連邦制の比較研究に向けて

本章では、連邦制は、マルチ・ナショナル国家の安定性に効果をもつのかどうかという「連邦制の逆説」の問題を念頭に置きながら、「連邦制の効果」について比較の観点から研究する際の手掛かりを探ってきた。その結果、得られた含意は以下のとおりである。

第一に、「連邦制とは何か」だけでなく、「どのような連邦制か」を問うことの重要性である。「連邦制の逆説」に限らず、連邦制を採用する国家の間でも、その効果やパフォーマンスは異なる。それは、単に連邦制かどうかだけではなく、その連邦制を構成する制度的要素の違いが、効果の違いを生み出しているためと考えられる。したがって、そのような制度的要素を軸としながら連邦制を類型に分けていく作業が必要となるとともに、その類型間の

比較を通じて、その効果を分析していくことが求められる。またその場合、連邦国家－単一国家の枠を超えた分類を行うことも必要になるだろう。

　第二に、単に憲法に規定された制度だけではなく、政党組織や政党システムといった、よりインフォーマルな要素を含んだ制度的総体として、連邦制を把握する必要がある。そのことは、単に中央－地域の法的な権限配分からだけではなく、国家と社会、中央と地域との間における民主的正統性の確保の一つの様式として、連邦制をとらえることへとつながっていくだろう。またこのことも、連邦国家－単一国家の二元論にとどまらない比較研究の可能性を広げると思われる。

　第三に、新制度論的発想の連邦制研究への導入である。連邦制の効果を説明する場合、制度が、政党などの政治的アクターの行動にどのような影響を与え、そのアクターの行動の結果としてどのような効果が生み出されたかといったかたちで、制度を説明変数の基点とした比較研究が求められる。このように連邦制をとらえることは、単に制度の観点からだけではなく、制度とアクターとの相互関係から、その効果を考えていく必要性にもつながっている。政治が人間の営みである以上、制度の効果を生み出すのもまた、最終的には人間だからである。その意味で、連邦制の比較研究においても、その制度上におけるアクターの行動に着目することが期待される。

1) このようなシステムは、EUとも類似している。たしかにEUには欧州議会が存在するが、その権限は決して強くはなく、各国代表が集まる閣僚理事会で重要な決定が行われることも多い。また加盟各国に対するさまざまな指令などにおいては、欧州委員会が集権的に行う権限が強い。したがって、インプットは各国単位で行われ、アウトプットはEUレベルで行われるととらえることができるのである。
2) その結果、1995年にはケベックのカナダからの独立を問う住民投票が行われるに至った。結果は、僅差での否決であった。

【参考文献】
Brancati, D. (2006) "Decentralization: Fueling the Fire or Dampening the Flames of Ethnic Conflict and Secessionism?," *International Organization*, Vol.60, No.3, pp.651-685.
Bermeo, N. (2002) "The Import of Institutions," *Journal of Democracy*, Vol.13, No.2, pp.

96-110.
Detterbeck, K. and E. Hepburn (2010) "Party Politics in Multi-level Systems," J. Erk and W. Swenden (eds.), *New Directions in Federalism Studies*, Routledge, pp.106-125.
Deshouwer, K. (2009) "Coalition Formation and Congruence in a Multi-layered Setting," *Regional & Federal Studies*, Vol.14, No.1, pp.13-35.
Erk, J. and W. Swenden (2010) "The New Wave of Federalism Studies," J. Erk and W. Swenden (eds.), *New Directions in Federalism Studies*, Routledge, pp.1-15.
Erk, J. and L. M. Anderson (2010) *The Paradox of Federalism*, Routledge.
Flippov, M., P. C. Ordeshook and O. Shvestova (2004) *Designing Federalism*, Cambridge University Press.
Hirschman, A. O. (1970) *Exit, Voice, and Loyalty: Responses to Decline in Firms, Organizations, and States*, Harvard University Press.（矢野修一訳『離脱・忠誠・発言』ミネルヴァ書房、2005年）
Horowitz, D. L. (1985) *Ethnic Group in Conflict*, University of California Press.
Keman, H. (2000) "Federalism and Policy Performance: A Conceptual and Empirical Inquiry," U. Wattendorfer-Schmidt (ed.), *Federalism and Political Performance*, Routledge, pp.196-227.
Lijphart, A. (1999) *Patterns of Democracy: Government Forms and Performance in Thirty-six Countries*, Yale University Press.（粕谷裕子訳『民主主義 対 民主主義』、勁草書房、2005年）
Lustick, I. S., D. Miodownik and R. J. Eidelson (2004) "Secessionism in Multicultural States: Does Sharing Power Prevent or Encourage it?," *American Political Science Review*, Vol.98, No.2, pp.209-229.
March, J. G. and J. P. Olsen (1989) *Rediscovering institutitons*, Free Press.（遠田雄志訳『やわらかな制度』日刊工業新聞社、1994年）
McGarry, J. and B. O'Leary (1993) "Introduction: the Macro-political Regulation of Ethnic Conflict," J. McGarry and B. O'Leary (eds.), *The Politics of Ethnic Conflict Regulation*, Routledge, pp.1-47.
Pierson, P. (1995) "Fragmented Welfare States: Federal Institutions and the Development of Social Policy," *Governance*, Vol.8, No.4, pp.449-478.
Riker, W. H. (1975) "Federalism," F. Greenstein and N. W. Polsby (eds.), *Handbook of Political Science*, Adding-Wesley, pp.93-172.
Scharpf, F. W. (2000) "Interdependence and Democratic Legitimation," S. Pharr and R. Putnam (eds.), *Disaffected Democracies*, Princeton University Press.
Sorens, J. (2010) "The Partisan Logic of Decentralization in Europe," J. Erk and L. M. Anderson (eds.), *The Paradox of Federalism: Does Self-Rule Accommodate or Exacerbate Ethnic Divisions?*, Routledge, pp.62-79.
Stepan, A. (2001) "Toward a New Comparative Politics of Federalism, (Multi) Nationalism, and Democracy: Beyond Rikerian Federalism," A. Stepan, *Arguing Comparative Politics*, Oxford University Press, pp.315-361.
Swenden, W. (2005) *Federalism and Regionalism in Western Europe : A Comparative and Thematic Analysis*, Palgrave Macmillan.（山田徹訳『西ヨーロッパにおける連邦主義と地域主義』公人社、2010年）

Wachendorfer-Schmidt, U. (2000) "Introduction," in U. Wattendorfer-Schmidt (ed.), *Federalism and Political Performance*, Routledge, pp.1-20.

建林正彦・曽我謙悟・待鳥聡史（2008）『比較政治制度論』有斐閣。
松尾秀哉（2014）『物語　ベルギーの歴史』中公新書、中央公論新社。
─────（2015）『連邦国家ベルギー──繰り返される分裂危機』吉田書店。

第 I 部　理論編

第 2 章
連邦制と民族紛争の計量分析
研究の進展と課題・展望

久保田徳仁

　連邦制は民族間の武力紛争にどのような効果をもつのだろうか。旧ソ連では連邦制が導入されたが、共和国単位で分裂し 2015 年現在においても武力紛争の火が消えていない。他方、アメリカは連邦制を敷いているが、民族紛争が生じる状況ではなさそうである。では連邦制は民族紛争一般に対してどのような効果があるのだろうか。一つ一つの国を取り上げた分析では、「連邦制の一般的な効果」を知ることは難しい。

　結果（武力紛争）に対する原因（連邦制）の一般的な効果を知りたい場合、その一つの有力な方法として計量分析（統計分析）がある。計量分析は、多くのデータを世界各地、過去現在から集め、データが理論と一致しているかを統計的な処理を行って検定し、理論の一般的な妥当性を検証する（加藤・境家・山本, 2014: 第 4 章; 多湖, 2010: 179-180; 多湖, 2011: 144-147; 浅野・矢内, 2013; 飯田, 2013）。この数十年にわたって政治学は、実証の手段として計量分析を発達させてきた。

　連邦制のさまざまな効果に関して計量分析が行われている（Treisman, 2007: 第 11 章）、本章では連邦制の民族問題に対する効果に焦点を当てたものを取り上げ、その進展と課題や限界について述べていきたい。なお、計量分析の手法は多様であるが、本章では近年の政治学で最も頻繁に使われる回帰分析の枠組みを用いたものに限定する。

1．計量分析の長所と短所

（1）回帰分析の仕組み

　回帰分析の正確な説明は統計学の教科書に譲るとして、ここでは仮想事例を使った簡単な説明をしておきたい。

　図2-1は気温ととある飲料の売り上げを散布図にしたものである。原因と考えられるもの（これを独立変数という）を横軸に、結果と考えられるもの（これを従属変数という）を縦軸にとった。この散布図に最も当てはまる直線をひく。このとき、最も当てはまる直線を算出するために「最小二乗法（OLS）」と呼ばれる手法が用いられる。こうして出てきた図中の一次関数の式をみると、飲料の売り上げ本数（Y）は－0.791＋2.978×気温という式に近似されている。特に気温の前の2.978に注目したい。この部分（係数と呼ぶ）が正の数であれば気温が上がれば飲料の売り上げも上がることを意味する。この例では気温が1℃上がれば約3本多く売れるようになる。回帰分析ではこの係数をt検定（ないしはz検定）という手法で検定する。この検定では「係数がゼロである（＝気温は売り上げに無関係）」という仮説（帰無仮説）を立て、これが成立する確率（p値）を算出する。p値が一定の水準

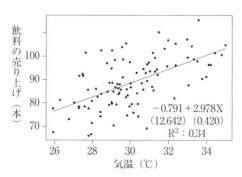

図2-1　単回帰分析のイメージ（仮想事例）
出所：筆者作成。数式は近似式、下の括弧内は
　　　各係数の標準誤差、R^2は決定係数を表す。

表 2-1　図 2-1 の単回帰分析を表にまとめたもの

	飲料の売り上げ（本）
切片	-0.791
	(12.642)
気温（℃）	2.978 ***
	(0.420)
N	100
R^2	0.34

*** は $p \leq 0.001$ で統計的に有意を示す
（両側検定）。括弧内は標準誤差。
出所：筆者作成。

（有意水準。5％、1％、0.1％などが採用される）を下回ると、その係数は「ゼロとはいえない」、つまり気温は飲料の売り上げに影響があることになる。これを統計的に有意であるという。多くの研究では t 検定の結果を表に「＊」で示す[1]（表 2-1）。この例では 0.1％の水準で統計的に有意である。

　もちろん飲料の売り上げは気温だけに左右されるわけではないので、湿度、日照状況なども考慮しなければならないだろう。こうしたときには「飲料の売り上げ ＝ $\beta_0 + \beta_1 ×$ 気温 $+ \beta_2 ×$ 湿度……」というモデルを作り、重回帰分析を行うことになる。ここで算出される係数 β_1 は「ほかの変数が一定のときに気温が 1℃上昇した場合の飲料の売り上げ」を意味することになる。次項で述べるが、これは「他の変数をコントロールした」ことを意味する。

　場合によっては、従属変数が Yes か No かといったカテゴリーになることもある。こうしたときにはロジットまたはプロビットというモデルが用いられ（総じてロジスティック回帰分析と呼ばれる）、直線の代わりに S 字型の曲線を用いて近似される。推定の際には OLS の代わりに最尤法（さいゆうほう）という方法が用いられる。推定される式は一見複雑であるが、分析結果（係数の推定と検定）は直線を当てはめた通常の回帰分析に類似した表で示される。複雑なモデルの場合は解釈も複雑になるが、回帰分析の基本的な発想や分析結果の表示のしかたは共通している。

（2）計量分析の長所

　計量分析は他の研究手法と同様に長所と短所が存在する。その長所として、多くの変数をコントロールでき一般化を可能にする点が挙げられる。連邦制の仕組みや効果は各国で多様である。先述のように一つの事例を詳細に分析しただけでは一般的な議論はできない。

　たしかに政治学（特に比較政治学）においては事例選択の厳密化を通じて、たとえ少数の観察であっても一般性を確保する方法を洗練させてきた。連邦制の研究の多くもそういった比較政治の洗練された方法を用いて進められてきた。しかし、計量分析では多くの変数を数量的にコントロールしつつ、主要な独立変数と従属変数の対応関係を明示できる。

　また、方法が明確で、その手法を習得してしまえばだれもが研究成果を再現（リプリケーション）できるという利点もある。たしかに、各地域専門家による「厚い記述」は当該地域の連邦制に関して多くの情報を与えてくれるという点で極めて有用ではある。しかし、連邦制の効果が地域独特の論理によって評価された場合、その評価はその地域の事情に精通した専門家のみが理解しうるという事態が生じてしまわないだろうか。計量分析では特定の概念を厳密な操作的概念に落としこんで数量化するため、人によって評価が異なるという事態が極力避けられる（完全に避けられるわけではないが）。分析モデルとデータの公開は今後多くの学術雑誌において義務づけられる（"Data Access and Research Transparency (DA-RT): A Joint Statement by Political Science Journal Editors," 2015）。研究結果の再現が容易になることは、研究の質を担保するとともに、建設的批判を通じた研究の向上を促す。

（3）計量分析の短所

　他方短所も存在する。一つは、過度の単純化である。計量分析では先述のようにデータを数量化するためにさまざまな事象を統一的な指標で計測するが、これは個々の事象の多様性を無視することにもつながる。「連邦制」と

いう指標をとった場合、アメリカも、旧ソ連も、マレーシアも等しく連邦制としてカウントされる。はたしてこれらは同じものとみなせるか。

　もう一つの短所として、使用するモデルによって分析結果が変動する点が挙げられよう。これはモデル特定化（model specification）の問題（加藤・境家・山本, 2014: 116-119）といわれる。現在の計量分析では、さまざまな仮定を前提とした複雑なモデルが用いられる。本章で取り上げる多くの計量モデルでは、最大で20を越える独立変数が設定されているが、これらのうちのいくつかを除いたり別の変数を足したりした場合、連邦制の効果について異なった結論が出るかもしれない。異なるモデルや、別のデータセットを用いて結果が再現できなければ、その研究は頑強性（ロバストネス）がない。

　最後に計量分析には多くの事例（サンプル）が必要である点も短所として挙げられる。そもそも観察したい現象自体が十分多く存在しない場合もある（実際連邦制は世界に数千の単位で存在するわけではない）。

　以下でみていくように、連邦制と民族紛争に関する計量研究では、こうした計量研究の長所を追求しつつ短所をいかに克服するかが課題となってきた。

2．連邦制と民族紛争

（1）「連邦制は非暴力的抵抗を増やすが、反乱は減らす」

　民族紛争に対する連邦制の効果の計量研究の端緒とされるのがフランク・コーエンによるものである（Cohen, 1997）。まずはコーエンの計量分析の概略をつかんでおく。

　コーエンは、1945年から1989年までの45年間を5年ごと九つの観察期間に分け、世界100カ国の233の「民族集団（エスニック・グループ）」を観察し（パネルデータ）、そのなかから民主主義国を選んで分析対象とした。ここでの「民族集団」はテッド・ガーらによる「リスク下の少数民族（Minorities at Risk: MAR）」（Gurr, 2000）プロジェクトのものを利用している。

　コーエンは、非暴力的抵抗の頻度（モデル1）、暴力的抵抗の頻度（モデル

表 2-2 コーエンの示した連邦制の効果

従属変数	モデル 1 非暴力的抵抗	モデル 2 暴力的抵抗	モデル 3 反乱
連邦制指数 (　)内は標準誤差	0.166 * (0.074)	0.025 (0.060)	-0.125 * (0.057)
N R^2	474 0.20	521 0.17	545 0.14

*は $p \leq 0.05$ で統計的に有意を示す（両側検定）。
出所：Cohen（1997: 625）を改編して掲載。コーエンのオリジナルの研究では切片や様々なコントロール変数の係数も掲載されていたが本章では割愛した。N はサンプルの大きさを表す。

2)、反乱の頻度（モデル 3）のそれぞれを従属変数として線形回帰モデルを用いて分析した。すべての国家について単一国家が 1、単一国家と連邦国家の中間が 2、連邦国家は 3 の 3 段階に分類し、連邦制指数として定義し（指数が高いほど連邦制に近い）、これを独立変数とした。

分析結果は表 2-2 のとおりであった。統計的に有意な結果が出たものはモデル 1 とモデル 3 であった。推定された係数はモデル 1 では正に、モデル 3 では負である。つまり、連邦制の程度が高まるほど非暴力的抵抗の頻度は高まる。逆に、反乱は連邦制の程度が高まるほど頻度は低くなるというものだった。

（2）コーエンの分析の問題点

連邦制が反乱を抑制すると指摘するコーエンの計量研究にはさまざまな問題があった。たとえば、データの基盤である「リスク下の少数民族プロジェクト（MAR）」のデータは、支配者層となっている民族集団、および、政治的活動をしていない民族集団の両方を取り上げていない。このため、統計分析の際に事例選択バイアスがあると考えられた（Hug, 2013）。

また、コーエンの分析では、パネルデータを分析する際に必要な手続きが

とられていなかった。パネルデータは単なる事例比較より多くのサンプルを扱うことになるが、同じ観察対象を何度も観察することになる。何も対策をとらない場合、本来有意ではないものを有意と判断することになる。以後の研究では、パネルデータの処理に関して「クラスター化修正標準誤差」などが使用されている。

別の問題として、モデル特定化の不十分さが指摘された。スティーブン・サイドマンらは、コーエンの分析が重要な要素をコントロールしていないと批判し、1980年代以降のデータを用いて再検証を行った。結果は頑強ではなかった（Saideman *et al.*, 2002: 120 note 34; Treisman, 2007: 267）。内戦の発生と連邦制の関係については、別の研究によっても頑強性の欠如が指摘されている（Christin and Hug, 2012; Hegre and Sambanis, 2006）。

（3）連邦制の影響の複雑さと多様性

その後の研究では、連邦制の効果の複雑さや多様性が強調されるようになった。ダウン・ブランカティは、分権化[2]自体は民族紛争を緩和させる働きがあるものの、分権化が地域政党を活性化させ、地域政党の運動によって民族紛争が激化することを実証した（Brancati, 2006）。また、クリスティン・バッケらは連邦制が平和を維持する条件について研究を行った（Bakke and Wibbels, 2006）。バッケらの分析では地域格差や国政政党のありかた、民族集団の分布といったさまざまな要素が連邦制と絡み合って紛争を引き起こすことが示されている。これらの研究において明らかにされたのは、単純な連邦制の有無が重要なのではなく、連邦制とそれを取り巻く状況の組み合わせが重要である、という事実である。

3．民族連邦制

（1）「民族連邦制は失敗しやすい」

連邦制の多様性に対する理解の深まりは、連邦制と民族集団の制度的つな

がりについての再検討が行われる契機となった。アメリカのように民族が広く拡散している場合と、旧ユーゴスラヴィアのように特定民族が特定地域に集中している場合とでは連邦制の効果は違うはずである（Saideman et al., 2002）。

旧ユーゴスラヴィアや旧ソ連諸国のように「連邦制の下位構成ユニット（州）の少なくとも一部が特定の民族集団によって支配されるホームランドとなる連邦制」（Roeder, 2009: 204）を「民族連邦制（ethnofederalism）」とよぶ。フィリップ・ローダーは連邦制の国を「（単純）連邦制」「非連邦自治」「民族連邦制」の三つに区分して分析し、民族連邦制は「失敗しやすい」と結論づけた（Roeder, 2009）。

（2）民族連邦制の多様性と内生性問題

民族連邦制が失敗しやすく、民族紛争の対処としては不適切とするローダーの分析にも批判がある。その一つが、民族連邦制の定義が狭く、議論の一般化を困難にしているというものである。リアム・アンダーソンの指摘するように、ローダーの民族連邦制諸国のリストは「完全な民族連邦制」のみをリストに含め、他を除外してしまっている（Anderson, 2014: 171）。より一般的な議論にするためには、民族連邦制の定義をやや緩め、民族連邦制を程度の問題としてとらえ、その多様性を取り込んで分析する必要がある。

もう一つの批判が内生性の問題である。内生性とは、原因として考えられる独立変数が、結果として考えられる従属変数に何らかの影響を受ける状況を表す。たとえば、病院での死亡率と病院以外での死亡率を単純比較したら、病院での死亡率の方が高くなるはずである。なぜなら、病院に行く人はそもそも病人、けが人であり、病院に行く人は行かない人と比較して本来死亡率が高いからである。他と比較して病院での死亡率が高くても、それは必ずしも病院が死亡率を高めることを意味するわけではない。同様の理屈が民族連邦制にも当てはまりうる。もし民族的に複雑で統治が難しい状況下で民族連邦制が選ばれやすいとすると、そもそも民族連邦制が選ばれる状況は初期条

件から「失敗」しやすい事例なのかもしれない。その点で、ローダーの分析には内生性の問題が存在する可能性がある（Smith, 2013）。

（3）民族連邦制指数と民族紛争

　民族連邦制の多様性と、内生性の問題の両方に配慮した精緻な分析を行ったのがトーマス・クリスティンらの研究である。彼らは民族連邦制の民族紛争勃発に対する影響を分析した（Christin and Hug, 2012）。

　民族連邦制の多様性に関してクリスティンらは民族連邦制のレベルを指数化して分析を行った。彼らの定義する民族連邦制とは、国家レベルの少数派が、州レベルにおいて多数派となっている状態である。たとえば、連邦全体としては白人が多数派を占めるアメリカには 51 の州（およびそれ相当のもの）があるが、このうち三つの州（ワシントン DC、ハワイ、ニューメキシコ）において、黒人、アジア人、ヒスパニックが多数派となっている。このとき、民族連邦制の指数としてその割合である 3 ÷ 51 = 0.059 を採用する[3]。ベルギーの民族連邦制指数は 0.54、ボスニアは 0.33、旧ソ連は 0.93 ということになる。この「民族連邦制指数」を独立変数として分析することになる。

　もう一つの問題である内生性の問題を処理するために、「操作変数法」（森田, 2014; Angrist and Pischke, 2009）という方法が用いられた。民族連邦制と民族紛争の発生はそれぞれが相互作用をもった連立方程式で規定される。しかし、民族連邦制の導入は民族紛争の発生とは独立した別の変数の影響も受ける。これを操作変数と呼ぶ。このとき、操作変数（とコントロール変数）のみで民族連邦制採用を説明する回帰分析を行い、予測値を得る。この予測値を、紛争発生を説明する式に代入して 2 段階目の回帰分析を行う。こうすることで内生性の問題を処理することができる。クリスティンらは操作変数として植民地宗主国、そして、国内の少数派のグループの数、を採用して分析を行った。そして操作変数法で推定した民族連邦制指数をヘックマンプロビット選択モデルという複雑なモデルに代入し、民族連邦制の程度と民族紛争の勃発の確率の関係を分析した。

(4)「民族連邦制指数が中程度の時に紛争が起きやすい」

結果は表2-3のとおりであった。モデルに民族連邦制指数の2乗が加えられており、これも統計的に有意であった。つまり、民族連邦制指数は2次関数のかたちで紛争の勃発に影響を及ぼす。ほかのコントロール変数を平均値ないしは最頻値に固定して民族紛争の勃発の確率を図示すると図2-2のようになる。これは民族紛争の勃発を最も引き起こしやすい民族連邦制指数が存在することを意味し、最大値は民族連邦制指数が約0.7のときである。実例でいえば、ナイジェリア（0.65）、ブラジル（0.63）、マリ（0.625）あたりがこの最大値に近い。

このことは連邦制の研究に興味深い示唆を与えることになる。従来の研究においては民族連邦制の高い国々（旧ソ連など）において民族紛争が起きやすいとされてきた。しかし、クリスティンらの分析は、旧ソ連の分裂や内戦は、民族連邦制の影響のみによって説明されるべきではなく、他の要素を加えた複雑なモデルによって説明されるべきであると示唆している。他方、本

表2-3　クリスティンらによる民族連邦制指数と民族紛争の勃発の分析結果

	民族紛争の勃発	連邦制
民族連邦制指数	11.151*** (2.483)	-
民族連邦制指数^2	-7.978*** (1.969)	-
誤差項の相関（ρ）		0.680 (0.406)
対数尤度 N		-1107.491 6327

*** は $p \leq 0.001$ で統計的に有意を示す（両側検定）。（　）内はロバスト標準誤差。

出所：Christin and Hug（2012: 116-117, Table 6）を改編して掲載。クリスティンらのオリジナルの研究では様々なコントロール変数の係数も掲載されていたが本章では割愛した。

分析が正しいとするならば、(内戦を抱えるナイジェリアやマリはともかく)ブラジルは民族連邦制による比較的強い分裂圧力があるはずである。ブラジルがどのように分裂を回避しているか、事例研究などを通じたさらなる分析が必要である。

もっとも、クリスティンらの分析が最終到達点となることはないだろう。彼ら自身も述べるとおり、モデルの頑強性の検証が必要である。そもそも民族連邦制指数の妥当性も批判されるべきである。ベルギーが0.54で旧ソ連が0.93という指数はやや直観に反する。また、特定少数民族が地理的に集中して住み、そこに制度上の権利を与えることが民族連邦制だとすれば、地理情報を取り込んだ分析が必要になる(Deiwiks, 2011)。さらには、操作変数の妥当性も検討されなければならない。さまざまな克服すべき課題が考えられるのである。

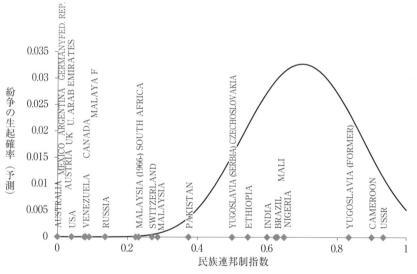

図2-2　民族連邦制指数と内戦の発生確率(予測値)の関係

出所：Christin and Hug (2012: 116-117, Table 6) と公開されている再現データ (http://www.unige.ch/ses/spo/static/simonhug/fglgc/FGLGC.DTA) をもとに筆者作成。ほかのコントロール変数を平均値または最頻値に固定してプロビットモデルに代入して算出。なお、使用されたソフトウェアのコマンドが公開されていないため同論文Figure 2の再現はできず、予測値が異なっている。

4．連邦制に関する計量研究の現在と今後

（1）計量分析の効用

　本章では、連邦制が民族紛争に与える効果を知るために、連邦制と民族紛争の関係を分析した過去の主要な計量分析を概観した。では連邦制は一般に民族紛争にどのような効果をもつのか。現時点においてこの問いに答えるのであれば、「今のところ確たる答えは得られていない」ということになるだろう。たしかに、コーエンの指摘するように連邦制は非暴力的抵抗と反乱とで異なる効果をもたらすのかもしれない。クリスティンらのいうように、民族連邦制指数が中程度のときに民族紛争が発生しやすくなるのかもしれない。しかし、本章で指摘したように、これらの研究において頑強性の確認は十分ではなく、また、モデルやデータの面でさまざまな問題が指摘されている。

　しかし、これまでの計量分析が何の成果をもたらさなかったわけではない。これまでみてきたように、民族紛争と連邦制の研究は、概念の細分化とモデルの精緻化を交互に繰り返して深化してきた。これまでの研究は、連邦制の効果に関する議論の一般化の限界に直面しながら、適切な概念の細分化とモデルの精緻化によってアプローチが可能であることを示している。やがては特定の条件下における連邦制や民族連邦制についての一般的な効果について評価を下せるようになるかもしれない。以下では今後の展望を述べていこう。

（2）事例分析との対話の必要性

　計量分析の精緻化には事例分析との対話が不可欠である。計量分析は独立変数と従属変数の対応関係を見ることで理論の妥当性を判定する。しかし、関心の対象となる因果関係の理論（民族連邦制はなぜ・どのように内戦を引き起こすのか）は計量分析自体では導き出すことができない。

　特定のデータがどのように生み出されるのか。これを、「データ生成プロセス（data generating process）」と呼ぶが、計量分析を行うものは、デー

生成プロセスへの関心を怠ってはならない。つまりはさまざまな事例研究との対話が必要なのである。

しかし、両者の対話は必ずしも簡単ではない。本章で取り上げたクリスティンによる計量研究は、同じく内生性に注目しているアンダーソンによる事例研究（Anderson, 2014）ではまったく言及されておらず、対話が成立していない。事例研究と計量研究の間には深い文化的溝がある。しかし、文化を越えた建設的な対話は可能である（Goertz and Mahoney, 2012）。

(3) データの限界と新しいデータセット作成プロジェクト

細分化と精緻化による計量分析の進展には限界があることも事実である。その一つがデータの限界である。ヤン・ビエラらが指摘したように、制度のパフォーマンスに影響を与える他のファクター（独立変数）は多様であるのに対し、実際に存在する連邦政治システムは数が少ない（Biela and Hennl, 2010: 158）。換言すると、コントロールしなければならない変数が多い割にサンプルが小さいのである。国家の数は多くて200、MARのカバーする民族集団も300を超えない。小さなサンプルではモデルが複雑になると分析が難しくなる。

また、議論が精緻化し、「民族連邦制の国々をさらに類型化し、その多様性を分析する」といった場合、対象の限定をすることになる。しかし、対象の限定は、サンプルの限定を意味し、推定をさらに困難にする。モデルの複雑化と対象の限定にともない、計量分析の強みが失われるのである。この点で計量分析による連邦制の効果の研究には限界がある。

一つの希望は「リスク下の全少数民族プロジェクト（AMAR）」（Birnir et al., 2015）、「民族権力関係分析プロジェクト（Ethnic Power Relations: EPR）」（Wimmer, Cederman, and Min, 2009）といった複数の大規模なデータセット作成プロジェクトが進行中である点である。民族集団のデータセットは、MARプロジェクトに大きく依存してきた。AMARでは1200もの民族集団が分析対象として取り込まれる予定となっている。EPRでは地理デー

タを取り込んだデータセットが構築されている。今後こうした新しいデータセットが用いられることで民族紛争と連邦制の研究も当面の進展が見込まれるだろう。

（4）マイクロ分析への注目

　今後目指されるもう一つの方向性がマイクロレベルにおける連邦制の効果の研究であろう。これまでの連邦制の研究においては、国家や民族といった集団レベルに関心が集中しており、市民レベルの意識の変化といったマイクロレベルの作用には関心が払われてこなかった（Martinez-Herrera, 2010: 144）。ザカリー・エルキンスらは50カ国余りで実施された個人を対象とするサーベイをもとに個人の帰属意識の分析を行った（Elkins and Sides, 2007）。個人のレベルの分析は内戦勃発といったマクロレベルの現象を直接説明するわけではない。しかし、サンプルの大きさによって多くの変数を扱うことを可能にし、様々な因子の効果を厳密に推定することも可能にする。今後は分析レベルを個人のレベルまで落として連邦制の効果を測る試みも進んでいくだろう。

＊本章の執筆に当たっては多湖淳氏、河合将志氏の両氏から貴重なコメントを頂いた。記して謝意を表す。

1）　t検定は「無関係である」確率を用いるものであるため、＊が多くても（0.1％で有意などでも）「関係が強い」ことを意味するものではない。
2）　ブランケイティや次項のバッケらの分析では連邦制ではなく分権化の効果が議論の中心となっている。
3）　論文中の記述に反して、公開されている再現用データセットではアメリカの民族連邦制指数に0.04が採用されている。このほかベルギーやボスニアの民族連邦制指数が0になっているなど、データセットの問題が多い。

【参考文献】
Anderson, L.（2014）"Ethnofederalism: The Worst Form of Institutional Arrangement …?," *International Security*, Vol.39, No.1, pp. 165-204.
Angrist, J. D. and Pischke, J.-S.（2009）*Mostly Harmless Econometrics: An Empiricist's Companion,* Princeton University Press.（大森義・小原美紀・田中隆一・野口晴子

訳『「ほとんど無害」な計量経済学——応用経済学のための実証分析ガイド』NTT出版、2013年)
Bakke, K. M, and E. Wibbels (2006) "Diversity, Disparity, and Civil Conflict in Federal States," *World Politics*, Vol.59, No.1, pp. 1–50.
Biela, J. and A. Hennl (2010) "The Distinct Effects of Federalism and Decentralization on Performance," J. Erk and W. Swenden (eds.), *New Directions in Federalism Studies*, Routledge, pp.156–71.
Birnir, J. K., J. Wilkenfeld, J. D. Fearon, D. D. Laitin, T. R. Gurr, D. Brancati, S. M. Saideman, A. Pate, and A. S. Hultquist (2015) "Socially Relevant Ethnic Groups, Ethnic Structure, and AMAR," *Journal of Peace Research*, Vol.52, No.1, pp. 110–15.
Brancati, D. (2006) "Decentralization: Fueling the Fire or Dampening the Flames of Ethnic Conflict and Secessionism?," *International Organization*, Vol.60, No.3, pp. 651–85.
Christin, T. and S. Hug (2012) "Federalism, the Geographic Location of Groups, and Conflict," *Conflict Management and Peace Science*, Vol.29, No.1, pp.93–122.
Cohen, F. S. (1997) "Proportional Versus Majoritarian Ethnic Conflict Management in Democracies," *Comparative Political Studies*, Vol.30, No.5, pp.607–30.
"Data Access and Research Transparency (DA-RT): A Joint Statement by Political Science Journal Editors," (2015) *Political Science Research and Methods*, Vol.3, No.3, p.421.
Deiwiks, C. (2011) "Ethnofederalism: A Slippery Slope towards Secessionist Conflict?," Ph.D Dissertation Submitted to ETH. http://e-collection.library.ethz.ch/view/eth:4691.
Elkins, Z. and J. Sides (2007) "Can Institutions Build Unity in Multiethnic States?," *American Political Science Review*, Vol.101, No.4, pp.693–708.
Goertz, G. and J. Mahoney (2012) *A Tale of Two Cultures: Qualitative and Quantitative Research in the Social Sciences*, Princeton University Press.
Gurr, T. R. (2000) *Peoples versus States: Minorities at Risk in the New Century*, United States Institute of Peace Press.
Hegre, H. and N. Sambanis (2006) "Sensitivity Analysis of Empirical Results on Civil War Onset," *Journal of Conflict Resolution*, Vol.50, No.4, pp.508–35.
Hug, S. (2013) "The Use and Misuse of the 'Minorities at Risk' Project," *Annual Review of Political Science*, Vol.16, pp.191–208.
Martinez-Herrera, E. (2010) "Federalism and Ethnic Conflict Management: Rival Hypotheses, the Attitudinal Missing Link and Comparative Evidence," J. Erk and W. Swenden (eds.), *New Directions in Federalism Studies*, Routledge, pp.141–56.
Roeder, P. G. (2009) "Ethnofederalism and the Mismanagement of Conflicting Nationalisms," *Regional & Federal Studies*, Vol.19, No.2, pp.203–19.
Saideman, S. M., D. J. Lanoue, M. Campenni, and S. Stanton (2002) "Democratization, Political Institutions, and Ethnic Conflict: A Pooled Time-Series Analysis, 1985–1998," *Comparative Political Studies*, Vol.35, No.1, pp.103–29.
Smith, B. (2013) "Separatist Conflict in the Former Soviet Union and Beyond: How Different Was Communism?," *World Politics*, Vol.65, No.2, pp.350–81.

Treisman, D. (2007) *Architecture of Govenment: Rethinking Political Decentralization*, Cambridge University Press.
Wimmer, A., L.-E. Cederman, and B. Min (2009) "Ethnic Politics and Armed Conflict: A Configurational Analysis of a New Global Data Set," *American Sociological Review* Vol.74, No.2, pp.316-37.

浅野正彦・矢内勇生 (2013)『Stata による計量政治学』オーム社。
飯田健 (2013)『計量政治分析』共立出版。
加藤淳子・境家史郎・山本健太郎 (2014)『政治学の方法』有斐閣。
多湖淳 (2010)『武力行使の政治学——単独と多角をめぐる国際政治とアメリカ国内政治』千倉書房。
─── (2011)「民主的平和論——国際紛争と政治体制」小田川大典・五野井郁夫・高橋良輔編『国際政治哲学』ナカニシヤ出版、118-52頁。
森田果 (2014)『実証分析入門——データから「因果関係」を読み解く作法』日本評論社。

第3章
連邦共和国の形成
連邦主義とアメリカ革命

森分大輔

　マイケル・バージェスが『連邦精神の探求』で指摘したように、連邦の維持に自由民主主義（liberal democracy）や市民社会（civil society）の果たす役割は大きい。たとえばそれの提示する他者の権利を尊重する原則は、過剰な自己主張を抑制する点で連邦の統合に寄与するだろう。これからみるのはしかし、両者の連関が思想史的には自明とはいえないことである。本章ではそれを連邦主義（federalism）の過去の事例や思想の検討、および自由民主主義的思想のルーツたる自然権論との関係性を問うことで確認する。

　こうした観点から本章では、連邦制、連邦主義という語に拘泥せず、その原理があらわになった事例やアルトジウスの思想、アメリカ革命に言及する。その過程で連邦主義に特徴的な分権原則と現実先行的な思考様式とが確認される。これは自然権論と連邦主義との齟齬を示すものでもある。その確認の後、齟齬の調停的契機、あるいは連邦主義と自由民主主義との関係をトクヴィルの議論に探る。

1．連邦主義への関心

（1）連邦制への懸念

　連邦主義への関心は古くて新しい。「複数の構成体の間に統合と分権との連携の仕組みを創出する文節的結合の原理ないし理論」（千葉, 2014: 2）を連

邦主義とすれば、連邦国家（federal state/ federation）、国家連合（confederation）などは、その核に連邦主義を有するだろう。そしてその形態が古くからある以上、思想もまた古くからあるとみなせる。その意味で連邦主義は古くから関心を抱かれていたと言える。ただし近年の関心はそうした政体の原理に向けられたものではない。連邦主義の限界や可能性が広く問われているのである。たとえば、ナショナル・マイノリティ問題への処方箋という期待や、その期待を裏切る分裂危機への懸念というウィル・キムリッカの議論がその典型である。彼によれば連邦主義は「せいぜい連邦国家を維持することへの疑問と共存できる、最も緩やかで暫定的な『一体感』」（Kymlicka 2001: 93-94, 邦訳 136）を提供するものである。

バージェスはそうした一体感、連邦と構成体との双方を尊重するそれを「連邦精神」（federal spirit）と呼び、その成功例にみられる特徴を次のように整理した。(1) 連邦形成への自発的な同意、あるいは連邦と構成体とに対する二重の忠誠を市民に促すような政治文化の創造と維持、(2) 連邦の統合を補助、保全するのに適した機構、意思決定プロセス、そして協議手続きを組み込んだ成文憲法、(3) 連邦的権威やそれを成立させた国際社会を補助する自由民主主義の導入、(4) 自発的に、あるいは国際社会の強い権威の下で働く意欲と統治能力とを有した政治的エリートの存在、(5) 連邦を維持し、各構成体間の連携を図ることのできる強力なリーダーシップ、(6) 連邦レベルでの複数政党制を涵養するのに適切な選挙制度の導入、(7) 連邦の経済発展を促す実現可能で公正な財政的連邦主義の導入、(8) 連邦的価値、信念、利益を助長し、市民社会を維持するように構想された政治的社会化プロセスの導入、(9) 干渉主義的周辺国の不在、(10) 同じ自由の下にあり同じ国家に共生し、連邦的理念を価値として擁護するような「連邦精神」の創造と涵養がそれである（Burgess, 2012: 321-322）。成功例のみならず失敗例の検討をも経て作られたこのリストには「統合と分権」を同時に可能にする連邦主義の孕む困難さと可能性とを垣間見ることができる。

（２）政体論と主権概念

　制度としての連邦は、思想史的に特異な位置にある。古典政治学において制度は、プラトンに始まる支配者の数を軸にした一人支配、少数支配、多数支配の政体論的枠組みで考察されてきた。あるいは諸要素の混合した混合政体や、君主制への対抗概念たる共和制が取り上げられてきたのである。こうした政体論は近代に影響力を失い主権論へと関心が移るが、新旧どちらの議論も「複数の構成体の間に統合と分権との連携」を据える連邦に関心を払っていない。

　近代の政治思想は自然権（natural right）概念を基礎に据えた分裂した諸個人を統合する機構と原理とを主権国家（sovereign state）に求めた。従来の政治学が前提した人的共同体たるコモンウェルス（common-wealth）は解体され、自己保存のために行使される個人の自由を自然権とし、その離齟の調停に主権を要請したのである[1]。こうした整理からすると個人の自由を尊重する自由民主主義は集権を促す主権論に親和的である。実際、それはルソーを経て国民国家（nation-state）観に影響した。主権を一般意思に重ねることで人々は国民（nation）とされ、それは論理的基盤を得たのである（森分, 2013: 26）。近代の政治論は分権でなく統合を問題にしていた。

２．連邦主義のルーツ

（１）帝国的、誓約的、連合的統合

　こうした系譜とは異なり連邦主義は、古代オリエントの現実にその萌芽を確認できる。千葉眞の整理に従えば「統合と分権」の原理を含んだ政治秩序は、たとえば、宗主国が周辺の属国に対して支配・被支配の関係を半ば強制することで達成されたヒッタイト宗主権盟約に確認できるという（千葉, 2014: 6）。千葉によれば宗主国、属国という関係が築かれたことで「統合と分権」という最低限の原理が保持されていた。

　こうした形態を連邦主義に含めるならば、多くの封建的支配に連邦主義的

要素を確認できるだろう。そうした統合において個人は共同体に属すと同時に帝国に包含される（千葉, 2014: 13）。本章では、共同体を残して封建的に統合されたこの形態を帝国的（imperial）統合と呼ぶことにしよう。

　帝国的統合と異なる形態として千葉が挙げるのが、古代イスラエルの12部族連合に示された誓約（compact）的統合と、古代ギリシアのポリスによる連合（union）的統合である。前者は共通の宗教や文化を背景にして諸氏族を水平的に結合するものだった。イスラエル共同体の法の順守が神前の誓約によって義務化され、共通の宗教や文化に依拠した統合を実現したのである。また後者のギリシアの例は、東方の帝国に軍事的に対抗する連合だった。ポリスの自治を守るその連合には盟主が存在したが、帝国的統合とは異なり、同等者の同盟（league）という特徴が存在した（千葉, 2014: 13）。

　こうした三種の統合形態に関して興味深いのは、そのうちの連合的統合が時代を経ることで自由の観念と関連を持ったことであろう。クェンティン・スキナーが記しているのは、外的脅威に対抗するための同盟が二重の意味での自由、すなわち政治的独立と共和制的な統治形態の保持とのために存在したことである。12世紀ヨーロッパにみられた自治都市の同盟は、自治権を侵害しようとする教会や帝国に対抗した。「ともあれ自由は彼らの帝国からの独立を意味していた。彼らが「帝国の平和を喜んで受け入れる」のは、ただ「自身の自由が棄損されない」ときのみ」（Skinner, 1978: 7）であった。

　このように連合の原理は外的脅威への対抗ゆえに採用され、その構成体の自治や自由を保全した。帝国的統合では宗主国と属国というかたちで自由に関わりない秩序が提供されたが、都市同盟では自由こそが問われたのである。原理的には都市が自由を、連合的結合がその保全を担うと述べることができるが、時代が下ると連合そのものの効果に関心が払われようになる。3. でみるように、その典型がアメリカの連邦制である。

（2）「補完性」原理と多元的秩序

　現実に見出されるこうした「統合と分権」を連邦主義とするとき、それに

は現実先行という特徴を見出せる。さきの例でも帝国の支配を甘受しない同盟の存在を、法や理論（de iure）からではなく現実（de facto）から容認するべきという主張がされていた（Skinner, 1978: 9）。ローマの共和主義に連なる「彼らは自由な人士として自らを構成していた」ため、帝国の支配を認めなかった。そこから生じた理論的葛藤の解消には「法自身が現実との調整をはかる」べきだと論じられていたのである（Skinner, 1978: 10）。

　こうした議論の背景にあったのは、秩序は都市ではなく帝国や教会が提供するべきであるという認識である。実際に支配している秩序の原理はそれら権威の下に示される必要があった。思想として表現されることになる連邦主義も、こうして教会から発せられたのである。

　それが「補完性」（subsidiarity）原理である。「補完性」原理は個々の共同体の利益と全体の共通善とが同一ではない点を容認しつつも最終的には共通善の一致を想定する。「個人が自分自身に固有の善の追及を促されること以外に、多数者の共通善を推進させる何かがある」（Aquinas, 2002: 7）こと、人々や諸団体が補完しあって統合しうることが主張されたのである。

　ヨハネス・アルトジウス（1557-1638）は、こうした「補完性」原理と、それに依拠した政治体を構想した。彼の議論で個人は欲求に応じてさまざまに結社を組織する。それは宗教的、あるいは世俗的な性格を有し、「生活共同体」（consociatio）として政治体の構成要素となる。人々は宗教団体、ギルド、タウン連合、商業結社、地方的組織など、その融合体を形成するのである（Friedrich, 1963: 588）。

　こうした議論は「統合と分権」という連邦主義を示している。「生活共同体」は各々独自の存在だが、相互に補完しあうことで統合が維持されるとされていたからである。政治体はそれらの「統合と分権」、すなわち「共生」（symbiosis）に依拠して成立する（ギールケ, 2003: 53）。中間団体を排除し均質な社会の形成を想定した主権論とは対照的に「生活共同体の自立があって、はじめて補完性原理に基づく政府間の権限配分の適正さが具体的に模索され」（関谷, 2011: 17）政治体は成立するのである。

（3）政治思想と現実

　本章の関心から興味を惹かれるのは、こうした議論に「人間は本性的に政治的存在である」というアリストテレス的思考がみられる点であろう。「補完性」原理が示すのは「人々の私的な利益」の多様性のみならず「共通善の一致」である。統合を可能にするアルトジウスの人間は共に生きることへの本能を持つことが前提された存在であった（ギールケ, 2003: 54）。

　人間本性を仮にそう規定可能なら、最初に触れたバージェスのいう「連邦精神」の涵養に大きな困難はなく、統合の維持は容易だろう。「統合と分権」を説明するのに共通善への性向を認めることは都合がよいからである。しかし「人生の目的について人々の間に何の不一致もなかったとしたら政治の問題や、自由の問題について論ずるべきものはない」（Berlin, 1969: 166）というアイザリア・バーリンの言を示すまでもなく、近代社会や自由民主主義の基底たる自然権論はそうした性向を前提せず、主権の作為的形成を要求する。

　このように対照すると、連邦主義が現実の多様性を追認することで成立することが理解される。また、人間を共同体へ方向づけられた存在とする自然法（law of nature）論的傾向を有することがそうした追認を説明するといえるだろう。アルトジウスは権威や権力の錯綜した諸団体の複合として存在する当時の現実を、私的な欲求と共生への志向という相反する傾向をもつ折衷的人間像から説明した。それは現実の差異を捨象し、議論を抽象化して現状の批判と再構築とを試みた自然権の原理性とは対照的であった。

3．アメリカ独立革命と連邦主義

（1）統合形式の混合

　思想としての連邦主義が現実を容認し説明する傾向を示す点を確認したわれわれには、アメリカの事例は興味深いものに映る。そこにはアレクシス・ド・トクヴィル（1805-1859）が論じた新しい政治が形成されていたからである。そこでは新大陸を自由に開拓する自然権的個人が前提されながらも自然

法的な連邦主義が国家原理に採用されていた。こうした対立する要素は北米でいかに融合したのだろうか。

有賀貞の整理に従えば、北米の独立革命には次の特徴を見出せる。(1) 各植民地にはイギリスの政治、法律、社会的風習が移植されていた。(2) 大部分がプロテスタントであり、広義のイギリス人移住者とその子孫だった。(3) 統治方式の形式的差異はあっても多くが類似した政府組織、慣行を有していた。(4) 植民地相互にある程度の経済的補完関係が存在し、13の植民地が結束することを可能にしていた（有賀, 1985: 35-36）。

こうした北米の植民地が時代を経て連邦制国家へと変容する。その過程で注目すべきは、三つの統合形式、すなわち帝国的、誓約的、連合的統合が見出せることである。

まず、帝国的特徴については、北米に封建的統治が存在していなかったとされている点を指摘せねばならない。「植民地には国王から任命され着任した総督や不在領主を除けば、称号を持つ貴族はほとんど存在しなかった」（有賀, 1985: 38）。ただし、後に州となる各植民地が総督や領主を戴くことで始まり、封建的政治体の一部として形成されたことを無視する必要もないだろう。こうした帝国的統合の側面について北米の植民者も、本国への抵抗運動の下で確認していたからである。1774年秋に各植民地の代表が集合した第1回大陸会議（Continental Congress）では、本国議会の植民地に対する立法権を否認する一方で、イギリス全体を共通の王に対する忠誠によって結ばれているが別個の議会を有する一種の連合体であると主張されたのである（有賀, 1985: 45-46）。

次に連合的統合については、彼らが本国との戦争を1782年まで続けた点を指摘せねばならない。無論、初期にそれは内乱と解されていたため、「外敵への対応」を指摘するには無理がある。しかし、1776年の大陸会議では戦争継続の支援を得るためにフランスとの外交関係構築の必要が認められ、それを可能にする北米における連合体形成の必要が認識された（斎藤, 1995: 101-102）。そして1777年には実際に連合規約が制定される。諸邦は規約に従い共通の防衛、自由と安全、相互並びに全体の福祉を確保したのである[2]。

各領邦が連合して対外関係に応ずることで自由を保全するという判断が、この段階で明確化されたのである[3]。

最後に誓約的統合については、植民初期のプリマスの例を挙げることができる。有賀が指摘したように各邦にはイギリス系植民者のプロテスタント信仰があった。その彼らが渡米当初に交わしたのが神前の誓約であった（斎藤, 1992: 15）。

この誓約的側面はそして、憲法案承認時に再登場したのである。ただし、再登場した誓約は時代の思潮から世俗的傾向を帯びていた。トマス・ペインやジョン・ロックらの自然権論に合わせるかたちで社会契約的に了解されたのである[4]。また憲法への同意を求めたフェデラリスト自身も、宗教から離れた動機で動いていた。彼らはそれまでの連合に限界をみていたのである。憲法承認以前、それは個人への徴税権を有さず、戦争遂行に困難が生じていた（Hamilton et al., 1937: 89, 邦訳94）。彼らはそれを可能にする全国的政府（national government）を必要としていたのである。

自らをフェデラリスト（連邦主義者）と称した彼らは、このように分権的統治を求めていない。むしろ統合を強化する全国的政府を求めていた。そのために共同体の記憶を呼び起こすような同意／誓約を求めたとみなせる。逆に、それに反対して諸邦に権限を残そうとしたアンチ・フェデラリストが分権の側にいた。主権論と対比して分権に関心を払われがちな連邦主義の語感からすれば、こうした図式には違和感を抱かせられるだろう。しかし、誓約を経てアメリカは、諸邦からなる「共和国の連邦から、連邦的性格を持つ一つの共和国」を設立するに至る。彼らの連邦主義は、人民から承認をうけた全国的政府を有する共和国と連合的制度を同時に維持するものだった[5]。

（2）アメリカ革命と共和主義

帝国的統合から形成された各植民地は対外関係処理の必要から連合して大陸会議を形成し、憲法（constitution）制定時に人々から誓約を得た。連合的な制度を保持した独自の政体、連邦共和国（federal republic）はそうして組

織されたのである。その国制（constitution）は「人民が自らの統治権限を二分して一部を全国的政府に、一部を州政府に委ねる」ものであり、「二つの政府が同一人民の上に併存する」分権的体制[6]、換言すれば「国家的（national）性格と同様に多くの連邦的（federal）性格を持った一種の混合的な性格」（Hamilton et al., 1937: 248, 邦訳185）を有するものであった。

現実におけるこうした統合原理の混合が新大陸に連邦国家を生じさせた。各領邦の連合は、かつてのヨーロッパの自治都市と同じく古い共和主義的な意味での自由、すなわち各邦の自治権を保持するために全体を、それに反しない新たな共和国として再構成したのである。換言すれば、こうした現実抜きに「統合と分権」という「補完性」原理を実現した政体の設立は困難だった。それは、憲法制定にて影響力を発揮した自然権論者が、抽象的個人の主権的統合としての政治体を示していたことと対照することで了解可能である。

ただし、現実がこうして先行していたにせよ、連邦制を人々に受容させた言説は存在する。その点で誓約時に機能した自然権論以外に注目すべきは「共和国」（republic）という語である。その影響は1750年にアメリカで『法の精神』が公刊されたことからも理解できる。共和制に論及したモンテスキューの著作は「アメリカ革命の世代にとって、政治分析について最も重要な書」（Greene, 1986: 43-44）であった。彼の権力分立論や共和国に関する指摘は強い影響力を持ったのである（Hamilton et al., 1937: 50, 邦訳47）。

共和主義／共和国（republicanism / republic）とは、J・G・Aポコックによれば、市民の政治的徳（virtue）を称揚して有徳な少数者の統治を追及するものである。その性格は人間の質的差異を容認し、有徳者が自然に現れて統治を担うとする自然な貴族制を想定することに表れている（Pocock, 2003: 516-517, 邦訳448-449）。共和国は、こうした要素の混合した政体であり、平等な個人の無制約な自由を前提する自然権論とは異なる論理を持つものである。

こうした論理において君主の一人支配は統治の腐敗として批判される（Pocock, 2003: 510, 邦訳443）。それは先のスキナーの事例からも看取されるだろう。帝国の供する平和よりも政治参加を許された市民の名誉や徳、そしてその前提たる自由が尊重されたのである。革命期アメリカでも同様にイギリス

の君主制に対抗して共和主義的な徳への復帰、すなわち「コモンウェルスそのものの構造の基本原理への復帰」が論じられた（Pocock, 2003: 508, 邦訳441）。革命を先導する言説は自然権的な観点からのみならず、共和主義的観点からも供せられたのである。

（３）共和主義と連邦制

　共和主義は革命の自己理解を助けるものであった。そしてそれはアメリカの連邦主義にも影響を与えた。その影響は第一に、共和制と民主制との自覚的区分、第二に、共和制を意図的に読み替えて連邦共和制へと発展させようとした試み、第三に、それによって「分割と統合」という原則を固有のものとする政治体の設立が自覚されたことに見出せる。

　第一の点が示すのは、革命の目指した政体が政体論の三類型から逸脱した共和国であり、それを民主制から区分することで民主制の影響を制限したことである。

　民主制に対照された共和制は有徳な代表による統治であり、治者と民衆との役割を区分する混合政体的傾向を示す（Hamilton *et al.*, 1937: 244, 邦訳179）。自然な貴族制に倣って構想された制度は、それにふさわしい代表が「ともかくも会合することができる範囲」（Hamilton *et al.*, 1937: 81, 邦訳82）を統治する。一見すると民主的な言語で示されたその構想は、民主制を広域統治から隔離し、地域での参加にそれを押し止めるものだった。それは古代ローマの民会と元老院のように、多数支配と少数支配という質の異なる制度の併存、分権を可能にしたのである[7]。

　第二の点が示すのは、そうした共和制的制度を内包する諸邦州として連合することで広大な北米大陸の統治を可能にすることである。民主制よりも広域の統治が可能な共和政体でも大陸にはさらなる原則、すなわち連合が不可欠であった（Hamilton *et al.*, 1937: 50, 邦訳47）。そして革命の経験は、制限された権限を有する全国的政府の存在が連合的構造の維持と各州の自由（自治）の保全を可能にすることを示していた。全国的政府に必要とされたのは

単一の共和国では統治不可能な広い領域にまたがる直接的支配権ではなかった。各邦の自由に資する連合を維持できる制限された権限が求められたのである。

第三の点が示すのは、そうした役割を担う全国的政府が誓約を請うた連邦の人民にだけでなく、各々の領邦にも依拠しているという認識の確立である。

誓約によって成立した全国的政府はたしかにそれ自体が一つの共和国であった。しかし、全国的政府の権限は限定され、多くの権限が州に保有された。それは「下位の諸政府が廃止されたとしても、全国的政府は自己保存の原則に従って、それらに固有の管轄権を戻さなければならなくなる」(Hamilton et al., 1937: 82-83, 邦訳84) という主張に基づくものであった。州と全国的政府との分権が損なわれたら混合政体をとる共和国はその体を失う。また、州政府の一つが失われても全国的政府の影響力減少につながる。そのため、事態は回避されねばならなかったのである。分権はこの意味で、権限分割の単なる制度ではなく、連邦の構成原理であった (森分, 2007: 278-279)。全国的政府は自身と連邦の双方を維持する「自己保存の原則」に則って「統合と分権」を補完するのである。

このように現実先行によって形成された北米の統治を了解するのに作用した共和国という観念は、革命の経験と相まって連合という従来の制度をそれなくしては成り立たない連邦共和国の原理へと昇華させた。そこには単なる現状追認に止まらない思想の現実への影響力を、「統合と分権」を主軸とする連邦に固有な論理の形成を確認できる。各邦の自由が連邦によって保全され、その要たる全国的政府はその分権に依拠するという補完関係が成立したのである。ただし、その原理の発動を促す自由は共和主義的な色彩を帯び、自治や自然な貴族制の保全を求める理念であった。その点で連邦は民主的ではない。むしろトクヴィルの強調したアメリカ社会の「事物における民主的秩序内の擬似封建的要素」(Wolin, 2001: 231) に連なるものであった[8]。

4．連邦主義と市民社会

(1) 連邦共和制と自由民主主義

　革命から生じた連邦共和国は、時代の推移とともに政治に携わる人々の徳を期待できなくなっていく。代わりに登場した普通の人間が私的な欲に促されて行う政治は、19世紀には世界的現象であった。アメリカではジャクソニアン・デモクラシーの時代にあたる平等への一般的傾向に則ったその社会をトクヴィルは観察し、論じたのである（Pocock, 2003: 537, 邦訳 468）。

　フランスの経験を踏まえたトクヴィルは『アメリカのデモクラシー』において多数派の暴政を警戒しながらも、私的な利害関心を公的な利益へ結節させる機構を分権的制度として説明した。個人の欲求がタウンシップへの参加で満たされることで国家規模の政治腐敗は防がれ、また、そうした顔の見える共同体内で牽制されることで参与者の自制が促される（宇野, 2007: 45-47）。あるいは私心を持つ人々の参加であってもそれが広域の政治を担える人材の発掘と、政治に必要な言語や習慣を習得させることが確認された（Arendt, 1963: 229, 邦訳 367）。分権的体制は、有徳な人士が徳の発揮や名誉から政治を担う自然な貴族制を前提にする共和主義とはかけ離れた普通の人々の平均的な営みに基づく統治を永続させるのである（Wolin, 2001: 232）。

　こうした特徴は、連邦に対するいくつかの懸念に回答を与える。(1) 共和主義不在時の「統合と分権」の効果、(2) 自然権と自然法との対立として描出可能な個人の利害と共通善との齟齬の問題、(3) 自由民主主義と連邦主義との関連がそれである。

　第一に、「統合と分権」は非民主的な原理であったが、自然な貴族制不在の時代にも影響を与えた。民主制の活動余地の保全である。共和主義に端を発した分権構造は制度形成時と同様に、民主的要素が政治に関わることを制限する。しかし、その制限が安全弁たることで民主制は、当該制度で暴政へと堕すことなく機能する余地を与えられるのである（Hamilton *et al.*, 1937:

310, 邦訳208)。

　第二に、自然権と自然法の論理的齟齬への回答については、分権が人々の功利的な行為の抑制につながることから説明される。自然権論では主権への統合が個人の無制約的な自由への処方箋だったが、連邦主義では人々の私的な利害関心や対立を分権的機構に封ずることが鍵となる。「地方自治体と地方行政とは、人民の意志の流れを監視し分断する非常に多くの隠された防波堤を形成している」(Tocqueville, 1951: 274, 邦訳167) のである。人々は地方政治に関わることで行動を抑制し、制度に促されて結果的に公的課題に向かう。換言すれば、アルトジウスのように人々に共通善に向かう性向を求めなくとも、機構の存在が自然権的個人にそれに類する調和を与えるのである。

　第三には、自然な貴族制を前提にした共和主義的統治ではなく、個人の利害に基づいた民主制が採用されても暴政は防がれ、結果として穏健な統治が連邦制において実現することである。それは先の2点から了解可能であろう。すなわち、人々が利害から行動したとしてもそれが共和主義に基づいた分権構造によって抑制されるがゆえに民主的な原則は採用されつづけ、同時にそのプロセスで個人は抑制的振舞いを身につけるようになる。それは外から観察すれば「調停的な統治であって、意思決定は長い時間をかけて煮詰められ、ゆっくりと議論され、慎重に実行に移される。……合衆国で「共和制」と呼ばれるものは、多数者の静穏な支配である。……だが、多数者でさえ全能ではない」(Tocqueville, 1951: 413-417, 邦訳388-389) ものとなる。数の暴力に頼らない抑制的な民主制、おそらくバージェスが成功した連邦制に見出した自由民主主義的市民社会の形成を期待できるのである。

　こうした統治において徳は不要であろう。私的な自由の行使を出発点に置く自然権論を採用してもなお「統合と分権」の制度から民主制は穏健なものになる。トクヴィルが示した私利を追求する利己的で平凡な人間による連邦的統治は、ホッブズが忌避した自然権の無制約な行使から生ずる対立を回避し、本来語義矛盾であった民主的共和国を永らえさせる。人々は連邦主義的分権的制度と自らの抑制的行為との往還を実現させることでアメリカを安定した市民社会へと、「人間は自然的に市民である」(Pocock, 2003: 527, 邦訳

458）と自認するのにためらいを抱かせることのない社会へと変容させ、連邦を維持するのである。

（2）分裂危機

このように質的転換を果たした連邦共和国は市民社会の形成に寄与した。集権的国家で生じたフランス革命が民主制の暴力と専横とに苦しめられたのとは対照的に、連邦は抑制的な個人の自由と民主制とを接合させたのである。リベラリズムの伝統でそうした抑制は、理性の自制的行使という個人の倫理に訴えざるをえないものであったが（Mill, 2002: 46, 邦訳113）、トクヴィルは連邦の制度に同様の効果を見出したのである。

こうして賛美された連邦はただし、すべての人に最善なものではなかった。彼によれば奴隷制をめぐる対立とネイティブ・アメリカンの問題とに難点を見出すことができるからである。

トクヴィルは『アメリカのデモクラシー』一巻の最終章でその問題に触れた。それが連邦の実現した穏健な民主制や制度の難点と関係すると思えたためである。問題に慎重に向き合った彼はしかし、問題を切り分け、それに穏健な民主制が無関係であるという態度を選択する（Tocqueville, 1951: 331, 邦訳265）。

彼の選択はただし、連邦制についてはそれと無関係でないことを示している。ウォリンによれば抑制的市民社会の形成に寄与した連邦は、州内の多数派の制限に失敗していた。そして、限られた権限のみを保持する全国的政府は、州の決定を覆せない脆弱さを露呈していたのである（Tocqueville, 1951: 271, 邦訳162）。その結果、「地域主義が奴隷制の拠点となり、そして、中央政府がそのような害悪の存続を容認するほど集権が脆弱なアメリカの状況」（Wolin, 2001: 264）が生じていた。

これは地方に多くの権限を与えてもなお統合が維持された民主的連邦の問題である。帝国的統合では、そうした主義とは無関係に政体の維持が可能であろう。奴隷制は連邦主義を支えるようになった自由民主主義的社会の価値

に反するゆえに問題だった。

　換言すれば、それは連邦制の機能不全であった。分権が州の自由を尊重し奴隷制という地方文化の醸成を許したために、連邦の統合に寄与する自由民主主義的文化からの逸脱を生じさせたのである[9]。各州に自身の依拠する価値を浸透させられない全国的政府の脆弱さは「連邦の市民文化が未発達なため、概して州のそれに依存していた」(Wolin, 2001: 269, 強調引用者) ために生じていた。トクヴィルはこうした観点から統合の強化、「連邦の市民文化」の強調を図った。「人間社会を治むべき一般原則における一致」や「正しく認識」された自己利益の追求によって正しいことがなされるだろうことを主張したのである (Tocqueville, 1951: 390-391, 邦訳 354-355)。

　自由民主主義の抽象的原則を強調するトクヴィルの態度は、分権的機構が具体的政治過程において市民社会の穏健化を促すというそれまでの見解と対照的なため示唆的である。また、分裂危機が実際には、原則の認識にではなく、南北戦争という実力行使によって克服された点も興味深い (Wolin, 2001: 269)。連邦主義が示唆する「分権と統合」の原則や、それを支える自由民主主義的市民文化の訴求力が単独では脆弱で、分裂に対抗するには非力であろうことが暗示されているためである。

　換言すれば「分権と統合」が危機に晒されたとき、修復には統合を促す強力な契機や、実力による決済が求められる可能性をそれらは示唆しており、さらにはそうした努力の先には集権化の進展も想定されるのである。連邦主義の原則は、それが機能しうる現実の先行なしには有効ではないのではないか。また、それ自体が連邦を生み出し維持する原理としても力不足ではないのか。ナショナリズムのように分離独立を求める強力な主張のみならず、地域主義に対抗するにも連邦主義は脆弱であり[10]、容易に限界に達して分裂を招く脆さを秘めていることを彼の議論は示すのである。

(3) エスニック・マイノリティ

　奴隷制のような地域主義が分権と共鳴することで南北戦争のような党派的

対立と連邦主義の限界とを露呈させたとすれば、連邦固有の政治文化の強化は必須課題となろう。しかし、トクヴィルが示したネイティブ・アメリカンの問題は、むしろ共和国を安定に導くその文化ゆえに深刻化した。彼らは、ヨーロッパ由来の文明がもたらされた新大陸において、静かに、しかし確実に淘汰されていったのである（Tocqueville, 1951: 293, 邦訳 198）。

　ネイティブ・アメリカンの問題は、連邦における穏健な民主制の課題としても、あるいは分裂を招くようなあからさまな党派対立としても取り上げられなかった。トクヴィルによれば「インディアンたちの不幸は、自らがなお半ば未開の状態にあるときに、文明がもっとも進み、さらにいえば地上でもっとも貪欲な国民と接触するという点」（Tocqueville, 1951: 346, 邦訳 286）にあった。入植者は、その活用法を知らない未開な人々の土地を収奪する権利を有していることを自任していた。

　こうした「文明」の立場からすれば、土着の遊牧民は、開拓における自然的障害と同様に排除される。社会は混乱に陥ることもなく彼らはどこからも承認されはしない。奴隷制が共和国の分裂を導くことで制度の機能不全を示したとすれば、平静な社会の中で存在を認識されることすらないネイティブ・アメリカンの受難は、制度を支える社会、あるいはその根底にある私的利益を中心とする市民文化の問題を示している。たとえ個人が制度の力を借りることで貪欲な意図を抱きつつも政治的に穏健に行為可能だとしても、利害の絡んだ経済活動で同様たるとは限らない。市民を穏健にするはずの連邦主義はここに、その被害を受ける者を制度的に取り込むことのできない限界をあらわにする。制度と市民社会との往還によって安定する連邦主義は、そこに居場所を認められない社会的マイノリティの受難を直視できない不感症を露呈するのである。

5．連邦主義への期待

　本章では「統合と分権」を可能にする連邦主義を、現実と思想という二つの側面から扱ってきた。そこで確認されたのは、連邦主義が先行する現実を

第Ⅰ部　理論編

受容することで「統合と分権」を機能させ、その了解を可能にしていた点である。それは実際の事例のみならずアルトジウスやトクヴィルの議論でも同様である。たとえば、革命を経て獲得されたアメリカの原理は、既存の連合の共和主義的再解釈によって成立し、それをもって自由民主主義的市民社会と分権的制度との相互維持を可能にしていた。

　この現実先行という特徴は、連邦主義の脆弱さにつながっている。奴隷制の議論が示したように、連邦主義の原理そのものとしての脆弱さや、制度の機能不全は明らかであった。「統合と分権」はその問題解決を果たすことができず南北戦争という別の問題解決方法が求められたのである。冒頭にあげたキムリッカの指摘に暗示された連邦主義の非力さも、結局のところここに一つの理由を見出せるかもしれない。

　この別の問題解決方法の必要性は、ネイティブ・アメリカンについても同様であろう。ただしそれは連邦主義の非力さだけではなく、問題の位相が制度から社会へ移行していることから生じているとみなすべきかもしれない。すなわち、その課題には制度面よりも社会的差別からの検討が必要であり、不可視のマイノリティを社会に受容するための議論を経て初めて連邦主義の課題として浮上すると考えらえるのである。そうした検討を経た後「統合と分権」に人々を再包摂する選択肢の提示を期待することは許されるだろう。自治を容認する分権の原理には、毀損(きそん)された人々の自由への寄与に関する何らかの可能性の開示を期待できるからである[11]。

　このように連邦主義には非力さと可能性との両面を見出せる。それは、連邦主義が現実と呼応して機能するからにほかならない。こうした傾向を繰り返し確認してきたわれわれに次に求められるのは、現実に示されたさまざまな様態の検討だろう。連邦主義の可能性はそうした現実との対応にこそ見出されるだろうからである。

1)　Hobbes (1991) が、政治体を state ではなく common-wealth と表したのは過去の延長にあることを、また支配者の数に無関心だったことは過去との切断を示している。
2)　こうした経緯から各邦はドイツ憲法学上の「国法的憲法をもつ国法上の主体としての連邦国家」としての体裁に一歩近づいた (Schmitt, 1928: 366, 邦訳449)。

3) 連合体の名称は The United States of America であるが合衆国とは訳されない。大陸会議の権限が制限されていたためである（有賀, 1985: 62-64）。
4) Hartz（1991）の議論はこの要素を強調している。
5) こうした政体はキムリッカの定義（Kymlicka, 2001: 94, 邦訳 136）に合致している。
6) 以前の連合的統合 confederation とは異なり federal system が形成された（有賀, 1985: 73）。
7) こうした異なる領域を媒介するのが法の役割である。法は「さまざまな存在相互間における諸関係」（モンテスキュー, 1987: 9; Arendt, 1963: 187-188, 邦訳 303-304）であり、その意味で共和国の根幹をなすものであった。
8) 「トクヴィルの封建制は分散的権力によって、ほとんどの重要な構成体が（略）地方的な性格を有し、それゆえに国民国家よりもはるかに小規模でおおらかな政治制度が存在することによって表現されていた」（Wolin, 2001: 232）。
9) 現代の分裂危機は、キムリカの指摘するマイノリティ・ネイションの文脈で考察されるだろう。その場合、人的集団を示す民族（ネイション）の観念が人々を独立へと誘う。それは観察される志向が分権から派生する地域主義の影響か、ナショナリズムに固有のイデオロギー的傾向の影響かに関する検討が求められることを意味する。
10) この点はある程度、予測されていた（Hamilton *et al.*, 1937: 305.）。
11) Scott（2012）は、熟議民主主義の観点から関連する問題を論じている。

【参考文献】

Aquinas, T.（2002）*Saint Thomas Aquinas: Political Writings*, R. W. Dyson ed. and trans., Cambridge University Press.
Althusius, J.（1932）*Politica Methodice Digesta of Johannes Althusius, Reprinted from the Third edition 1614*, Harvard University Press.
Arendt, H.（1963）*On Revolution*, Penguin Books.（志水速雄訳『革命について』ちくま学芸文庫、1995 年）
Berlin I.（1969）*Four Essays on Liberty*, Oxford University Press.
Burgess, M.（2012）*In Search of the Federal Spirit : New Theoretical and Empirical Perspectives in Comparative Federalism*, Oxford University Press.
Friedrich, C. J.（1963）*Man and His Government: An Empirical Theory of Politics*, McGraw-Hill Book Company.
Greene, J. P.（1986）*The Intellectual Heritage of the Constitutional Era*, The Library Company of Philadelphia.
Hamilton, A., J. Madison, and J. Jay（1937）*The Federalist*, Random House.（斎藤眞・中野勝郎訳『ザ・フェデラリスト』岩波文庫、1992 年）
Hartz, L.（1991）*The Liberal Tradition in America*, Harvest Books.
Hobbes, T.（1991）*Leviathan*, Cambridge, University Press.
Kymlicka, W.（2001）*Politics in the Vernacular: Nationalism, Multiculturalism, and Citizenship*, Oxford University Press.（岡崎晴輝他訳『土着語の政治』法政大学出版局、2012 年）
Locke, J.（1988）*Two Treatises of Government*, Cambridge University Press.
Mill, J. S.（2002）*On Liberty*, Dover Publications.（塩尻公明・木村健康訳『自由論』岩波文庫、1971 年）

Paine, T. (1986) *Common Sense*, Penguin Books.
Pocock, J. G. A. (2003) *The Machiavellian Moment: Florentine Political Thought and the Atlantic Republican Tradition*, Princeton University Press.（田中秀夫他訳『マキァヴェリアン・モーメント――フィレンツェの政治思想と大西洋圏の共和主義の伝統』名古屋大学出版会、2008 年）
Schmitt, C. (1928) *Verfassungslehre*, Duncker & Humblot.（尾吹善人訳『憲法理論』創文社、1927 年）
Scott, K. (2012) *Federalism : A normative theory and its practical relevance*, The Continuum International Publishing.
Skinner, Q. (1978) *The foundations of modern political thought*, Cambridge University press.
Strauss, L. (1950) *Natural Right and History*, University of Chicago Press.
Tamir, Y. (1993) *Liberal Nationalism*, Princeton University Press.
Tocqueville, A. (1951) *Oeuvres completes d'Alexis de Tocqueville*, Gallimard.（松本礼二訳『アメリカのデモクラシー　第一巻　下』岩波文庫、2005 年）
Wolin, S. S. (2001) *Tocqueville between two worlds : the making a political and theoretical life*, Princeton University Press.

アリストテレス（1961）『政治学』山本光雄訳、岩波文庫。
ギールケ（2003）『共生と人民主権――ヨハネス・アルトジウス――自然法的国家論の展開及び法体系学説史研究』笹川紀勝他訳、国際基督教大学社会科学研究所。
プラトン（1979）『国家』藤沢令夫訳、岩波文庫。
モンテスキュー（1987）『法の精神　上巻』田中治男他訳、岩波書店。
リーデル（1990）『市民社会の概念史』河上倫逸他訳、以文社。
有賀貞（1985）『アメリカ政治史』福村出版。
宇野重規（2007）『トクヴィル――平等と不平等の理論家』講談社選書メチエ。
川出良枝・山岡龍一（2012）『西洋政治思想史』岩波書店。
斎藤眞（1992）『アメリカ革命史研究』東京大学出版会。
―――（1995）『アメリカとは何か』平凡社ライブラリー。
関谷昇（2011）「アルトジウスと補完性原理――"symbiosis"と"consociatio"をめぐる政治」、『千葉大学人文社会科学研究（22）』17-31 頁。
千葉眞（2014）『連邦主義とコスモポリタニズム――思想・運動・制度構想』風行社。
福田歓一（1998）『福田歓一著作集　第二巻』岩波書店。
森分大輔（2007）『ハンナ・アレント研究――〈始まり〉と社会契約』風行社。
―――（2013）「同意から和解へ――思想史の視点」松尾秀哉、臼井陽一郎編『紛争と和解の政治学』ナカニシヤ出版、17-33 頁。

第4章
EU と連邦主義
フェデラル・ヨーロッパの行方

臼井陽一郎

　EU の政治について語るとき、連邦主義について語るべきことを考えてみたい。EU は紛れもなく、ヨーロッパ統合の成果である。その成果のほどを測るとき、連邦制の達成は一つの基準になる。ところが、その達成は他方で、猛烈な反発を引き起こす。連邦制はヨーロッパの夢だとされる一方で、F ワードなる隠語にもされ、口にするのもはばかられる。統合賛成派と反対派の亀裂は、深くかつ鋭い。けれども、その亀裂の底には、ヨーロッパ統合を連邦国家樹立と同一視する思考がある。この思考を相対化しようとする試みこそ、EU 政治理論のこれまでの歩みであった。その一角を占める連邦主義も、その例外ではない。それは必ずしも、統合の進展を連邦国家化だと自明視する目的論的な規範理論ではない。連邦制の意味の曖昧さを指摘しつつ、概念規定の緩んだネジを締め直しながら、"連邦"化が必ずしも連邦"国家"化を意味するわけではないことを、疑念の余地なく明確に示そうとする。本章はここに注意を引き、次の3点を論じる。連邦制の概念が意味するところの曖昧さが一つ。次に政体 EU を非国家の連邦制とする見方の理論的含意。そして非国家連邦政体が体現する価値である。

1．連邦制の概念の曖昧さ

　フェデラル・ヨーロッパの建設を目指した統合プロジェクトは、EU という成果を生みだすものの、当初の政治目標であった"連邦"も、結果として

構築されたEU"政体"も、その内実に共通の理解はない。フェデラル・ヨーロッパは、ヨーロッパ統一を目指す実に雑多な運動を包摂する象徴語であった。その到達点となったEUも、国際組織以上連邦国家未満の中途半端な政体として、中途半端なまま理解されている。

　ヨーロッパ統合は、だれもが否定しえない偉大な歴史的達成である。先進28カ国5億もの人々が、恒久平和の共同体に到達したのである。周辺地域がどれほど不安定になろうと、かつての世界大戦のように、もはや大陸ヨーロッパの分断に帰結することはない。ヨーロッパ半島とも言い換えるべき小さな大陸の地域統合は、まさに国際政治の革新であった。中東や北アフリカやロシア周辺が不安定な状況にあるなか、少なくともEU 28カ国の国際政治には絶対の安定を期待できる。EUの政治にどれほどの問題が指摘されようと、この偉大な達成を否定することはできまい。もちろん、EU域内の脆弱性に目を背けることはできない。2010年以降にEUが直面した危機は、1993年の誕生以来、最難関のチャレンジとなった。EUのウリである5億人シングルマーケットの完成形を目指した通貨統合は、世界経済を揺るがすユーロ危機に陥ってしまった。デモクラシーのEUがコミットしたウクライナの民主化支援は、対ロシア冷戦の再来を予想させる内戦に帰結してしまった。2015年にはシリアやアフガン、リビアなどから100万人を越える大量の難民が一気に押し寄せてきたが、人権・人道の理念を高らかに掲げるEUの足並みは乱れ、パリ同時多発テロ事件も発生、人の自由移動の理念は一気に後退してしまった。けれども、たとえEUの政治システムの脆弱性が露呈しているのだとしても、なおこう言うべきであろう。EUは崩壊していない。EUが存在し続けることそれ自体が、ヨーロッパの国際政治を安定させるのである。28のEU諸国が敵対的行動の応酬を繰り広げることはもはやないということの重さ、その意義は、適切に理解されなければならない。

　こうした絶対の安定性を誇るEUの起点となったのが、フェデラル・ヨーロッパの建設であった。この政治目標へ向けた運動が、後退し挫折し変節し、他の統合戦略——連邦レベルの政府樹立より特定政策領域の共同行動深化をねらうジャン・モネの新機能主義——に道を譲りながらも、完全に歴史の彼

方に置き去りにされることはなく、実にさまざまな機会に何度も頭をもたげながら、政体 EU の形成と進化に自らの存在を刻印してきたのである。フェデラルな要素が現在の EU にどれほど受け継がれてきたのかは、後に論じるように議論の余地があるものの、EU の土台形成にフェデラル・ヨーロッパを終着点とする政治運動があったことは、看過してはならない。その構想の主だったところを拾っておこう。まず戦間期にクーデンホーフ＝カレルギーによるパン・ヨーロッパ構想が 1922 年に提起され、27 年にはフランス外相ブリアンによるヨーロッパ・フェデラル秩序構想があった（戸澤・上原, 2008: 66-69）。41 年にはスピネッリらによりベントテーネ宣言が打ち出され、43 年には欧州連邦主義運動（MFE）が創設された（同: 81-3）。戦後は 46 年にチャーチルがチューリッヒ・スピーチで欧州合衆国構想を打ち出す（同: 89）。48 年にはハーグ会議が招集され、連邦主義運動は頂点に達する（上原, 2008: 105-110）。フェデラル・ヨーロッパを目指すこうした運動こそ、EU が源流とする政治である。

　ところが、ではフェデラル・ヨーロッパの内実は何であったのかと問うと、そこに実務に耐えうる具体的な構想は見出せない。ヨーロッパの政府や議会が漠然と構想されているにすぎず、制度設計に具体性はない。フェデラル・ヨーロッパとは、ヨーロッパを建設する政治プロジェクトを語る象徴語であった。大きくは機構論的・立憲主義的連邦主義（スピネッリやハルシュタイン）と、人格主義的連邦主義（ティンデマンスやドロール）に分ける見かたもあるものの（遠藤, 2008b: 13-4）、政治の現場においてそれは、雑多な統合構想や理念のすべてを包摂する統合運動全般の総称であるにすぎなかった（Saurugger, 2014: 24-25; Burgess, 2009: 31; 戸澤・上原, 2008; 上原, 2008）。今日ヨーロッパデーとして EU の記念日ともされる 1950 年 5 月 9 日に欧州石炭鉄鋼共同体の設立をうたったシューマン宣言は「欧州連邦への第一歩」（a first step in the federation of Europe）（Laursen, 2011: 10）を打ち出す。しかし、その用語の実際に意味するところが、連邦構築のプランに具体化されたわけではない。続く欧州防衛共同体条約で政治共同体が構想されるものの、連邦〈国家〉の準備にまで到達したわけではなく（川嶋, 2012: 106）、条約発効に

も失敗、統合路線は経済に戻る。その経済の共同体を設立するローマ条約は、統合の目指すべき先を「ヨーロッパ諸国民の永続的結束同盟」（an ever closer Union）だと表象した。基本規範はどこまでも国家間条約により定位された。フェデラル・ヨーロッパを定立するヨーロッパ憲法は実現されなかった。出発点はどこまでも、国際法をベースとする共同体であった。ヨーロッパ合衆国はアメリカ合衆国のように、ビッグバンにより生まれることはなかった。ヨーロッパはむしろ、持続的変化を通じて進化する道を行くことになった（Laursen, 2011: 11）。

　第二次大戦直後の連邦主義の盛り上がりは、冷戦構造崩壊後の90年代にリバイバルを迎える。ただし、今度はいわば、穏やかなものであった。連邦主義の静かなブームは、EUの政体としての特徴をつかむための、認識上の関心に基づくものとなった。92年のマーストリヒト条約によるEUの誕生以降、97年のアムステルダム条約、2001年のニース条約と、EUの基本条約は継続して改定された。この持続的修正プロセスを通じて、やがてヨーロッパ統合の最終形態（finality）が問題にされるようになった。2000年5月には当時ドイツ外相であったフィッシャーが、いわゆるフェデラリズム・スピーチ（Saurugger, 2014: 26）により、二院制――下院としての欧州議会と上院としての閣僚理事会――のEU政体構想を披露している。スピーチには、『国家連合から連邦制へ――ヨーロッパ統合の最終形態に関する論考』（From Confederacy to Federation: Thoughts on the finality of European Integration）とする題名が付された（Fischer, 2000）。このころから、ヨーロッパ憲法を策定する動きもはじまる。2002年にはヨーロッパ将来諮問会議（the Convention on the Future of Europe）がヨーロッパ憲法条約草案を採択する。注目すべきは、コンベンションと称されたこの会議が基本条約改定に際して、これまでEUで採用されてきた政府間会議（IGC）とは異なる方式をとった点である。コンベンションには、加盟国代表と加盟候補国代表、加盟国議会の代表――与党だけでなく野党も――そしてEU諸機関の代表が招集された。そのためコンベンションは憲法制定会議にも擬せられ、ヨーロッパのフィラデルフィアと呼ばれるようになる（Hughess, 2002）。その常任議長には、元

フランス大統領ジスカールデスタンが就任した。採択されたヨーロッパ憲法条約案はやがて通常の政府間会議に送られ、その方式で調印される。それゆえそれは本質的には、国際条約の手続きによる。しかしEUのこの基本文書には、国歌——ベートーベンの歓喜の歌——や国旗——青地に12の金の星——などさまざまな国家的表徴が付与された。条約であるにもかかわらず、憲法の体裁がとられようとした。

　ヨーロッパ憲法条約は、2004年に調印にいたる。しかし周知のとおり、フランスとオランダが国民投票でその批准を拒否、日の目をみることはなかった。そして数年の反省熟議期間を経て、国家的表徴が残らず削り取られたうえで、リスボン条約として回収される。リスボン条約はしたがって、憲法制定会議にも擬せられたコンベンションによるヨーロッパ憲法条約草案を、その制度構成の基本において、踏襲するものである。巨大な欧州連邦国家樹立へ向かうことをイメージさせる部分は完全に除去され、EUの権限は加盟国が委任したかぎりのものであることが明記され、鳴り物入りで創設された欧州首脳理事会常任議長の職も——日本ではEU大統領とも訳された——欧州委員会副委員長を兼任し外相理事会の常任議長となる外交安保上級代表の職も——EU外相と呼ばれた——その権限は決して独仏首脳の政治力と肩を並べられるような代物ではなかった。

　こうしてスーパー国家へと向かうかにみえる部分は慎重に取り除かれたものの、しかし政策実務については、EUレベルの共同決定方式が適用される分野が一段と拡大した。マーストリヒト条約からアムステルダム条約そしてニース条約へと続いてきたEUの漸進的権限拡張傾向は、修正されることなく維持された。国際組織以上連邦国家未満の中途半端な政体が、中途半端なまま、まさに曖昧に、マーストリヒト条約以降、継続されてきた。政体EUのそうした前例なき統治体制の基本的性質が、EUの生誕以降、学術的関心を引きつけ続けてきたのは、至極当然のことであった。連邦主義の理論は、まさにその学術的営為のなかで復活していった（Saurugger, 2014: 26）。

　ただしその関心は、前述の戦間期や第二次大戦直後の状況とは明確に異なる。フェデラル・ヨーロッパ建設を目指す政治運動が巻き起こったわけでは

ない。事態はむしろ逆であった。EUに連邦国家の要素を追加しようとするかにみえるいかなる提案にも、サッチャー英元首相に代表される政治統合反対派勢力が反発していった。フェデラルなものを表す用語はFワードなる隠語にされ、反感は以前にも増して高まった。フェデラルの語をEU制度改革の文書に援用することは、いっそう困難な情況となった（たとえばDinan, 2004: 35, 39）。加盟国が国民投票でEUを否定する場面も繰り返された。デンマークがマーストリヒト条約で、アイルランドがニース条約とリスボン条約で、フランスとオランダは憲法条約で、その批准を拒否する事態が生じた。ドイツとデンマークとチェコでは、憲法裁判所で、EUの合憲性が審査されるに及んだ。フェデラル・ヨーロッパへの抵抗の炎は、各国それぞれに静かに着実に燃え続けた。2014年のヨーロッパ議会選挙では、ユーロ危機の最中の緊縮財政策への反発もあり、さまざまに反EUを掲げる欧州懐疑派勢力が、全体の15％ほどを占めるまでに躍進する。金融システムの安定化をはかるためにも、ウクライナ危機に対応するためにも、難民流入を管理していくためにも、EUレベルへの権限移譲がますます必要とされていく反面、フェデラル・ヨーロッパをイメージさせるいかなる動きに対しても、反EU勢力の反発が引き起こされていった。

　もちろん、反EU勢力の伸張といっても、加盟各国の基本のEU支持を損なうほどではない。中道右派・中道左派による基本の支持は、たしかな政治的土台となって、EUの存在に強固な基盤を与えている。したがって、むしろこういうべきであろう。Fワードへの神経質な反応をもたらすほどに、EUレベルの制度は充実していったのだと。マーストリヒト条約以降の四半世紀、EUの制度はたしかにフェデラル・ヨーロッパをイメージさせるほどに強化され、充実していった。比較連邦主義研究の静かなブームは、こうした政治情況を背景に生じてきたのであった。それは遠藤の次のような洞察と照らし合わせて、理解しておくべきであろう。

　　もちろん、小文字の「統合（integration）」であるEUへの集権化は今後もありえ、より正確にはそれと加盟国への分権化との間の綱引きはこれ

からも続く。しかし、国家建設のアナロジーで、市場や通貨から市民権、警察、軍隊、元首、そして憲法といった国家的属性を揃えてゆき、その先に連邦国家としてのEUを夢見るシナリオは、とうに壊れている（遠藤，2013: 5-6）。

　マーストリヒト条約以降の四半世紀に着実に続いてきた連邦主義的関心は、連邦"国家"としてEUを発展させようという政治運動とは区別される。それはヨーロッパ統合の最終形態を構想する規範モデルとしてではなく、どこまでも遠藤のいう小文字の統合に対する比較政治学的関心による。先述のような絶対の国際政治的安定を誇る不戦共同体がEUに実現されたのち、連邦主義の関心はEU統治制度の特徴に対する学術的認識へと移行していった。政体EUはアメリカ、ドイツ、スイス、カナダといった連邦国家と比較され、そうした先行する連邦国家の経験をベースに、EUの、連邦"国家"的ではないが連邦"主義"的だとはいえそうな、政体と政策と政治のあり方が探究されていった（Saurugger, 2014: 26-32）。特に、EUと加盟国の間の、また国家と市民社会の間のタスク配分（task allocation）の決定要因をめぐる一連の研究は、EUの政体としてのありかたの認識を大きく進めたといえる（たとえばBenson and Jordan, 2014のEU連邦研究のレビューを参照せよ）。

　ただそうはいっても、こうした政府間タスク配分の決定要因も含めた連邦主義の学術的関心が、マルチレベル・ガバナンス論の隆盛に押されてしまったことは否めない。マルチレベル・ガバナンス論は、垂直／水平の政府間関係に、市民社会組織の越境パートナーシップをも加えて、EUのトランスナショナルな協働体制を——記述的にではあるが——明晰に対象化した理論枠組みである。統合＝国家化といった先入観にとらわれない思考法をEU政治理論に導入したその功績は大きい。連邦主義の理論は、マルチレベル・ガバナンス論に取って代わられ、周辺に追いやられてしまったととらえる向きもある（Saurugger, 2014: 31）。果たしてどうであろうか。むしろマルチレベル・ガバナンス論が禁欲的に遠ざけていた政治的価値の問題こそ、危機にあえぐEUの現在が突き詰めて取り組むべきテーマであり、それを真正面から論じ

てきた連邦主義の理論こそ、大文字の統合が終焉（遠藤, 2013）した後になお、EU に必要とされる議論のベースになるのではないだろうか。前例なき政体 EU は、たしかに深い次元にまで降りて、国家のありかたを再考する意義ある経験を提供してくれる。遠藤が指摘するように、連邦国家化を目指した大文字の統合は、これまでの方法論的ナショナリズムの枠内で認識可能であり（同: 358-362）、そこに新規性は見出せない。そうではなく、EU の小文字の統合にこそ、実に、国家の現代的なありかたを再考するための重要な論点が集積している（同: 20）。EU を対象とした連邦主義の理論は、これに貢献しうる十分な深さを持ちあわせている。

2．連邦制の基本的な特徴と EU の共同体方式

　政体 EU を対象とした連邦主義の研究は、EU が連邦国家的な政体に到達したのかどうか、しつつあるのかどうかは問わない。政治的実践は志向しない。EU がすでに連邦主義の理論で分析可能な政体に発展していると認識したうえで、他の連邦国家との比較を通じて、政体 EU の政治システムをとらまえようとする。そこには国家概念を前提としない連邦主義が定位されている。EU を対象とした連邦主義の研究に歩みいるとき、国家概念から解放された本来的な連邦主義に出会うことになる。

　EU はすでに国際組織の域は越え、ひとつの政体（polity）として存在している。それは限りなく連邦制に近いが、国家にはほど遠い。EU のこの中途半端さは、前例がないだけにたしかにとらえがたい。連邦制の研究者にとっても、あつかいの難しい存在であるようだ。たとえばアンダーソンは、EU が国家連合と連邦制の双方の特徴をもつとして（アンダーソン, 2010: 17）、次のように理解する。

　　EU は独特の政治制度であり、おそらく連邦制というよりは連合制に近い。しかし EU は多くの連邦的な特徴を持ち、ヨーロッパの人々の間では、より完全に連邦主義の方向に動いていくべきか否かについてなお議

論がある。いずれにせよ、EU という実験は、連邦制研究者にとって非常に重要なものである（アンダーソン, 2010: 23）。

　政府システムが二つ以上あり、各次元の政府はそれぞれの領域の有権者に第一次的に責任をもち、地方政府は中央に代表を送り、財政を含め権限が分割されていて、政府間の争いは憲法裁判所が裁定、政府間関係を円滑にする制度的な工夫があり、憲法は連邦レベルだけで改正することができない。これがアンダーソンの定義する一般的な連邦制である（同: 12-15）。こう定義するかぎり、EU はたしかに、連邦主義的特徴の多くをもつ政体だといえる。こうした連邦主義の問題意識から EU 政治にアプローチしようとする研究は、よりいっそう連邦制の本質をしぼって、EU のその側面を際立たせようとする。たとえばラーセンは、エラザールやライカーを引きつつ、よりシンプルに連邦制を定義する。二つのレベルの政府が同じ人民・同じ領土を統治し、どのレベルの政府も自律的行動領域を保持し、各政府独自のルールと全政府共有のルールが共存し、構成国政府の自律性は担保されるが、連邦政府からの独立性は否定される（Laursen, 2011: 1-2）。この定義に則してみるかぎり、EU はかなり高度に、連邦制の域に到達している。が、それでも、EU は国家ではない。長年にわたってフェデラル・ヨーロッパの研究を続けてきたバージェスは、政府間主義的で、超国家主義的で、連邦的で、連合的で、機能主義的な、そうしたハイブリッドなヨーロッパは、決して連邦国家に向けて歩んできたわけではないという。たしかに、憲法をもつ・政治同盟に類似した、フェデラル・ヨーロッパへ向けて発展してきたのは事実であるが、それは、われわれが知るかぎりでの連邦国家ではないと、断言する（Burgess, 2009: 25）。もちろん、EU の政体としての存在には、通常の国際関係からは隔絶したものがあり、EU を媒介する加盟国間共同行動領域のひろがりは、事実上の連邦政府の存在さえ推定させるのであるが、それでも、EU は国家ではないし、国家ではありえない。非国家的構造による国家的包括性、これが EU の政体のありかたである。その制度の基本を把握しておきたい。

　EU の統治体制は、共同体方式（the Community Method）と呼ばれる。こ

れは端的にいって、(加盟国首脳が集う)欧州首脳理事会が大きな方向性を打ち出し、(閣僚のように委員が任命されEU行政を担う)欧州委員会が法案として具体化し、(加盟国単位の選挙で議員が選出される)欧州議会と(加盟国の閣僚級代表が集う)閣僚理事会がその法案を共同決定し、採択されたEU法の解釈は欧州司法裁判所が一元的に担う、といった体制である。なかでも、欧州司法裁判所の存在がヨーロッパ統合にとって重要になった。欧州委員会が加盟国によるEU法不履行の確認を求めて欧州司法裁判所に提訴する制度(不履行確認手続)や、加盟国の裁判所が国内法とEU法の整合的な解釈を欧州司法裁判所に問い合せる制度(先決裁定手続)は、法を通じた統合とも呼ばれる政治的効果を発揮した。とくに後者の先決裁定手続は、(EU法が加盟国国民に直接権利と義務を与える場合があるとする)直接効果原則や、加盟国法に対するEU法優位の原則といった、EUの統治体制に重要な意味をもつ判例法を構築してきた(中村・須網, 2010)。加盟国独自のルールとEU全体の共有ルールの共存は、EUの顕著な連邦制的特徴である。

　以上の共同体方式は、超国家主義と政府間主義の混合形態であり、ヨーロッパ市民を代表する機関と加盟国国民を代表する機関の合同統治様式だといえる。これが永続的結束同盟(an ever closer Union)を目指したヨーロッパ統合の到達点であった。国家のごとく広範な領域にコミットし、EU全体の共有ルールと加盟国独自のルールの併存がみられ、その衝突を調整する制度が備え付けられている。比較連邦主義の研究が援用されていったのは、しごく当然であった。EUを対象とした比較連邦主義研究は、大きく三つに分けられる(Saurugger, 2014: 26-32)。一つは政体である。憲法の規範をベースにした統治制度の類型比較がテーマになる。アメリカやドイツ、スイスなどが比較対象にされる。次に政策である。連邦制ならではの政策形成における問題点が探られる。たとえば、連邦レベルの政治力が弱く、構成国間の自発的なすりあわせが必要な協調的連邦制のもとでは——EUがまさにそれに近いのであるが——最大公約数的な決定しかできない傾向が強い。これを共同決定の罠という。こうした政策形成上の諸問題が、ここでの研究課題になる。最後に政治である。ユーロ政党や欧州議会選挙の仕組みが比較の主題とされ

る。

　事例として、政策を主題とした比較連邦主義研究にいま少し触れておきたい。EU は通常の連邦国家と比べて、構成単位——つまり加盟国——をコントロールする力が格段に弱いにもかかわらず、なぜ、訴訟も可能なほど解釈の余地なき詳細な EU 法を採択することができるのだろうか。たとえばこうした問いに対しては、EU はコントロールする力が弱いからこそ、立法段階でできうるかぎり加盟国の裁量を小さくする法文策定を目指していると説明される（Saurugger, 2014: 29）。立法段階でのコミトロジー——発議権をもつ欧州委員会と EU 法を施行する加盟国の担当官僚たちが事前に協議する委員会制度——を考慮に入れないこの説明は、不十分ではあるが、比較連邦主義の研究のテーマの一つをわかりやすく示してはいる。構成国の裁量の程度が連邦レベルでコントロールできるかどうかは、政策領域ごとに事情は異なるとはいえ、比較研究が生きてくるテーマであろう。またもう一つ、EU レベルと加盟国レベルの権限配分と行動領域の分担というタスク配分の問題にもふれておきたい。これがいかにして決定されるのか・されたのかは、比較連邦主義研究の一つの課題になる。EU にはその配分を決定するための補完性原則が基本条約にも規定されているが、その解釈が問題となる。政策効果を最大にする合理的な配分基準が探られ見出されていくのか。それとも、単に偶然の積み重ねが慣行化して、後付けで正当化され、あるべき姿として理念化されるのか。多次元政府間のタスク配分が、アクター間の合理的な計算に基づいたものなのか、社会的に構成されたものなのかは、まさにその連邦政体の政治をも決定していく。ベンソンとジョーダンはこのタスク配分問題に取り組むにあたって、マヨーネの隠された連邦主義（cryptofederalism）やケレメンの規制連邦主義といった先行研究を批判的に吟味しながら、連邦政体下におけるタスク配分問題について、合理主義アプローチに対する構成主義アプローチの優位性を示している（Benson and Jordan, 2014）。

3. 非国家連邦政体の政治価値

EUはたしかに、比較連邦主義の研究対象になりうるほどの発展は遂げた。しかし、連邦という用語はどこまでも比喩にすぎない。EUは国家たりえていないし、なろうともしていない。非国家の政体を対象に、あたかも連邦制であるかのように進められる比較連邦主義研究に、いったいどのような意義があるのだろうか。複数次元の政府の併存に——少なくとも部分的には——起因する政策形成上の諸問題については、前節で紹介したように、たしかに、比較連邦主義の視点が政体EUの特徴をつかむうえでも意義ある分析枠組みを提供してくれる。しかし、政体にしろ政治にしろ、既存の連邦国家との比較には、限界がある。EUはそもそも、国家ではないのである。EUの政体としてのありかたと政治の動態については、むしろ、隆盛を誇るマルチレベル・ガバナンス論で十分なのではないか。フェデラル・ヨーロッパの夢を追わない、認識上の関心に限定された比較連邦主義の視点に、比喩以上のいかなる意義を見出せるのだろうか。これまで何度か示唆してきたように、この視点からEUをとらえようとすると、非国家連邦政体とも呼ぶべき存在のありかたに出会うことになる。それは、連邦主義が国家の概念とは一線を画しうるものであることを理解する基礎となる。そうした国家の概念とは切り離された連邦主義は、国家を越えて通用する政治的価値を示している。この価値に注目したい。

第1節で触れたように、反ヨーロッパ勢力の高まりは、さまざまなイデオロギーが流れ込んだものであるが、共通する反発の対象は一つ、EUのスーパー国家への発展である。怪物EUが各国を飲み込んでしまうのではないかという恐怖と嫌悪は、たとえヨーロッパの一部であるにしても——欧州議会選挙の結果でいうと15％程度であるにしても——根深いものがある。しかし、EUは決して巨大な連邦国家への歩みを進めているわけではない。EUをスーパー国家とする見立てに対して、たとえばモラフチクは強く反発する。そもそもEUに警察も常設の軍隊も存在しない。徴税権力も未発達で財政規

模も小さい。EUに国家としての基本は見出せない（Moravcik, 2003: 180）。なかでも財政が重要になる。所得再分配機能を発揮して、地方政府に財政移転することを可能にするメカニズムは、ユーロ危機の最中に強く求められてはいたものの（Thornhill, 2015; Duff, 2015）、いまだEUは実現してしない。EUにおける財政連邦主義の欠如は、まさに顕著である（Saurugger 2014, 29）。EUは物的暴力の正統化された独占を、域内に対しても（警察力）域外に対しても（軍隊）実現していない。実力の行使はどこまでも、加盟国の共同行動として計画され実施される。これに加えて、EUが国家緊急権をもちえないことも、指摘しておくべきであろう。EUの場合、加盟国の違反に対してその権利を一時停止する制度については、一応は整備されているが、それは決して、緊急事態宣言により加盟国をEU権力のコントロール下に置くといったようなものではない（アンダーソン, 2010: 92-3）。さらに加えて、特定の共同行動領域からオプトアウトする権利が認められ、EU脱退規定まで用意されていることも（EU条約第50条）、意識しておきたい。そもそも連邦国家化とは、本来的には、構成国の離脱可能性をシャットアウトするものであろう。とすれば、EUの国家性の欠如は、全面的で絶対的だとさえいえる。

　しかしだとすると、EUはたんに加盟国中央政府の補助として存在するにすぎず、その性質に連邦制の用語を使うべき特段の政治性は見出されないのであろうか。もちろんそうではない。連邦の語を用いることの意味は、連邦主義の政治的価値に求められる。EUを主題に連邦主義について語ろうとするとき、必ずや、主権とデモクラシーについて反省的に振り返ることになる。思想史の源流として、アルトジウスとプルードン（遠藤, 2013: 300-309）が、またシュミットとギールケ（遠藤, 2007）が、EUについて連邦主義を語るときの、理論的思考のベースになる。アルトジウスとシュミットがそれぞれに政治の統一や中心にこだわるとき、プルードンとギールケは、複合的で複層的な共同体の関係性に可能性を見出そうとする。連邦主義と主権とデモクラシーの三者関係は、必ずしもシンプルに規定されない。仮に連邦主義が、主権の絶対性から切り離されたデモクラシーを可能にする論理を提示するのであれば、それはEUの非国家連邦政体としての存在を民主的に正統化する可

能性を示唆するものとなる。つまり、EU に連邦主義の理念を読み込む意義を見出せることになる。果たしてどうか。

たとえばハーバーマスは、EU の連邦主義こそが主権概念と切り離されたデモクラシーを不可能なものにしてしまうと批判する。EU に見出せる連邦主義とは、どこまでも官僚制的執行府連邦主義（a bureaucratic executive federalism）なのであり、これを推進しようとすれば必ずや、ヨーロッパ統合の伝統的な二分法、国民国家対欧州連邦国家の不毛な対立に陥ってしまうと指摘する。EU に真に必要なのはトランスナショナル・デモクラシーであり、それこそが、カント的な意味における国際法の立憲化を実現するのであり、EU はそのフロントランナーとして存在していることを理解すべきだと、ハーバーマスは論じる（Habermas, 2012）。彼にとって、連邦主義という制度形態は、主権を超えるデモクラシー——トランスナショナル・デモクラシー——の実現を損なうのである。モラフチクもまた、EU の連邦主義に懐疑的である。そもそも EU には、連邦主義によって解決すべきデモクラシーの欠陥は見出せない。欧州委員会は各国の選挙で選ばれた政権によって任命され、EU 市民に選出される欧州議会が欧州委員会の立法発議権を制約し、閣僚理事会はまさに各国の民主的正統性を体現して欧州委員会の提案を拒絶し、修正を要求する権能をもつ。これに加えて、EU ではヨーロッパ市民社会組織の参加も活発である（Moravcik, 2003: 180-185）。

こうした連邦主義否定論に対して、エラザールとバージェスの議論を対置してみたい。エラザールによると、連邦主義とは制度というよりむしろ、政治の価値である。それは非中央集権化、権力の多中心化、中央＝周辺化の否定を意味する。そうした価値は憲法で保障されなければならず、その保障を政治的に具体化するために、政府間関係をモザイク化するような——つまりヒエラルキー化を避けるための——カトリック的補完性原則を強調するマトリックス——すべての主体が相互につながる全体的関係性——が、連邦主義の政治的価値として提示される（Elazar, 1995: 20, 24-25）。またバージェスは、盟約や契約、協約や交渉といった連邦的なものの元来の意味を引きながら、連邦という価値を紛争管理のプロセスに見出す（Burgess, 2009: 26）。EU は

新たなタイプの連邦的同盟（フェデラル・ユニオン）として、平等・パートナーシップ・相互支援・相互承認・寛容・承認・他者存在の重視といった原則をコアとして、どこまでも加盟国間のボランタリーな同盟を進めていくポテンシャルを保持しているとみる (*ibid*.: 28)。エラザールにとっても、またバージェスにとっても、連邦主義は必ずしも、特定の制度の実現を意味するわけではない。価値を具体化していくプロセス、これが重視される。このプロセス重視の思考が、政治実践としての連邦主義の構想に重要になる。

　この点に引きつけて、欧州審議会（CE）議員会議で報告されたフェデラル・ヨーロッパ構想に関するグロス報告をみておきたい (Gross, 2014)。それはフェデラル・ヨーロッパの理念を復活させようとする試みである。グロス報告の出発点は、ヨーロッパ統合に対する厳しい認識にある。統合が進めば進むほど、経済危機が進行し、社会は分断を深め、デモクラシーは損なわれていくという認識が、一般市民に浸透している (*ibid*.: 3)。この情況に際して、たとえばレッタやプロディといった政治家が、あらためて、フェデラル・ヨーロッパ構想を唱えてきた (*ibid*.: 5)。その意味内容を掘り下げて明確にしておこうと企図したのが、このグロス報告であった。同報告は、連邦主義を、補完性に則した権力分割による政体組織化原則だととらえ、多文化社会のなかで政治権力の間に均衡をもたらすプロセスだと理解する (*ibid*.: 3)。それゆえ、フェデラル・ヨーロッパは、いっそうの統合にも、加盟国の権限喪失にも、一方的に帰結することはない (*ibid*.: 1)。権力間の均衡化プロセスとしての連邦主義こそが、デモクラシーを強化し、絶えずバージョンアップしつづけ、政体を強化していくとみるのである。上述のハーバーマスとは逆に、グロス報告は、フェデラル・デモクラシーこそが、トランスナショナル・デモクラシーを強化するのだという。ただその場合、ヨーロッパ憲法に基礎づけられなければならないとする (*ibid*.)。

　グロス報告は、上述のエラザールやバージェスとともに、連邦主義を特定の制度に体現されるものとはとらえない。どこまでもプロセスだと理解する。フェデラル・ヨーロッパとは、統合と差異化のバランスを継続して探し求めていく政治プロセスなのである (*ibid*.: 4)。上述のように、グロス報告は欧

州審議会の議員会議に提出された。グロスは、各国の議会を結びつけるインターパーラメントのこの場こそ、フェデラル・デモクラシーを実践するにふさわしいという (*ibid.*)。グロス報告で示された構想の、その具体性や個々の提案の内実については、さらに詰めていく必要があるものの、欧州連邦国家構想とは明確に差異化されたかたちで、フェデラル・ヨーロッパの理念が欧州審議会から発信されたという点に、留意しておきたい。

4．政策実務の視点による批判的評価の必要性

　EU は国家化し̇ な̇ い̇ 連邦政体として、独自の進化を遂げてきた。連邦国家への跳躍（フェデラル・リープ）(Middelaar, 2013) は、現在までのところ生じていない。EU に見出せるのは、連邦主義的価値の達成を目指す絶えざるチャレンジである。ドイツをヨーロッパに埋め込みながら、中央＝周辺構造の発生を防ぎ、政府間対立が発生しないよう制度的に工夫しつつ、多次元多層の多様な参加を制度へと具体化しながら、権力の集中が起きないようにする。これが EU の制度実務の基本である。その意味において、EU は連邦主義の実践を敢行しているといえそうである。ただし、EU なる非国家連邦政体への批判的な政策論が必要になる。現在の危機的情況にあって、EU にはこれまで以上に、問題解決能力の向上が求められている。特に上述のような財政による再分配の仕組みの不在が問題になる。これが経済通貨同盟（EMU）の決定的な不安定要因であり、また難民の人道危機に EU として迅速に対応できない一因でもある。EU の非国家連邦政体が再分配の仕組みなき連邦制であり続ける以上、EU は致命的な欠陥を抱えたままである。

【参考文献】
Benson, D. and A. Jordan (2014) "Explaining Task Allocation in the EU: 'Retooling' Federalism for Comparative Analysis," *Journal of Common Market Studies*, Vol.52, No.4, pp.794-809.
Brown-John, C. L. (ed.) (1995) *Federal-type Solutions and European Integration*, University Press of America.
Burgess, M. (2009) "Federalism," Antje Wiener and Thomas Diez (eds.), *European Inte-*

gration Theory, 2nd ed., Oxford University Press, pp.25-44.（東野篤子訳『ヨーロッパ統合の理論』勁草書房）
Dinan, D.（2004）"Governance and Institutions: The Convention and the Intergovernmental Conference." *Journal of Common Market Studies*, Vol.42, Annual Review, pp.27-42.
Duff, A.（2015）Andrew Duff: The Eurozone Crisis has Accentuated the Need for Federalism, *EurActiv.com*, 30/1/2015.
Elazar, D. J.（1995a）"Federalism and the European Idea, "C. L. Brown-John（ed.）, *Federal-type Solutions and European Integration*, University Press of America, pp.19-28.
Fischer, J.（2000）*From Confederacy to Federation: Thoughts on the Finality of European Integration*, Speech by Joschka Fischer at the Humboldt University in Berlin, 12 May 2000.
Gross, A.（2014）*Towards a Better European Democracy: Facing a Challenges of a Federal Europe*, Doc.13527, 06 June 2014, Parliamentary Assembly, Council of Europe.
Habermas, J.（2012）*The Crisis of the European Union: A Response. Translated by Ciaran Cronin. Polity.*
Hughess, K.（2002）"Is This Europe's Philadelphia?," *The Wall Streat Journal*, Feb.28, 2002.〈http://www.wsj.com/articles/SB1014849459626221480〉（2015年11月30日アクセス）
Laursen, F.（2011）"Federalism: From Classical Theory Modern Day Practice in the EU and Other Polities," Finn Laursen（ed.）, *The EU and Federalism: Polities and Policies Compared*, Ashgate, pp.3-24.
Middelaar, L. van.（2013）*The Passage to Europe: How a Continent became a Union*, Translated by Liz W, Yale University Press.
Moravcik, A.（2003）"Federalism in the European Union: Rhetoric and Reality," Robert H. and K. Nicolaidis（eds.）, *The Federal Vision: Legitimacy and Levels of Governance in the US and the European Union*, Oxford University Press, pp.161-187.
Saurugger, S.（2014）*Theoretical Approaches to European Integration*, Palgrave Macmillan.
Thornhill, J.（2015）"European Federalism is not Dead yet," *FT Weekend, Financial Times*, August 4th 2015.

アンダーソン、ジョージ（2010）『連邦制入門』（新川敏光監訳）関西学院大学出版会。（Anderson, G.（2008）Federalism: A Introduction, Oxford University Press.）
上原良子（2008）「ヨーロッパ統合の生成1947-50年──冷戦・分断・統合」遠藤乾編『ヨーロッパ統合史』名古屋大学出版会、94-130頁。
遠藤乾（2013）『統合の終焉──EUの実像と論理』岩波書店。
遠藤乾編（2008a）『ヨーロッパ統合史』名古屋大学出版会。
─────（2008b）『原典ヨーロッパ統合史──資料と解説』名古屋大学出版会。
遠藤泰弘（2007）「「連邦国家」概念再考──カール・シュミットとオットー・フォン・ギールケの連邦（国家）論を手がかりとして」『政治思想研究』第7号、174-202頁。
川嶋周一（2012）「幻のヨーロッパ？──欧州政治共同体をめぐって1952-1954（1）」『政経論叢』第81巻第1-2号、133-202頁。
戸澤英典・上原良子（2008）「ヨーロッパ統合の胎動──戦間期広域秩序論から戦後構想へ」遠藤乾編『ヨーロッパ統合史』名古屋大学出版会、54-93頁。
中村民雄・須網隆夫編（2010）『EU法基本判例集』第2版、日本評論社。

コラム①
国際法からみた地域の分離独立

小松﨑利明

　本書の各所でも論じられているように、近年、スコットランド、フランドル、バスク、カタルーニャ、コルシカなど、既存の国家の一地域が分離独立を志向する事例が散見される。国際法上、こうした分離独立はどのように評価しうるか。こうした地域が仮に分離独立を宣言した場合、その地域は新たな国家として認められるのだろうか。コソボ暫定自治政府機構が行った2008年の一方的独立宣言が国際法に適合しているかが問われた国際司法裁判所（ICJ）の勧告的意見では、独立宣言を行う過程において、国際法、特に違法な武力行使や重大な人権侵害といった強行規範（*jus cogens*）に反する行為があった場合は、その宣言自体が違法となるものの、一般に独立を宣言すること自体を違法とすることはできないという判断が示された。ただし、この勧告的意見では、独立宣言の「公布」が国際法に合致するか否かのみが検討対象となっており、分離独立自体の合法性や有効性をめぐる問題には触れられていない（山田, 2011）。本コラムでは、一般にどのような場合に分離独立が法的に認められるかについて、国際法上の若干の論点を検討したい。

　既存の国家の一地域が分離独立を志向する場合、当該実体が依拠する国際法上の根拠となりうるのが自決権である。国際人権規約の共通第1条において、自決権とは、人民・民族（people）がもつ「政治的地位を自由に決定し並びにその経済的、社会的及び文化的発展を自由に追求する」権利であると規定されている。この文言が国家間で合意に至った1966年当時は、植民地など他国の支配下にある人民が政治的独立を達成するための権利として想定されていた。しかし、植民地がほぼ独立を達成した今日、自決権は分離独立の権利を保証するものとしては位置づけられていない。その代わりに、既存の国家に居住する人民・民族がその国家内で自治を獲得するための権利であ

ると一般に理解されている。これは、「内的自決権」と呼ばれる。他方、分離独立の根拠としての自決権は、「人民が政治的独立を達成する権利」であり、通常「外的自決権」と呼ばれる（酒井ほか, 2011: 57）。つまり、前者が「自治権」としての自決権、後者が「分離権」としての自決権である。分離独立を志向する場合にその根拠として問題となるのは、いうまでもなく「外的自決権」である。では、どのような場合に外的自決権が認められるのだろうか。

外的自決権を行使する際に問題となるのが、領土保全の原則である。国際法においては、既存の国境維持を前提とした領土保全原則が存在する（国連憲章 2 条 4 項、友好関係原則宣言）。外的自決権の行使は新たな主権国家の誕生およびそれに伴う国境線の変更を生じさせるがゆえに、国際法の基本原則である領土保全原則とどう折り合いをつけるかが問題となる。一般には領土保全の原則が自決権に優先すると解されており、これまで国際社会は、「分離権としての自決権を認めたことはない」（浅田, 2013: 84）ともいわれる。ケベック州の独立問題に関してカナダ連邦裁判所が出した意見（ケベック分離事件）でも、国際法上の一般原則として人民の自決権が存在するものの、領土保全原則にもとづき、内的自治権は認められるが外的自治権は認められないという判断が示された。

ただし、外的自決権が認められる余地がないわけではない。ケベック分離事件では、そうした外的自治権を行使できる状況として、植民地支配と外国の軍事占領に加えて、「特定の集団が、政治的、経済的、社会的、文化的発展を追求するために政府を利用しようとしても意味をなさない状況にある場合」が挙げられた。これは、「救済的分離（remedial secession）」と呼ばれる考えかたであり、「住民の自決権の実現と既存国家の領土保全の確保という対極的な要請を調和させるための基準」（森川, 2015: 64）であるといえる。カナダ連邦裁判所は、ケベックの場合こうした基準を満たさないがゆえに外的自決権は認められない、つまり一方的に独立する国際法上の権利はないと

判断した（苑原, 2001；松井, 2006；森川, 2015 参照）。逆にいえば、当該国家の政府が「人民」を正当に代表しておらず、独立を志向する人民・民族に自治権が認められていない場合は、分離独立の要求は国際法上正当なものとして認められるという解釈も可能となる（浅田, 2013: 84-85）。

　しかし、自治権の程度や存否を判定する一般的基準は国際法上存在しない。ゆえに、ある地域実体が分離独立を一方的に宣言した場合、国際法上それが正当なものかどうかについての判断は、基本的に各既存国家に委ねられることになる。これは国際法上、国家承認の問題として議論されてきた。国家承認は、法的・形式的には国際社会における平等な主体間の関係を設定し、政治的・実質的には外交関係を設定する効果をもつ（浅田編, 2013: 85；酒井ほか, 2011: 41）。国家承認の法的効果については、創設的効果説と宣言的効果説という二つの対立する見解がある。創設的効果説によれば、新たな実体は既存の国家からの承認があってはじめて国際法上の国家と認められる。他方、宣言的効果説によれば、新しい実体は、国家としての客観的要件を備えていれば十分であり、他国からの承認はその実体の国際法上の地位を確認し宣言する行為にすぎない。創設的効果説の立場からいえば、国家承認を行うか否かという政策的判断が「新国家」を法的に「現出させる」効果をもつことになるが、他方、承認されない主体が「法的には無とされてしまう」（酒井ほか, 2011: 42）という問題が生じる。また、宣言的効果説の立場からいえば、構成主体の一方的宣言によって国際関係への参加資格を得ることができるようになり、国家成立要件の客観性が担保されないという問題を提起する（同）。

　国際法上の国家の客観的要件としてしばしば参照されるのが、国の権利及び義務に関する条約（モンテビデオ条約）第1条の規定である。そこでは、国際法人格を有する国家の要件として、①永続的住民、②明確な領域、③政府、④他国との関係を取り結ぶ能力の四つが挙げられている。むろん、この4要件さえ備えていれば自動的に「地域」から「国家」になるわけではなく、先に述べたように、実際には各国個別の政策的判断が国家の「誕生」に大き

な影響を与える。ただし、そうした判断をする際にも国際法上の制約は存在する。たとえば、ある国家が連邦の構成単位に対して恣意的に国家承認を与えることは内政干渉にあたり、「尚早の承認」として禁止されている。

　このようにして、分離独立を志向あるいは宣言する政治的実体が国家として認められるかという問題は、国際法上いくつかの重要な論点が存在するものの、国家承認についての国家実行が一貫していないこととも相まって、法的な問題であるよりも多分に政策的な問題であると認識されている（Rich, 1993: 64）。したがって、分離独立に関する国際法上の統一的な基準を確定できない現状では、それぞれのケースについて、一つ一つ国際法上の効果を検討していくことが求められる。

【参考文献】
Rich, R（1993）"Symposium: Recent Developments in the Practice of State Recognition," *European Journal of International Law*, Vol. 4, No.1, pp. 36-65.

浅田正彦編（2013）『国際法　第2版』東信堂。
酒井啓亘・寺谷広司・西村弓・濵本正太郎（2011）『国際法』有斐閣。
苑原俊明（2001）「州住民の自決権――ケベック分離事件」『国際法判例百選（別冊ジュリスト No. 156）』有斐閣、96-97頁。
松井芳郎（2006）「ケベック分離事件」松井芳郎編集代表『判例国際法　第2版』東信堂、294-296頁。
森川幸一（2015）「国際法上の国家の資格要件と分離独立の合法性」『専修大学法学研究所所報』No. 50、53-64頁。
山田哲也（2011）「一方的独立宣言の合法性――コソボ独立事件」『国際法判例百選　第2版（別冊ジュリスト No. 204）』有斐閣、28-29頁。

第Ⅱ部

事 例 編

第5章
ベルギーにおける多極共存型連邦制の効果
2014年の連立交渉を中心に

松尾秀哉

　ベルギーは主にオランダ語を話すフランデレン民族とフランス語を話すワロン民族からなる多言語国家である。1830年の独立以来双方の「言語問題」に苛まれながら、1993年にその解決のために「多極共存型連邦制」といわれる連邦制度を導入した。これによって双方の対立は軽減され、言語問題は解決に向かうと考えられた。

　しかしその後もフランデレンとワロンの対立は止むことがなく、むしろ2007年には約半年、2010年には1年半もの間新政権が不在の状態、いわゆる「分裂危機」といわれる状態に陥った。現在も双方の対立が解消されたとはいいがたい。連邦制導入後もこのような対立が継続するという点で、連邦制導入は逆効果ないし無意味だったのだろうか。

　ベルギーは連邦制の効果を論じる場合の重要な試金石である。本章では、特に近年の2014年の連立形成交渉にも注目して「連邦制の効果」を考えてみたい。以下ではベルギーの政治と連邦制について概説し問題提起をした後、2007年、2010年そして2014年の選挙と政治過程を検討する。

1．ベルギーの歴史と政治制度

（1）歴史

　ベルギーは、1830年にオランダから独立した。しかしすでにその時点で

北方のオランダ語を話すフランデレン民族と、南方のフランス語を話すワロン民族によって構成されていた。建国当初は独立革命を主導し経済的に豊かであったワロンが中心となり、フランス語による国家形成が進んだ。しかし徐々にフランデレンの人々によるオランダ語の公用化運動（フランデレン運動）が激しくなった。この対立を一般に言語問題という。この対立のため、1932年にはベルギーでは「言語法」が成立し、フランデレン地方の公用語はオランダ語、ワロン地方の公用語はフランス語と定められた。ただし、フランデレンに位置しつつも多くの住民がフランス語を話す首都ブリュッセルは、例外的にフランス語の公的使用が認められ、両語圏とされた（地域言語制）。

しかし特に第二次世界大戦後、言語問題は政治化した。ワロン経済を支えていた石炭の需要が低下して、ベルギー政府は炭坑閉鎖に踏み切る。他方で緩やかな海岸線と河口をもつフランデレンに外資を誘致する政策を実行し、財政難に対処した。ベルギー経済は立ち直ったものの、ワロンとフランデレンの経済的地位が逆転し、それを背景にオランダ語の社会的、政治的地位を高めようとフランデレン運動が高まり、既得権益に固執するワロン側と激しく対立した。

どちらか一方に有利な言語の政策を立てればもう片方が反発して、議会は何事も決定できず、1960年代末からカトリック、自由、社会の主要政党は次々とフランデレンとワロンの地域政党へと分裂していくようになった。それ以来ベルギーには全国（に候補者を擁立する）政党が存在せず、地域政党によって政党システムが構成されるようになる。

同時にこの問題に対処しようとして、ベルギーはフランデレン、ワロンへ政治的、経済的分権化を進めていく。フランデレン、ワロンそれぞれに一定の自治を認めることによって、多言語・多民族が共存できる途を探ったわけである。1970年以降4度の憲法改正を経て、1993年に正式に連邦制を導入した（松尾, 2010）。

この連邦制は、しばしば「多極共存型連邦制」と呼ばれる（Deschouwer, 1999: 103-104）。すなわち多民族国家を、小さな同質的な構成体の集合として

再編成し、それぞれに一定の自治を付与すると同時に数的マイノリティの保護を制度化する。これによって政策決定過程におけるフランデレンとワロンの直接的な対立は減少し、ベルギーの言語問題は解決に向かうと期待された。

　しかし戦後、福祉国家が確立していくなかで、徐々に社会保障の財源負担が、経済的に豊かなフランデレンの人々の剥奪感と不平等感を高めていった。そして、1990年代になると、フランデレンの独立とベルギー分裂を主張する政党、フラームス・ブロックが台頭した。さらに連邦化後およそ20年を経た2007年6月の連邦選挙後、やはり「ベルギーの分裂」「フランデレンの独立」を掲げるフランデレン地域主義系小政党だった新フランデレン同盟（Nieuw-Vlaamse Alliantie、以下N−VA）が、既成政党であるキリスト教民主フランデレン党（Christen-Democratisch en Vlaams、以下CD&V）と選挙連合を組み勝利して、連立交渉に参入した。特にN−VAの党首バルト・デ・ウェーヴェル（Bart De Werer、以下BDW）の態度は強硬で、ワロン諸政党との連立合意形成は困難に陥り、約半年の政治空白を経験して、国王の命でなんとかN−VAを連立から排除した暫定政権が形成された。この交渉の間、経済格差の解消の難しさのために政治家、マスコミはしばしば「ベルギーがフランデレンとワロンに分裂してしまう危険性」を口にした[1]。

　さらに2010年6月13日の総選挙では、N−VAが単独で勝利し、連立形成は一層困難となった。連立交渉は平行線をたどり、結局第一党であるN−VAを排除した新政権が成立したのは2011年12月である。約1年半もの新政権不在は、政治空白の史上最長記録であった。

　その後、ワロン社会党のエリオ・ディ・ルポ（Elio Di Rupo）を首班としたフランデレン、ワロンの既成政党6党による連立政権は、社会保障運用権限の分権化を進めて、他方でフランス語地域への補助金を拠出するなど妥協的な政策を進めた。その政権が約（残り）2年の任期を全うした2014年に、次の選挙が行われたのである。

　その結果、N−VAが2010年以上に大勝し、交渉に5カ月を要してそのフランデレン地域主義政党、さらにフランデレン・カトリック政党（CD&V）、フランデレン自由党、ワロン自由党による、4党の連立政権が成立した。

表 5-1 2014 年 5 月下院選挙結果

政党名	地域	イデオロギー	議席数	前回比
N-VA（新フランデレン同盟）	フランデレン	地域主義	33	＋6
PS（社会党）	ワロン	社会民主主義	23	－3
MR（改革運動）	ワロン	自由主義	20	＋2
CD&V（キリスト教民主フランデレン党）	フランデレン	キリスト教民主主義	18	＋1
OpenVLD（開かれたフランデレン自由民主党）	フランデレン	自由主義	14	＋1
SP.a（もうひとつの社会党）	フランデレン	社会民主主義	13	±0
CDH（人道的民主センター）	ワロン	キリスト教民主主義	9	±0
ECOLO（エコロ）	ワロン	環境保護	6	－2
GROEN（フローン）	フランデレン	環境保護	6	＋1
VB（フラームス・ベラング）	フランデレン	極右	3	－9
FDF（フランス語民主連盟）	ワロン・ブリュッセル	地域主義	2	＋2
PVDA/PTB（ベルギー労働者党）	ブリュッセル	共産主義	2	＋2
PP（人民党）	ワロン	保守主義	1	±0

出所：ベルギー連邦政府 HP（http://www.belgium.be/　2015 年 9 月 2 日）

　この新政権はいくつかの点で異例である。第一に 4 党のうち、ワロン政党が一つしか含まれていない。しかもそれはワロン第一党の社会党ではなく、自由党である。従来、特に近年のベルギーは、フランデレン政党（オランダ語）とワロン政党（フランス語）がほぼ同数の「大連立」というべき過大な連立政権を形成して危機を乗り越えてきた。しかし今回はフランデレンが 3、ワロンが 1 というアンバランスな組み合わせである。言語対立に苛まされ、その和解がつねに求められるベルギーにおいては、異例の組み合わせとなったのである。

第5章　ベルギーにおける多極共存型連邦制の効果

　第二に2007年、2010年においては「分離主義」とみなされていたN-VAが政権に加わったこと、しかし、第三に、大勝したN-VAからではなく、唯一のワロン政党である自由党（MR）から首相が輩出されたこと、第四に、ワロンで第一党のワロン社会党（PS）が加わらなかったこと（26年ぶり）によって、まれに見る右派連立になったことが挙げられる。つまり、異例ずくめの連立であった。

　こうしてみると、近年のベルギーの危機は、フランデレン地域主義政党の台頭と、長期の交渉を特徴としていることが理解できる。そこで本章では分離主義政党の台頭と交渉の長期化とに、連邦制がどのような「効果」を与えていたかを明らかにしたい。まず連邦制の制度的特徴を記す。

（2）ベルギーの連邦制の特徴

　ベルギーが93年に導入した連邦制は、図5-1に示すように、ベルギー

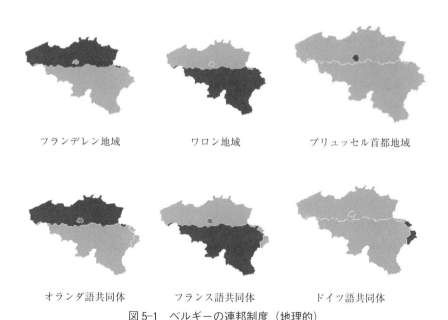

　　フランデレン地域　　　　ワロン地域　　　　ブリュッセル首都地域

　　オランダ語共同体　　　フランス語共同体　　　ドイツ語共同体
図5-1　ベルギーの連邦制度（地理的）
出所：ベルギー連邦政府HP（http://www.belgium.be/　2012年6月30日）

第Ⅱ部　事例編

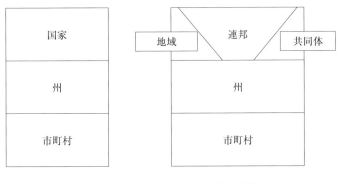

図5-2　ベルギーの連邦制度（垂直的）

出所：Sägesser (2009: 12)

(中央) 連邦政府、そしてフランデレン、ワロン、ブリュッセルという三つの「地域」という構成体、さらに属人的なオランダ語、フランス語、ドイツ語 (人口の約0.5％といわれる) という言語によって区分された「共同体」という構成体が設定されている。

また図5-2に示すように、連邦政府、共同体政府、地域政府の間に明確な上下関係の規定はない。ただし担当する政策領域が異なり、93年時点では、主に連邦政府は安全保障や外交、社会保障権限を有する。安全保障 (軍) と外交を担当する点でベルギー連邦政府は、対外的に「ベルギー」を代表する。他方で共同体政府は教育、文化、言語にかかわる政策を担当し、地域政府は管轄域内の公共事業など経済政策を担当する。

また連邦政府での閣僚ポスト配分を言語別に同数とすること、アラーム・ベルと呼ばれる少数者の拒否権を認めるなど、ベルギーは民族間の対立を解決するために徐々に分権化を進め、独自の「多極共存型連邦制」と呼ばれる連邦制度を作り出した。以下では、分裂危機の政治過程における連邦制導入の効果を検討する。

2．二つの分裂危機

(1) 第一次分裂危機 (2007年)

　前述のとおり、2007年選挙においては野党であったCD & Vがフランデレン地域主義政党N−VAと選挙連合を行い、社会保障財源の分割を政策の軸として掲げ、さらに「フランス語話者にはオランダ語を理解できない」など民族主義的アピールを繰り返して勝利した。しかしワロンに敵対的な発言と態度で集票したCD & Vのリーダー、イヴ・ルテルム（Yves Leterme）を中心にしたワロンとの連立交渉はスムーズに進まなかった。

　ワロン側はルテルムに反発し、ルテルムもそうしたワロンの言い分を「馬鹿馬鹿しい」と応酬した（*Le Soir*, 23/07/2007）。またN−VAの財源分割案を拒否するワロン側政治家、有識者も対抗して、「フランデレン政党に支配されるベルギー」を否定する発言が相次ぎ、「ベルギー分裂の可能性」が指摘された（*Le Soir*, 16/08/2007）。

　約半年もの対立と没交渉が続き、国王アルベール2世は同年12月に態度の強硬なN−VAを排除した暫定政権を発足させた。

　ここでルテルムについて補足したい。ルテルムは会計検査院などを経験した、ベルギーにおけるエリートである。その後、2004年に党首、そしてフラマン政府の大臣となる（Leterme, 2006）。彼は2007年選挙キャンペーン時に民族主義的発言を繰り返したが、それはフラマン利益の代弁者として、そして野党党首として政権復帰のために、選挙において得票最大化行動をとったにすぎない。それは一野党党首として当然のことであろう。そのためフラマンにおける彼の支持は高いものであった。しかし、ワロン側からすれば敵対者と映り、のちの合意形成を困難にした。

　この点に注目すれば、連邦制導入にともなう「競り上げ効果」を、その効果として指摘することができる。連邦制導入にいたる過程で、ベルギーはすべての全国政党がフランデレンとワロンの地域政党に分裂していった。現在

ベルギーは非全国政党のみによって政党システムが形成される（スウェンデン，2010：202）。さらに連邦制の導入とともにフランデレン、ワロン、ブリュッセルの地域議会に直接選挙制が導入された。このためフランデレンの政党は候補者をフランデレン選挙区のみで立て、フランス語諸政党はワロン選挙区のみで候補者を立てるようになった（André and Depauw, 2014: 228）。

つまり1993年の連邦制導入によってベルギーの選挙区は実質的にフランデレン選挙区とワロン選挙区とに分断された。そのためフランデレンの政党は他のフランデレンの政党と、ワロンの政党は他のワロンの政党と競い合うことになった。すなわち、フランデレン選挙区において各政党は「われこそがフランデレン利益の最大の具現者である」と主張するようになり(Swenden, 2012)、全般的な「地域主義化」を促した。これが「競り上げ効果」である。

「競り上げ効果」は、イシュー、その時の政党戦略や政党間競合の度合いによってその程度が変わりうるが、ベルギーの場合、特に1999年の歴史的政権交代[2]後、野党に転落したCD＆Vは戦略を試行錯誤し、（実際には2004年の地方選挙前に）選挙で勝利するため、ルテルムを党首にすえて、さらにN-VAと連携し、社会保障の分権化、政治的自治の強化を要求し、「フランデレン主義」を掲げるようになった。すなわち連邦制の導入に伴い、民族主義的主張を強めた政治的リーダーが台頭し、かつ政策も民族主義的色合いを従来よりも強めた。また、N-VAと選挙連合を行い勝利したことで、N-VAを交渉の場に引き上げた。これによって本来4議席しか獲得せず、連立交渉に入ることはなかったN-VAが交渉に加わり、合意形成を阻害した。連邦化の最大の副産物といえるかもしれない。

結局この交渉では何も決まらず、国王の主導による前首相ヒー・ヴェルホフスタットの暫定政権が成立しただけであった。問題は解消されず、結局ベルギーは、その後もルテルム政権（2008年3月～2008年12月）、ヘルマン・ファンロンパイ政権（2008年12月～2009年12月）、第二次ルテルム政権（2009年12月～2010年3月）と、矢継ぎ早に政権交代を繰り返したのである。

（2）第二次分裂危機（2010年～2011年）

　第二次ルテルム政権崩壊後の2010年6月選挙ではフランデレン地域主義政党N−VAが躍進し、単独で勝利した。しかし第一党ではあるが「フランデレンの独立」を主張していた政党を中心とした交渉がうまく進むわけはなかった。特にフランス語側が要求していたワロンやフランス語話者が多数を占めるブリュッセルへの補助金増額ついては、N−VAも、その盟友CD＆V、さらに他のフランデレン政党も一切譲歩しなかった。

　N−VAとワロン側のディ・ルポは時に感情的になり、会うことも拒絶して時間だけが過ぎていった。政治空白の世界記録を更新し、さらに大小を問わず市民のデモが数々生じて、独立記念日（7月21日）に国王アルベール2世は、［欧州の経済危機のなかで］ブリュッセルを首都とするベルギーの政治家たちが何をやっているのかと、政治家たちを一喝した。

　この時期を境として、ワロン側はN−VAと交渉するのではなく、1884年以来最も長い間ベルギーの政権を担い、近年N−VAと行動をともにしてきたCD＆Vに対して「わたしたちはCD＆Vをテーブルに招いている」と呼びかけ、その結果、事態は動き始める（*De Standaard*, 20/07/2011）。

　結局CD＆Vは徐々にN−VAから離れ、他の政策の実施を交換条件にして政権交渉に参加し、他方でN−VAはCD＆Vの態度の変化を批判して政権からの離脱を表明して、フランデレン、ワロンそれぞれのキリスト教民主主義、社会、自由の六つの既成政党を中心に新政権が形成されたのである。ワロン・ブリュッセルへの補助金も交付され、すなわち妥協的な政権が成立した。

　この2010年の問題、特に交渉の異例なまでの長期化という点ではCD＆Vの態度も重要である。実はCD＆V内部においては、当時「地域派」VS「連邦派」の対立が生じていた。すなわちフランデレン地域政府（首班）を担う政党として、N−VAとの連携を重視してフランデレン地域利益を重視するグループと、ワロンとの合意形成も重要だとして連邦政府の成立を優先するグループとの間に亀裂が生じ、党内意志の統一に時間を要して合意形成

が困難になったのである。換言すれば、ベルギー連邦制度の下では、個々の政党も内的に連邦(中央)派と地域派とに「多層化」して、中央の意思決定が地域利益に左右されやすくなり、長期化を招いたといえるだろう(以上は松尾, 2015a)。では、2014年の選挙と交渉においては、何が生じたのだろうか。

3. 2014年政権交渉——多層化する連立交渉

(1) 財政危機のなかで

　2012年以降のディ・ルポ(ワロン社会党)を首班とする連立政権は、18カ月の交渉後、妥協の末成立し、しかし積極的に国家改革を進めた。ワロンやブリュッセルへの補助金交付と引き換えに、労働保険、健康保険、児童手当等総額165億ユーロの社会保障財源を地域政府や共同体政府に移譲した。フランデレンが要求した財政の分権改革を進めたのである。また地域選挙と連邦選挙を同日選とし、議員の任期を4年から5年にする改革を進めた。

　しかしこの政権が直面しなければならなかった最大の問題は一連の経済危機である。ベルギーにおいても多くの金融機関が破綻ないし危機に陥り、2010年の交渉期間内に暫定政権であったはずのルテルム政権が多額の公的資金を注入したり、国有化を進めたりした(松尾, 2015b)。当然財政が逼迫したが、そのなかでディ・ルポ政権が進めたワロンやブリュッセルへの補助金が大いに批判された。つまり当時のベルギーの人々の間には、このままではベルギーがギリシアのようになってしまうという危機感があった。特にこの欧州の全般的危機のなかで1年半もの政治空白を繰り返してはならないという反省が、政党、国王ら主要アクターの間で共有されていた。

　加えて分離主義者として連立政権から排除されたN−VAではあったが、2009年以降フランデレン地域政府には加わり、また2012年の地方統一選でも勝利し、党首BDWがアントウェルペン市長になるなど、統治経験を積んだとみなされていた(André and Depauw, 2014: 229)。こうした前政権(社会党)に対する批判、N−VAに対する市民の信頼の回復、そして何より「早

く政権を作らなければ。危機を繰り返してはならない」という雰囲気のなかで選挙が行われた。

（2）交渉の多層化へ

　実際の選挙戦では、N-VA は社会・経済問題、すなわち財政の健全化に重きをおいた「減税－縮減モデル」（当時 N-VA モデルと呼ばれた）を打ち出し、与党（社会党）が市民間連帯と社会的セーフティネットを重視した「課税－支出モデル」を打ち出し対抗したが、その選挙は、前掲の表5-1のように N-VA が圧勝した。ただし政党グループ別でみれば、ワロンでは社会党が強く、フランデレンの社会党（SP.a）と合算すれば社会党陣営が最多議席を有し、前政権が多数派を形成することも可能で「N-VA 新政権か、ディ・ルポ第二次政権か」と報道され、長期の空白の再来が懸念されることになった。

　選挙後、連邦、地域両選挙で勝利した N-VA が連立交渉の主導権をとることを宣言したが、党首 BDW はまずフランデレン地域政府を確定したいとの意向を表明した。ところが盟友であった CD&V は、N-VA のイニシアティヴ自体は支持したが、フランデレン地域政府の成立を優先させることは2010年と同様の結果を招く戦略だと主張して反対した[3]。そして二つの次元の政権交渉が同時並行的に進み、結果的に交渉を複雑にした。

　たとえば前フランデレン地域政府首相のクリス・ペータース（Kris Peeters, CD&V）が、フランデレン地域政府の首相を継続することになるのか、それとも新しいベルギー連邦政府の首相になるのかがみえなかった。ペータースは、N-VA の党首 BDW がベルギー首相にならないなら、その最有力とみられていた。逆に BDW が首相になった場合は、ペータースがフランデレン地域政府の首相になるとみられていた。繰り返しておくが、連邦制を導入したベルギーにおいては、地域政府も大きな権限を有する。そのポストも政党には重要である。つまりポストが連邦-地域の多層的交渉のなかで争点となり、交渉が複雑になった。

また当初、フランデレン地域政府はN-VAとCD&Vによって施政方針が練られていた。しかし連邦政府交渉においては、当初交渉に加わる予定であったワロンのキリスト教民主主義政党である人道的民主センター（Centre démocrate humaniste、以下CDH）が、突然N-VAとCD&Vの連合に反発して「連邦政府に参入しない」と主張したため、過半数を確保するためにフランデレン自由党（OpenVLD）が連邦政府に加わらざるをえなくなった。

そして、ここまでの交渉に失敗したBDWが首相となる可能性がなくなった。またOpenVLDは当初は排除されていたフランデレン地域政府にも参入することになった。つまり連邦レベルの交渉が、まとまりかけていた地域政府の交渉を左右し、白紙に戻したのである（*Flanders Today*, 24/06/2014）。ここでは、連邦レベルの交渉と地域政府の交渉が複雑に絡みあっていることが理解できる。同日選によって、連立交渉も多層化し、複雑化したのである。

さらにこの政権の特徴として、ポストの決定に欧州レベルの動向が絡んでいることを補足しておこう。実は5月の選挙後、8月31日までにベルギーは自国の欧州委員を選出しなければならなかった。しかし期限の31日までに政権が決まらなかった。よって欧州委員の推薦もできなかった。ところが31日に次期欧州委員長のジャン＝クロード・ユンカーが、ベルギーからの推薦者がいないことを公然と批判し、政権交渉が長過ぎることを「ベルギーはヨーロッパを麻痺させる」と非難した。これを受けて慌ててベルギーの各党党首が夜を徹して話し合い、9月4日にCD&Vの元党首、マリアンヌ・ティサンが欧州委員として推薦された（*Flanders Today*, 05/09/2014）。

ベルギーの連立政権交渉にとって重要なのは、これによって「CD&Vは〔ベルギーの〕首相のポストを手放すことに」なったからである。多様なクリーヴィッジを抱え、バランスを考えなければならないベルギーにおいて、首相と欧州委員という最も重要なポストを同一政党が占めることは考えられなかった。ベルギー連邦政府の首相最有力候補だったCD&Vのペータースは「次の首相と予想されていたが、自分は彼女のサポートに回ると発言」（*Flanders Today*, 24/09/2014）することになった[4]。

第5章　ベルギーにおける多極共存型連邦制の効果

　連立交渉は急遽「新しい首相は自由党陣営から」を課題とした。首相候補だったペータースは自由党に向けて首相候補の推薦を急かした。ペータースいわく「首相が決まらなければ政策が決まらない」(*Flanders Today*, 24/09/2014) からであった。こうして結局ワロン自由党のシャルル・ミシェルが新首相となった (*le Soir*, 30/09/2014)。これはEUが連邦政府の交渉に影響したという意味で「多層化」の問題である。連邦制の問題とは異なるが、「交渉の多層化」が引き起こす問題の一面を示唆する例といえよう。

(3) 結果

　結局、約5カ月の交渉の末、第一党のフランデレン地域主義政党N−VA、フランデレン・キリスト教政党 (CD & V)、フランデレン自由党 (OpenVLD)、そしてワロン自由党 (MR) からなる政権が成立した。新首相ミシェルはこれを「スウェーデン連合」と呼び、人びとは「kamikaze連合」と呼ぶ。これは、スウェーデンの国旗が青（自由党）地に黄色（N−VA）の十字架（キリスト教）からなるためである。また、4党中3党がフランデレンの政党で、そこにワロンの政党として自由党 (MR) のみ一つが加わっているため、フランデレンにこびへつらうとみなされ、次回の選挙でMRは支持を減らすだろうと言われた。すなわちMRにとっては勝ち目の無い自殺行為としてkamikazeと呼ばれる。

　これが成立した最大の要因は、欧州の経済危機に端を発する財政危機である。その克服のため前政権の継続は選択肢の中に入ってこなかった。加えて2010年の長期の空白の反省が強くあった。交渉過程の全般を「早い政権成立を」という空気が支配していた。ある意味、きわめて特殊な状況で成立した、特殊な政権であるといえよう。以下、以上の連立交渉とベルギー連邦制との関係を考察したい。

4．考察と結論

ここまでみてきたように、ベルギーにおける連邦制の導入は、必ずしも効果的であったとはいえない。第一に選挙区を分断し「競り上げ効果」によって政党を地域主義化して、過激な地域主義政党の台頭を許した。

第二に、2010年のCD＆Vのように、「多層化」によって、党内の意思決定が複雑になるという効果もみられた。すなわち連邦制の導入は漸進的に構成体に主要な政策と財政の権限を移譲した。そのため主要政党は地方選挙（での得票獲得や勝利）も一層無視できなくなる。こうして党内で「地域派」の影響力が増し、ベルギーの国政に地域利益が影響する可能性を高めていく。

この点は、実は2014年の交渉においても、結局政権を離れたワロン・キリスト教政党（CDH）にもみられる。CDHは連邦政府を離れ、ワロン地域政府のみに参入したが、その後CDHのリーダー、ベノワ・リュートゲンが連邦政府から退出したことに、党内「連邦派」から次回選挙での悪影響を危惧する声が挙がったのである（*le Soir*, 14/08/2014）。

リュートゲンにすれば、その退出は党の評議会で決定したはずだったが、それにもかかわらず、リュートゲンに対して「単独で決めた」との批判が生じたのである。「党内にはフラストレーションが高まっている。何の相談も無く議論もなかった……。数カ月のうちに彼は後継者を指名することになるだろう」（*le Soir*, 11/08/2014）と党内有力者はインタビューに答えている。

2010年の交渉時にもCD＆Vのなかで連邦派と地域派の対立が生じ、それが連立参加への意思決定を遅らせた。今回の場合も連邦国家における「中央と地方のはざま」でCDHが苦しんでいるように映る。全会一致で決めたはずの決定に対して後々批判が飛ぶことは、「連邦政府か地方政府か、いずれが重要か」という選択が、ベルギーのいかなる政党も直面する重い課題であろうことを示唆する。

第三に、2013年（選挙の前年）には、地域議会選挙と連邦議会選挙が同日に行われることが定められた（Deschouwer and Min, 2013）。つまり連立交渉

は二つの次元で同時並行的に進められることになり、中央の連立交渉が地域政府の連立交渉の影響を受けやすくする（松尾, 2015c）。今回の交渉においても、たとえばペータースのポストをめぐって双方の交渉が影響しあった。

　以上のように、ベルギーのような多言語国家においては、経済社会状況次第で言語集団は対立する。もちろんこの対立はベルギーに固有の問題によるわけであるが、その解決の制度的装置である連邦制は、逆に競り上げ効果を生み出し、さらに多層化によって政党の意思決定を困難にする可能性があることが見て取れた。ただし、筆者はかつて、競り上げられた地域主義的言説は集票言説にすぎないもので、「次期選挙」が近づけば政党は妥協的態度に替わりうることを明らかにした（松尾, 2015a）。重要な点は、ベルギーは決定的な衝突に至ってはいないという事実である。つまり、連邦制は交渉をきわめて複雑化するという負の効果を有してはいるものの、分裂に至らせるほどマイナスに作用はしないともいえよう。

　ただし、もう一点、2014 年において明らかになったことは、EU の圧倒的な影響力である。欧州の人事が、ベルギーのような、漸進的な交渉を特徴とする国家に影響してくることは今後も考えられる。ブリュッセルを抱える限り、そして迅速な安全保障対策が求められる時代にある限り、ベルギーのような妥協と話し合いを成立の肝とする多極共存型民主主義の国はおそらく一段と EU とヨーロッパの状況に左右されうるだろう。構成体間の対立は潜在的には社会経済的動因によって生じ、さらに政治制度に左右されうるが、それがどのような結果を生むのかは当事国周辺の国際関係が一層強く影響することになる。

　新政権が進める緊縮財政政策に対する反発で、政権成立以前から労組のデモ、ストライキが生じた。過去ベルギーでは「緊縮政権」が成立したあと、言語対立が激しくなったり、社会不安が大きくなったりした。歴史が繰り返すと単純にいうことはできない。現時点「ギリシアのようになってはいけない」との規範が国民の間に通底しているように思われるが、緊縮財政の反動の可能性も決して否定できない。政権成立から 1 年で、すでに与党に対する支持は低下し、別の分離主義政党に対する支持が高まっているという（De

Standaard, 20/09/2015)。また新たな、より過激な地域主義が目立っていくのかもしれない。

本章は2015年9月に脱稿した。多発するテロの影響については別稿で論じることとしたい。

1) 選挙区改革をめぐる、いわゆるBHV問題を挙げねばならないが、紙幅の都合で別紙に譲ることとする（武居, 2006；松尾, 2015a）。
2) 半世紀以上ベルギーの政権を担ってきたキリスト教政党が下野し、自由党が政権に就いた。
3) 同日選への改革は2010年の反省から生じた。地域政府を先に確定すると、中央（連邦）政府の交渉はあたかも二つの地域利益の対立の場になる。それを回避するための改革だった。
4) 当時、第一党党首であるN-VAのBDWは首相を辞退しアントワープ市政に注力すると公言していた（詳しくは松尾, 2015c）。

【参考文献】
新聞
De Standaard, Flanders Today, le Soir.

文献
André, A. and S. Depauw (2014) "A Divided Nation? The 2014 Belgian Federal Elections," *West European Politics*, Vol.38, No.1, pp.228-237.
Deschouwer, K. (1999) "From consociation to federation, How the Belgian parties won," K. Luther and K. Deschouwer (eds.), *Party Elites in Divided Societies, Political Parties in Consociationaldemocracy*, London: Routledge, pp.74-107.
Deschouwer, K. and M. Reuchamps (2013) "The Belgian Federation at Crossroad," *Regional and Federal Studies*, Vol.23, No.3, pp.261-270.
Leterme, Y., in gesprek met Filip R. (2006) *Leterme Uitgedaagde*, Tielt: Uitgeverij.
Sägesser, C. (2009) *Introduction à la Belgique Fédérale*, Bruxelles: CRISP.
Swenden, W. (2012) "Belgian Federalism: Means to an End?," Ferran R. and Miquel C. (eds.), *Federalism, Plurinationality and Democratic Constisutionalism: Theory and Cases*, London: Routledge, pp.137-170.

スウェンデン、ウィルフリード（2010）『西ヨーロッパにおける連邦主義と地域主義』山田徹訳、公人社。
武居一正（2006）「BHV選挙区分割の憲法的問題点――ベルギーにおける言語的少数者保護の一側面」立命館大学『政策科学』13巻3号、93-117頁。
松尾秀哉（2010）『ベルギー分裂危機――その政治的起源』明石書店。
――――（2015a）『連邦国家　ベルギー――繰り返される分裂危機』吉田書店。

―――（2015b）「欧州危機下におけるベルギーの分権化改革」山田徹編『経済危機下の分権改革』公人社、147-168 頁。

―――（2015c）「2014 年のベルギー連立交渉――分裂危機の終焉か、新しいカオスのはじまりか」2015 年日本政治学会研究大会報告論文、2015 年 10 月 10 日（千葉大学）。

※本章は科学研究費補助金（基盤Ｃ）「ベルギー合意型連邦制の脆弱性と強靱性についての研究」（課題番号 15K03281）（研究代表者　松尾秀哉）の成果の一部である。

第6章
スペインにおける自治州国家制の導入とその効果

永田智成

　スペイン内戦（1936～39年）の結果成立したフランコ体制は、中央集権的な体制であったが、1970年代に経験した民主化とともに地方分権化が進められ、自治州国家制が導入された。現在のスペインは、17の自治州と二つの自治都市から構成されており、「自治州国家」と称されている。各自治州は、時代の変遷とともに広範な自治権を有するに至り、スペインは実質的に連邦制国家となった。

　本章では、自治州国家制の導入から現在に至るまでの過程を概観する。自治州国家制が導入されたことで、地域の独自性を強調する地域ナショナリストは自治権拡大に活路を見いだし、分離独立を主張することはなかったのである。他方、自治州国家制が完成を迎えつつある現在、カタルーニャ州の独立問題といった新たな問題が浮上してきている。

1. 連邦制メカニズムとスペイン

　スペインには独自の歴史や文化を強調するカタルーニャ、バスク、ガリシアといった地域が存在する。これらの地域は、スペインとは異なるネイションであると主張し、独自の言語を話す者も少なくない。リンスらは、スペインが多民族・多言語国家であると主張している（リンス＆ステパン, 2005: 64-65）。

　連邦制メカニズムは、民族間対立を解消する制度であると認識されている（たとえば、レイプハルト, 2005: 155-158）。スウェンデンによれば、スペイン

の自治州国家（Estado de las Autonomías）も時代を経るとともに中央政府から自治州政府への権限の委譲が漸進的に行なわれ、今では連邦制に近い状態にある（スウェンデン, 2010: 17, 82-83）。自治州間の調整メカニズムが不備である点で「完全」な連邦制であるとはいえないが、各自治州は広範な自治権を有し、自治州国家制は実質的に連邦制である。リンスらも「多民族的な状況では、包摂的で平等な市民権を認め、全市民に対して国家による共通の「屋根」を提供し、個人の権利を強化するような政策を採ることで、民主主義を定着させる機会は高まる」と論じ、多民族・多言語国家スペインでは民主化の完了には「国家性[1]」の問題解決が必要不可欠であった（リンス＆ステパン, 2005: 72; Linz and Stepan, 1996: 107-108）。

スペインでは自治州国家制の導入から30年以上、各地域において目立った分離独立の動きはなかった。自治州国家制導入期に各地域において独立推進派が多数を占めていたわけではないため、自治州国家制が分離独立の動きを抑止したという明確な因果関係を提示することは難しいものの、少なくとも自治州国家制が導入されたことで分離独立運動が盛り上がったとはいえないと考えられる[2]。

本章では、自治州国家制の変遷について概観し、少なくとも自治州国家制の導入が分離独立運動の加速をもたらしているとはいえないということを論じる。

2．自治州国家の成立

(1) 自治州国家・スペイン

スペイン憲法は、スペインネイションを統一の単位として地域や自治州のエスニシティ（nacionalidad）の保障をうたっている。また同憲法の第8編第3章は、自治州について規定しており、自治州の設置方法（143条および151条）や中央政府及び自治州政府の排他的権限（148条および149条）などを規定している。ただし、憲法で規定されている各権限はその一部でしかなく、

各州が保持している自治権は、各州が作成する自治憲章の内容に委ねられている。現在ではスペイン全土に17の自治州と二つの自治都市が存在し、それぞれが一院制の州議会と行政府を有している。州議会議員は、各県を単位とした比例代表制の選挙によって選ばれ、州議会は憲法に反しない限り州内で効力を発揮する法律を、自由に制定することができる。行政府の長、すなわち州首相は、議会での指名に基づいて選出される。州首相の国際儀礼における優先順位は高く、州内での儀礼においては中央政府の副首相よりも上位に位置づけられると政令により定められている[3]。

　自治州国家制は、弥縫策として民主化期に導入された。そのため自治州の設置は、体系的に行なわれず、複雑な様相を呈した。憲法では、二つのレベルの自治州の設置方法が規定され、低速ルートと高速ルートと俗に呼ばれている。低速ルートによる自治州設置は、手続きが容易であるが、自治州設置から5年間は自治権が制限された。他方、高速ルートによる自治州は、低速ルートによる自治州のように自治権が5年間制限されることはないが、発議と自治憲章の制定に住民投票が課されるため、設置のハードルは高い。ところが実際の自治州の設置は、憲法が公布される前に暫定自治州というかたちでカタルーニャ州を皮切りに先行して進められた。このため憲法は、すでに存在している全国14の暫定自治州を追認するかたちとなったのである。

　憲法を待たずに暫定自治州というかたちで設置が急がれた理由は、民主化の阻害要因となりうる地域ナショナリズム運動を抑止することが緊急の課題とみられていたためである。当時の政府は、地域ナショナリズムが活発な一部地域、すなわち、カタルーニャ、バスク、ガリシアへの自治権の付与が運動抑止に必要とみていた。次項でみるように、上記3地域は第二共和政期に住民投票において自治憲章案が承認された地域である。これらの地域の自治州設置の発議で、優先的に高速ルートの自治権が付与されるように、憲法の経過規定において住民投票の省略が明記されたのである。このため民主化当時の政府は、上記3地域に限定して自治権の付与を検討していたと考えられる。

(2) 第二共和政と地域の自治

　1931年に成立したスペイン第二共和政では、地域の自治が容認された。カタルーニャ、バスク、ガリシア各地域では自治憲章が起草され、それらは住民投票において支持を得た。しかし、カタルーニャ、バスクでは国会の審議を経て正式に自治憲章として成立したものの、ガリシアについては、スペイン内戦（1936～39年）の混乱により、国会での審議が中断となった。スペイン内戦の結果、フランシスコ・フランコを総統とするフランコ体制が成立し、スペインの一体性を強調、地域の独自性や自治を認めなかったため、各地域で成立した自治憲章は、実質的に効力を発揮することなく、廃止となった。1934年に「スペイン共和国内のカタルーニャ国」宣言をしたカタルーニャ自治政府および1936年に成立したバスク自治政府は、内戦の開始により、国外に亡命したのである（関・立石・中塚, 2008: 316-322, 378-380）。

(3) 民主化と自治州導入の背景

　フランコ体制は中央集権的な体制であったが、1975年のフランコ死後に開始された民主化とともに地方分権化が進められ、自治州国家制が導入されることになった。現在のスペインは、「自治州国家」と称されている。

　スペインの民主化はかつてのフランコ体制派が主導し、それに対抗する民主的な反体制派は、民主化の開始と同時に地方分権化の推進を熱望したが、彼らの要求はどれも具体性を欠いていた（Powell, 2011: 21-22）。

　体制派が主導した民主化の結果、1977年に約40年ぶりとなる総選挙が実施され、その立役者であるアドルフォ・スアレス首相率いる民主中道連合（UCD）は、過半数を割りながらも第一党の地位を確保した。総選挙の結果、スペインほぼ全土においてUCDと中道左派の社会労働党（PSOE）で議席を二分し、二大政党制が形成されたのである。

　しかしカタルーニャでは、PSOEは独自候補を立てられず、UCDも組織化が進まなかったため、二大政党の影響力が相対的に小さくなり、下院選挙において7党が議席を獲得する事態となった（Ortiz, 2006: 207-208）。小党乱

第Ⅱ部　事例編

立を防止するため、各党は選挙連合を形成したが、功を奏さなかった。カタルーニャに配分された全47議席のうち、実に37議席をカタルーニャの地域政党が獲得した。カタルーニャの政党システムが特異であることが浮き彫りになったのである。現在でもカタルーニャでは多数の政党が乱立する状況が続いており、全国政党の影響力が及びにくい（Deschouwer, 2010: 31-46）。

　バスク3県においても、PSOEが21議席中7議席を獲得して健闘したものの、やはり第一党は8議席を獲得した地域ナショナリスト政党であるバスク国民党（PNV）であった。他方、与党UCDは4議席に留まった。

　このように地域ナショナリストの影響力が強い地域では、全国政党の影響力が及ばず、バスクでは暴力的な運動も活発化していた。1959年に「バスクと自由（ETA）」と呼ばれる地域ナショナリストグループが結成されたのである。社会主義的傾向を強め、武装闘争を戦術に採用した点およびバスク人という人種的民族感に代えてバスク語という文化的紐帯を重視した点が彼らの特徴である。ETAは1961年の鉄道破壊工作に始まり、1973年にはルイス・カレロ・ブランコ首相を殺害した（関・立石・中塚, 2008）。

　カタルーニャにおいては、バスクと事情が異なり、保守的なカトリックと結びついた平和的な運動が主力となった。また、カタルーニャは経済的に豊かな地域であり、多くの国内移民が流入していたため、彼らを統合する必要があった。そのため、カタルーニャ語を話せばカタルーニャ人になれるという発想が生まれたのである（関・立石・中塚, 2008: 194-195）。

（4）カタルーニャの場合

　スアレスは地域ナショナリズムが旺盛な地域のなかでも、特にカタルーニャの動向がスペインの民主主義の安定にとって重要であると考えていた。バスクにおけるETAの暴力的な活動に比べ、カタルーニャの地域ナショナリズム運動は、平和的な運動のため、抑制が難しいと考えていたからである（Pelaz López, 2011: 42-44）。その目的のためスアレスは、カタルーニャ事情通を側近に配置する体制を構築し、同地における情報収集力の強化を図った

のである[4]。

　スアレスは、カタルーニャの自治権付与の交渉において、ジョルディ・プジョルらカタルーニャ選出の国会議員と交渉するのではなく、亡命カタルーニャ自治政府のジュゼップ・タラデージャス首班をスペインへ迎え入れて交渉することに決めた。このため、プジョルら地域ナショナリストは、自治州設置交渉から排除されたのである。一般的なカタルーニャ地域ナショナリストは、第二共和政期の自治憲章復活を訴えていたが、タラデージャスは、当時の自治憲章を放棄し、君主制の容認を表明したため、スアレスはタラデージャスを首班にカタルーニャ暫定自治政府の設置を認めることにしたのであった（Fuentes, 2011: 217）。

　タラデージャスは、数回に及んだ中央政府との交渉のなかで、カタルーニャ自治州の政治機構として行政府を要求し、自らが首班になることとその閣僚の任命権を求めた。州議会は、プジョルらカタルーニャ選出議員が強く求めたために最終的に設置されることになったが、基本的にタラデージャス首班による中央政府への要求は、自治州政府の設置という事実を重視した簡素なものに留まっていた。具体的に付与される自治権の内容については問わず、のちの交渉に委ねたのである（Tarradellas, 1999: 191）。タラデージャスは、カタルーニャ選出議員が要求する過度な自治権要求を抑え込み、円滑な自治州誕生に大きく貢献したのであった（Powell, 2011: 24-25）。

　すでに述べたように、1978年12月に制定された憲法には自治州に関する規定が盛り込まれ、憲法が暫定自治州の存在を追認するかたちをとった。カタルーニャでは、憲法の経過規定に従い、カタルーニャ選出の国会議員によって自治憲章案が起草された。この自治憲章案は、国会での修正を受けて承認されたのち、カタルーニャでの住民投票での可決により1979年10月に成立した。この新たに成立した自治憲章は、カタルーニャ語が自治州公用語に制定され、教育、文化、言語、情報通信の分野で広範な権限を持つに至った（Powell, 2011: 32; 関・立石・中塚, 2008: 331）。他方、憲章の起草にかかわったプジョルは、憲章が満足のいくものではないが、未来に期待を持たせるものであると述べ、プジョルらが望む治安や司法に関する権限は、その後の中

央政府との交渉に託されたのである (Pujol, 2008: 338-340)。

1980年には最初の州議会議員選挙が行なわれ、プジョルが初代州首相となった。カタルーニャ地域ナショナリストは、今後の自治権拡大に活路を見出し、もともと少数の独立支持者は1979年を境にさらに減少していった。中央政府は、カタルーニャをモデルに暫定自治州を次々と設置していったのである。

(5) バスクの場合

バスクでの交渉はカタルーニャでの交渉のようにはいかなかった。カタルーニャとバスクの事例の違いは、(1) カタルーニャにおけるタラデージャスのように中央政府の交渉相手を一本化できなかったこと、(2) カタルーニャと異なり、バスク州となる領域が確定していなかったことが挙げられる。

スアレスは、カタルーニャにおけるタラデージャスのように、亡命バスク自治政府首班のヘスース・マリア・レイサオラの帰国を要請し、自治州設置に向けた交渉相手にしようとしたが、バスク選出議員が反対したため、断念した。スアレスは交渉相手を一本化することができないまま、1978年1月にバスク暫定自治政府を発足させた。バスク暫定自治政府に各党が送り込める構成員の数は、バスク選挙区において各党が獲得した議席に比例するとされた。そのため、構成員互選で選出される政府首班は、8議席を獲得したPNVから選出されると思われたが、UCDとPSOEが結託してPNVからの選出を阻止したため、PSOEのラモン・ルビアルが選出された。これは、スアレスがバスクでの交渉を有利にするために画策されたものであったが、ルビアルでは地域ナショナリストの動向をコントロールすることができず、PNVは態度を硬化させたのである (Powell, 2011: 26; Pelaz-López, 2011: 43)。

カタルーニャの場合と異なり、バスク州の領域に関する合意がなかったことも障害となった。バスク3県はナバーラ県を加えてバスク州となる意向を示していたが、ナバーラ県選出のUCD議員は、ナバーラ県がバスク州に加わることで自分たちがPNVの影響下に置かれることを恐れ、反対した。そ

の結果、バスク州に、ナバーラ県が加えられることは見送られたのである。

　スアレスは ETA のテロにも悩まされた。犠牲者の増加により、スアレスは治安対策を強化した結果、フランコ時代を髣髴させる状態となった。政府は自治州に関して PNV から合意を得るべく、憲法起草委員会の場で PNV の下院議員であったシャビエル・アルサジュスと交渉したが、アルサジュスは PNV 党首のカルロス・ガライコエチェアと合意を形成できていなかったため、アルサジュスの見解は PNV を代表するものではなく、交渉は頓挫した（Barbería, 1996: 425-426）。スアレスは PNV との合意を得るために大幅な妥協を提示し、バスク州政府は州内で徴税する国税を事実上自由に州財政に組み入れることができるという特権（経済協約[5]）を有することとなったが、それでも政府との合意に達することはなかった。二転三転する中央政府の対応に不信感を募らせた PNV らは、州民に対し、憲法の国民投票への棄権および否決を訴えた。こうした主張は功を奏し、スペイン全土で唯一投票率が50％に満たない地域となったのである（Powell, 2011: 26; 関・立石・中塚, 2008: 386）。

　その後バスク暫定自治政府は、自治憲章の制定に着手した。首班となった PNV のガライコエチェアは、自治州の運営に活路を見出すことにし、バスクがスペインから独立した地域であるという主張を取り下げたため、バスク自治憲章は 1979 年 7 月に国会で承認された。ETA によるテロは、2011 年 10 月の武力闘争の停止が宣言されるまで続くが、それが国家性の問題になることはなく[6]、単に治安の問題とみなされるようになった。1980 年から州議会選挙が繰り返し行なわれることで、バスクはスペインの一員であることに利益を見出していくのである（Linz and Stepan, 1996: 103-104）。

3．自治州の同質化と権限の拡大

（1）アンダルシア州による高速ルート挑戦

　憲法制定後、中央政府は、カタルーニャ、バスク、ガリシアを除いた 11

の暫定自治州を低速ルートによる自治州として発足させようとしたが、その方針にアンダルシアが反発した。アンダルシアは、カタルーニャ、バスク、ガリシアのみが特権的な自治州であるということに不公平感を示し、高速ルートに挑戦すると表明したのである。

　中央政府はアンダルシアによる高速ルート挑戦を認めない方針を固めたため、政府とアンダルシアは対立した。その対立は、そのまま与野党の対立に還元され、野党 PSOE はアンダルシアを支持した。政府が有権者に対して否決票を投じるよう呼びかけるなかで行なわれた 1980 年 2 月の住民投票では、アルメリア県以外の 8 県中 7 県で賛成多数となり、高速ルートによる自治州の発議が認められた。最終的に、1981 年 10 月にアンダルシア自治憲章が住民投票において賛成多数を獲得し、アンダルシア州は高速ルートによる自治州となったのである。

　中央政府がアンダルシアの高速ルート挑戦に反対した理由は、手続きの煩雑さにある。高速ルートでの自治州となるためには、2 度の住民投票を経なければならず、その開催コストは膨大であった。また、民主化が達成された直後という不安定な状況において、国会が自治憲章の審議にばかり費されるわけにはいかなかった（Pelaz López, 2011: 50）。にもかかわらず、カナリアとバレンシアも高速ルートに挑む意向を示し、中央政府は何らかの対策をとらねばならなくなっていた。

（2）画一的な自治州国家への試み

　中央政府がとった対策は、高速ルートと低速ルートの差異をなくすことであった。自治州の二つのルートの差異を埋め、全国を 17 の自治州として自治州国家制を完成させる目的で、国会の与野党間で協定が締結されたのである。与野党間で高速ルートに挑戦する自治州はアンダルシアが最後であると確認され、その他はすべて低速ルートによる自治州となることが決定された。高速ルートを希望していたカナリアとバレンシアは、特別に高速ルートの手続きを経ずに自治権の制限を受けないこととなった。この与野党間の合意は、

1981年7月に自治プロセス調整組織法（LOAPA）として成立した。同法は州政府、州議会、州の高等裁判所が全自治州に設置されると規定したが、従来それらの権利は高速ルート自治州固有の権利であると考えられていたため、カタルーニャとバスクの両政府は反発し、同法が違憲であると憲法裁判所に提訴した。結果、1983年8月に同法の大部分が違憲であるとする判決が下った。判決は、自治州設置プロセスを中央政府が主導することはできないとした。また憲法の欠缺を法律が補完することはできないとしたのである。このため中央政府は、LOAPA の違憲とされた箇所を削除して、自治プロセス法（LPA）として施行した。自治州設置交渉は、一律でなく州ごとに中央政府と行なわれたため、自治州によって自治憲章の内容が異なることとなった。その結果、1983年までに17の自治州による自治州国家制が成立したが、中央政府による自治州画一化の試みは失敗に終わったのである（Pelaz López, 2011: 51-53）。

（3）中央政府による再度の画一化の試み

1988年になると、すべての自治州が、設置から5年経過し、低速ルートの自治州においても自治権に関する制限がなくなり、自治州の画一化に関する議論が再燃化した。

その結果、1992年2月に二大政党であった PSOE と国民党（PP）の間で新たに自治州に関する協定が締結され、同年12月に「憲法143条によって成立した自治州への権限委譲に関する組織法」が成立した。同法の成立によって、新たに30の権限が全自治州に付与され、相対的に高速ルートと低速ルートの自治州の権限の差がなくなったのである（Pelaz López, 2011: 54-55）。

（4）カタルーニャ州政府による自治権拡大交渉

こうした中央政府の自治州画一化政策に最も反発したのが、カタルーニャ州政府であった。しかしプジョル率いる「集中と統一（CiU）」による州政権は、自治州間の差別化を要求するというよりも、さらなる権限の移管を中

央政府に求めたのである。

　PSOE 政権は 1993 年の総選挙で過半数を割り込んだため、下院において 17 議席を得ていた CiU に閣外協力を求めた。CiU は閣外協力の見返りとして、州内で徴税する個人所得税の 15 ％を自治州政府の財源に組み込める権利を得た。これは、新たに各自治州が獲得した権限によって、主に中央政府からの交付金で賄われる州財政の逼迫を招いており、その救済という側面があった（Pelaz López, 2011: 56.）。1996 年の総選挙では PP が勝利し、少数与党ながら政権交代を果たすと、PP は CiU などの地域ナショナリスト政党に閣外協力を求めた（関・立石・中塚, 2008: 235）。CiU は、閣外協力の見返りに、州財政に組み込める州内で徴税される個人所得税の割合を 15 ％から 30 ％に引き上げることに成功するなど、州財政の財源拡大を達成した（Mut y Utande, 2011: 72-74）

　ほかにもカタルーニャ州へは、2000 年にカタルーニャ州内の交通整理権が州警察へと移管されることになり、カタルーニャ州内の交通整理には国家警察及び治安警備隊が介入できなくなったのである[7]。

　少数与党であった PP 政権は、CiU の要求をほぼ全面的に受け入れたが、最終的に中央政府が掌ってきた権限をすべて自治州政府へ移管し、現在進行形で発展してきた自治州国家の完成を目指そうとした。その目的のため、1998 年までに大学等の高等教育に関する権限を自治州政府へ移管した。また 2001 年には国立保健機構（INSALUD）を廃止して、保健衛生分野の権限が自治州政府に移管された（Pelaz López, 2011: 56-57）。こうした新たに移管された権限の財源を賄うため、2001 年には経済協約を中央政府と締結していないすべての自治州において、州内で徴税される個人所得税のうち州財政に組み込まれる割合が 33 ％に引き上げられたのである（Mut y Utande, 2011: 74-75）。

　このように各自治州の権限が拡大されるなか、1998 年 7 月にカタルーニャ、バスク、ガリシアの 3 州の代表は、共同でバルセロナ宣言と呼ばれるプログラムを採択した。それは、各州が民族自決権を有するとし、将来において、各州がスペインと主権を共有することを目指すと宣言するものであった。

（5）自治憲章の改正

　2003年のカタルーニャ州議会選挙では、カタルーニャ社会党（PSC）を中心とした左派3党が、さらなる自治権の拡大を可能とするカタルーニャ自治憲章の改正を公約に掲げて勝利した。そして2004年の総選挙ではPSOEが勝利して政権を奪回すると、ホセ・ルイス・ロドリゲス・サパテロ首相は、所信表明演説で地域ナショナリストとの関係回復を目標に掲げ、自治憲章の改正を支持すると表明した。2000年総選挙で単独過半数を獲得したPP政権は、地域ナショナリストとの対決姿勢を強め、関係が悪化していたのである。

　改正カタルーニャ自治憲章は、2005年9月にカタルーニャ州議会を通過した。重要な改正点は、カタルーニャをネイションと位置づけたこと、中央政府との関係はバイラテラルであると定義したこと、州内におけるカタルーニャ語の習得の義務化等であった。憲法は、スペインのネイションを、スペインのみと規定し、カタルーニャなどの自治州のエスニシティに値するものはナシオナリダーと規定している（第2条）。またスペインにおける公用語はスペイン語とされ、カタルーニャにおいてカタルーニャ語を準公用語とすることは認められているが（第3条）、スペイン語を排除してはならないとなっていた。このため下院での自治憲章の審議において上記改正点は問題となり、事態を打開するためにサパテロ首相は、当時カタルーニャ州議会の野党第一党であったCiUのアルトゥール・マス党首と交渉した。サパテロ首相は、カタルーニャをネイションとする文言を法的拘束力のない憲章前文に挿入する代わりに、州財政に組み込める州内で徴税される個人所得税の割合を50％に引き上げるとし、マス党首も首相の修正提案に応じたのである[8]。

　結果、国会、カタルーニャ住民投票において賛成多数を得て、改正カタルーニャ自治憲章は2006年6月に成立した。この動きには多くの自治州が呼応し、多くの自治州が改正カタルーニャ自治憲章をモデルに改正を行ない、自治州国家制は一応の完成をみた。サパテロ政権は、自治州国家を連邦制国家のように機能させるための州首相会議を制度化し、さらなる権限移管を進めた結果、中央政府の権限領域は小さくなり、カタルーニャ州政府をはじめ

とする自治州政府はかつてないほど肥大化した（Pelaz López, 2011: 59-60）。この段階で実質的に中央政府から自治州政府へ移管できる権限は、すべて移管されたのである。

4．カタルーニャの独立という新たな問題の浮上

　本章では、スペインの民主化期に導入された自治州国家制の成熟過程を概観した。自治州国家制は、約30年間にわたって分離独立運動を助長させることなく、民主主義の安定に寄与してきた。自治州国家制は、導入時に完成された制度ではなく、進行形で発展する可能性を帯びた制度であったため、地域ナショナリストも自治権拡大に活路を見出し、スペインという枠内に留まることにインセンティブを得たのである。

　ところが2010年以降、一転してカタルーニャ州では独立運動が活発化している。少数派であった独立推進派が一躍カタルーニャの政治勢力の中核となったきっかけは、主に以下の2点であると考えられている。一つは、2010年に憲法裁判所が改正カタルーニャ自治憲章の一部を違憲と判断したことである。カタルーニャにおいて、住民投票で可決した自治憲章への違憲判決は、民意を踏みにじるものであるとみなされたのである。もう一つは、欧州経済危機の影響である。経済不況により州財政が危機的な状況となった2012年7月、マス州首相は緊急の財政支援とバスク、ナバーラが有する経済協約と同等の制度をカタルーニャに導入するよう中央政府に提案したが、中央政府は州財政の制度改革について同意しなかった。カタルーニャはこの中央政府の回答を嫌がらせとみなし、カタルーニャで徴税した税金のうち、交付金として中央政府から交付されるのは約60％であるので、スペインから独立すればカタルーニャで徴税した税金をすべて自由に使え、より豊かになると一般に主張されるようになったのである。

　その後、2012年11月に行なわれた州議会選挙において、与党CiUはスペインからの独立を公約にし、2014年11月には中央政府の許可を得ずに法的拘束力のない代替投票というかたちで独立の是非を問う住民投票を実施した。

また 2015 年 9 月の州議会選挙は、独立の是非を争点として行なわれた。

　自治州国家制の導入から約 30 年間、スペインでの分離独立運動は ETA による活動を除き、ほとんどなかった。カタルーニャの独立運動にしても、その主要な契機は欧州経済危機である。カタルーニャ州政府は、自治州国家制の発展とともに独自の政策を展開し、州財政を肥大化させた結果、経済不況の影響を最も強く受けた。カタルーニャ州以外の自治州で独立運動が高揚していないことからも、自治州国家制が分離独立運動を助長する効果を持つと言い切るのは簡単ではないと考えられる。

　他方、連邦制と遜色ない自治州国家制に分離独立運動を抑止する効果があると信じ、そのために進められた自治州政府への過度な権限移管が積み重なることによって、一転して分離独立運動を助長させる機能を果たしたという見方がある。理論的にも、近年の連邦制の比較研究は、民族対立を緩和する効果の永続性に疑問を呈している。たとえばローダーは、歴史上成立した多民族連邦国家 18 カ国のうち現存しているのは半数だけであるとし（Roeder, 2010: 15）、キャメロンは、連邦制が国家の分裂を永続的に阻止する能力に疑問を呈した（Cameron, 2010: 116）。スペインにおいても、近年カタルーニャの独立運動が活性化している原因を、現行の自治州国家の制度的欠陥に帰する見解が強まり、民主化期にさかのぼって、その制度設計に問題の淵源を探る試みが盛んである。こうした議論に基づけば、自治州国家制に分離独立運動を抑止する効果がないために、カタルーニャの独立運動が盛り上がっているという議論も可能であろう。果たして制度の初期不良が現在の事態を招いているのか、その後の制度の手直しが逆効果を生んでいるのか、それとも連邦制が時限爆弾のように長期的な危機を生み出す欠陥商品なのか、スペインの事例はその考察に格好の材料を与えてくれるだろう。

1）「国家性」の問題とは、「政治的共同体が構成する国家の領域的境界に重大な不一致が存在し、その国家内で誰が市民権をもつかをめぐって深刻な対立が見られる」ことである（リンス＆ステパン, 2005: 47）。
2）民主化直後の 1979 年のカタルーニャの有権者の意識では、独立を支持すると答えた有権者は 15 ％しかいなかった（Powell, 2011: 32）。
3）Real Decreto 2099/83, de 4 de agosto, sobre ordenación general de precedencias de

España.
4) バルセロナ県中央政府代表部の資料館（Archivo de la delegación del gobierno de Cataluña）には、バルセロナの動向を伝える電報が多数残されている。
5) 全自治州のなかでバスク州とナバーラ州のみが有する権利である。
6) 1979年にはETAが愛国主義者であると考えている人は17.1％であったが、1989年には5％に減少している（Linz and Stepan, 1996: 105）。
7) http://mossos.gencat.cat/ca/els_mossos_desquadra/historia_de_la_pg-me/（アクセス日：2014年11月3日）
8) *El País*, 23 de enero de 2006.

【参考文献】
Barbería, J. L., (1996) "Entrevista con Carlos Garaikoetxea," S. Juliá, J. Pradera y J. Prieto (coord.), *Memoria de la transición*, Taurus, pp.424-429.
Cameron, D. (2010) "The Paradox of Federalism: Some Practical Reflections," J. Erk and L. M. Anderson (eds), *The Paradox of Federalism. Does Self-Rule Accommodate or Exacebate Ethnic Divisions?*, Routledge, pp.115-125.
Deschouwer, K. (2010) "Towards a Regionalization of Statewide Electoral Trends in Decentralized States: The Cases of Belgium and Spain?," W. Swenden and B. Maddens (eds.), *Territorial Party Politics in Western Europe*, Palgrave Macmillian, pp.31-46.
Fuentes, J. F. (2011) *Adolfo Suárez. Biografía Política*, Editorial Planeta.
Mut Aguilar, I. y Utande San Juan, J. M. (2011) "Autonomía y corresponsabilidad en el nuevo sistema de financiación autonómica," *Presupuesto y gasto público*, n° 62, pp.67-83.
Linz, J. and A. Stepan (1996) "The Paradigmatic Case of Reforma Pactada - Ruptura Pactada: Spain," *Problems of Democratic Transition and Consolidation: Southern Europe, South America and Post-communist Europe*, The Johns Hopkins University Press, pp.87-115.
Ortiz, M. (2006) *Adolfo Suárez y el bienio prodigioso (1975-1977)*, Editorial Planeta.
Pelaz López, J.-V. (2011) "Treinta años de autonomías: de la descentralización a la deconstrucción," J.-V. Pelaz López (dir.), *El estado y las autonomías. Treinta años después*, Universidad de Valladolid, pp.41-64.
Powell, C. (2011) "El nacimiento del Estado autonómico español en el contexto de la Transición democrática," Pelaz López, José-Vidal, *El estado y las autonomías. Treinta años después*, Universidad de Valladolid, pp.21-39.
Pujol i Soley, J. (2008) *Memorias (1930-1980). Historia de una convicción*, Ediciones Destino.
Roeder, P. G. (2010) "Ethnofederalism and the Minmanagement of Conflicting Nationalisms," J. Erk, and L. M. Anderson (eds.), *The Paradox of Federalism. Does Self-Rule Accommodate or Exacebate Ethnic Divisions?*, Routledge, pp.13-29.
Tarradellas, J. (1999) *Ja sóc aquí*, Editorial Planeta.

関哲行・立石博高・中塚次郎編（2008）『世界歴史大系スペイン史2　近現代・地域から

の視座』山川出版社。
スウェンデン、W.（2005）『西ヨーロッパにおける連邦主義と地域主義』山田徹訳、公人社。
リンス、J. & A. ステパン（2005）『民主化の理論――民主主義への移行と定着の課題』荒井祐介・五十嵐誠一・上田太郎訳、一藝社。
レイプハルト、A.（2005）『民主主義対民主主義――多数決型とコンセンサス型の 36 カ国比較研究』粕谷祐子訳、勁草書房。

第7章
イギリスにおける連邦的解決をめぐる政治とスコットランド
安定か不均衡な連合の継続か

小舘尚文

1. 緒言

　イギリスは、グレートブリテンおよび北部アイルランド連合王国という名称が示すように、イングランド、スコットランド、ウェールズ、北アイルランドから構成される連合王国である。連合王国が誕生したのは、1707年4月、イングランドとスコットランド両国間で締結された連合条約により、スコットランド議会が消滅したことに遡る。しかし、成文憲法を持たないイギリスでは、これまで形式的には、議会主権に依拠する集権的国制が固持されてきた。そのため、いわゆる単一国家（unitary state）ではなく、ユニオン・ステート（union state）(Rokkan and Urwin, 1982) と分類されている。近年では、地域ごとに不均一な権限委譲（devolution）が進み、「協力的不均衡」(Bulmer et al., 2006) に基づく連合とも表現されている（Mitchell, 2006; 山崎, 2008）。

　多極共存型民主主義を提示したオランダの政治学者アレンド・レイプハルトは、民主主義を多数決型と合意形成型の二つに大きく分類したことでも知られているが、この分類によれば、イギリスは、安定した集権的国制を持つ、多数決型民主主義の典型例であり、連邦制を持つ多くの国々とは一線を画している。それでは、イギリスにとって、連邦制とは、まるで相容れない概念なのだろうか。これが、本章で取り上げる大きな疑問である。

　1970年代に本格的に始まった権限委譲の政治運動は、当初は実を結ばな

かったものの、1990年代半ばにトニー・ブレア率いる野党労働党が、政権奪還に向けて目玉政策の一つとしたことで復活した。こうして、1999年にはスコットランド、ウェールズ、北アイルランドに地域議会が設置され、その後は、イギリスも「準連邦国家」（quasi-federal state）（Laffin and Thomas, 1999; Bogdanor, 2003; Horgan, 2004; Flinders, 2010）の特徴を帯びるようになった。しかし、今日まで連邦制は導入されていない。本章では、なぜイギリスでは連邦制がとられてこなかったのか、という疑問に、スコットランドを切り口としながら答えてみることにしたい。

はじめに、イギリスにおける「連邦制」概念の歴史的展開を概観し、主に、スコットランドへの権限委譲をめぐる政党政治と政策空間の実現を通じて、集権的国家の維持か、分権的社会にむけた制度整備かという対立軸が構造化されていった過程について考察する。この作業を通じて、連邦国家を採択しなかったイギリス政治に内在してきた二つの力学、つまり、統一を維持しようとする求心的ベクトルと分離を志向する遠心的ベクトルが交錯してきた過程を明らかにすることができる。2014年、独立をめぐる住民投票にまで漕ぎ着けたスコットランドのナショナリズム運動は、最終的にイギリスに連邦的解決をもたらすことになるのだろうか。また、連邦制をめぐる究極の問題である、連邦的解決が安定的均衡をもたらすのか否かという点についても最後に言及する。

2．イギリスにおける「連邦制」概念の歴史的展開とスコットランド

政治学者ウィリアム・ライカーは、1964年に、カナダ、オーストラリア、インド、ナイジェリア、マレーシアといった連邦制を持つ国々の3分の1が、イギリスの旧植民地であることに触れ、「連邦制の形成を助ける特別な何かが、イギリスの政治的伝統の中にあるはずである」（Riker, 1964: 25）と記している。しかし、同時に、これといって納得のいく伝統は見つけることができなかったとも述べている。

このイギリスの政治的伝統とは一体何なのか、ということについては、

ジョン・ピンダーやマイケル・バージェスといった研究者たちが、長年、歴史的分析を行ってきた。彼らの分析から、世界に連邦制概念が普及する過程や、欧州統合の形成過程で、イギリスのライオネル・ロビンズといった経済学者の考えが果たした役割が明らかにされている（Pinder, 1998；戸澤・上原, 2008）。そもそも、イギリスで「連邦」やその形容詞が使用されるとき、そのほとんどが、欧州共同体（欧州連合）や英連邦のことを指している。

イギリスと「連邦制」概念について考える際に興味深いのは、その概念が、ユニオン・ステートという特殊な国民国家形成の歴史（Rose, 1982）と英帝国という国際関係の中に埋め込まれており、国内・外交を明確に切り離して考えることができないという特徴である（Burgess, 2008；Kendle, 2006）。そして、19～20世紀のイギリスにおいて、帝国および連合王国の統一維持を至上命題とする政権中枢の政治勢力にとって、「連邦制」は、遠心力を持つ可能性の高い、負の意味合いを持つ概念となっていった。

1873年、アイザック・バットがアイルランドで、イギリス全域で自治を促進する自治連盟を結成した。アイルランド問題の解決策としての「自治」（Home Rule）に絡んで、（スコットランド、ウェールズも含むいわゆる「ケルト的周辺域」（Celtic Fringe）に自治を与えるという）「広範な自治」という考えかたが生まれ、連邦制導入の可能性も浮上した（Kendle, 1989）。

しかし、ウィリアム・グラッドストンが1886年にこの「広範な自治」という選択肢を退けて、アイルランド自治法案を提出したことで、これに反発したジョゼフ・チェンバレン率いる諸派が、自由党を脱党し、自由－統一党を結成する。また、スコットランドでは、アイルランド自治法案の提出に際して、スコットランド自治協会が結成された。同年には、スコットランド独自の行政課題に対応するため、スコットランド省が設置され、スコットランド担当大臣のポストも創設された。「ケルト的周辺域」におけるナショナリズムは、アイルランドの自治問題によって大いに刺激されたことは間違いない。しかし、1886年と1893年にアイルランド自治法案が議会で否決されると、連邦制概念を適用するという議題は、1910年になるまで取り上げられることはなかった。

第 7 章　イギリスにおける連邦的解決をめぐる政治とスコットランド

　イギリスにおいて、連邦制が最初に大いに議論されるようになったのは、英帝国をめぐってのことだった。1870 年代、英帝国の覇権に陰りがみられるようになり、国内でも急速に進む都市化のなかで、労働者階級が急進化し、アイルランドでも独立運動が盛んになるなど国内政情は不安定化した。そのなかで、王立帝国協会では、連邦主義についての議論が盛んに行われたという（Reese, 1968）。1884 年には、帝国連合連盟が結成され、1893 年に解体されるまでの約 10 年間に、オーストラリア、カナダ、ニュージーランドなど各国に支部が設置され、帝国を連合化するという連邦制のアイディアは、多くの支持者を得た。

　1892 年以降も、英帝国の連邦化構想は、英国帝国連盟などでも議論の対象となり、1909 年から翌年にかけて、ミルナー卿やライオネル・カーティスなどが結成した「円卓会議」運動によって引き継がれていくこととなった。この運動は、アイルランドやインドの自治に向けた動きを肯定的に捉えていたといわれている（高橋, 1985; Kendle, 1989）。

　1912 年、ついにハーバート・アスキス内閣は、第三次アイルランド自治法案を提出し、1914 年に法案が成立した。しかし、本国と切り離されたくない反対派ユニオニストがこれに反発し、アイルランドではカトリック教徒の多い南部とユニオニストの多い北部の間での対立が激化する。そんななかで、第一次世界大戦が勃発したため、アイルランド問題は再び棚上げされてしまう。戦争が硬直状態に陥り、国家総力体制となっていくと、1916 年には、政府がアイルランドを除く地域で徴兵制を導入したものの、結局、ダブリンでイースター蜂起が生じ、これを弾圧したことで、アイルランド問題はより悪化するという事態を招いてしまう結果となった（岩田・丸山・西・下楠, 2010）。

　1916 年 12 月アスキス内閣が退陣すると、今度は、デイビッド・ロイド・ジョージ自由党内閣が成立した。1917 年には、英帝国の自治領による帝国会議を招集し、さらなる自治を認めることとなった（木畑, 2014）。1918 年、戦争の激化とともに、アイルランドに徴兵制を導入する必要性が生まれると、再び、妥協策として、連邦制導入の提案が一時的に本格化する（Burgess,

127

2008)。「円卓会議」運動のフレデリック・オリヴァーとセルボーン卿が中心人物であったが、ロイド・ジョージ首相も連邦的解決に反発するアルスター・ユニオニストの説得を試みた。歴史家のジョージ・ボイスとジョン・スタッブスは、イギリスの四つの地域に連邦制の導入に成功したとすれば、この機会を除いてほかにはありえなかっただろうと述べているが（Boyce and Stubbs, 1976)、結局、アイルランドでの徴兵制導入が優先されるなかで、連邦制実現の夢は潰えてしまった。

1918年には、スコットランドで自治協会が再編され、1920年には英愛条約の締結により、1922年、アイルランド自由国の樹立が認められる。これによって、連邦制の採用可能性はさらに遠のき、逆に、北アイルランドという「地方／国」を包含したユニオン・ステートの特徴をさらに強めていくこととなる。1918年から22年にかけての時期は、それまでイギリス「国内」政治において、連邦制的解決策が持っていた可能性が失われた決定的局面だったといえる。

政党政治において、アイルランド自治の問題を「広範な自治」という解決策で収めようとしてきた一大政治勢力、自由党が衰退し、1920年代になると、代わって労働党が「全国民の政党」となる。保守党と労働党の二大政党制は、この時期を境にその基礎が築かれていった。一方、アイルランド自治問題が国内政治から切り離されると、連邦的解決から取り残されたのは、主に「ケルト的周辺域」であった。特にスコットランド自治を要求する連邦主義者は、1920年代に中央集権的な政策へ傾倒し、ユニオニズムが主流となっていった労働運動とは袂を分かち、1928年に、民族スコットランド党を結成した。これが今日のスコットランド国民党（Scottish National Party, SNP）につながっていく源流となったのである。

次に、連邦制の概念が、イギリスの外交的スタンスと国制とを結びつけて議論となったのは、第二次世界大戦が生じた際のことであった。1938年9月、ミュンヘン協定にネヴィル・チェンバレンが合意したことをきっかけに、ロンドンで、連邦主義の支持者が集まり、「連邦推進組合」が組織された。この連邦推進組合は、研究、討論および政治的活動を通じて、世界平和、経済

的安定および市民権を確立するために、すべての民主主義政府において連邦制を推進することを目的としていた。連邦主義をめぐる議論は、その後、1939年から40年にかけて活発化するが、その中心にいたのが、戦後イギリス福祉国家の始祖となるウィリアム・ベヴァリッジであった。

　こうしたイギリスにおける連邦主義の概念やそれにまつわる組織による運動は、長期的には、英帝国の精算とイギリス国家の主権の絶対視の希釈に一定の役割を果たした。しかし、当時のイギリス国制をめぐる議論において、連邦主義者が持っていた影響力はほとんどなかったといえる。実際、戦後イギリスで、ベヴァリッジほかによって提案された社会改革綱領をすくい上げた政治勢力は、連邦的解決を推進してきた自由党ではなく、労働党であった。戦後イギリスの福祉国家が成立する過程では、イギリスの国制の一体性が前提とされ、集権的国制が暗黙の合意となっていった。

　もし、第一次世界大戦後の決定的局面で、「広範な自治」が実施され、連邦制に移行していたら、アイルランドを含む当時のイギリスに多極共存型の連邦制国家が成立していたかもしれない。しかし、実際、アイルランドは1937年に共和国として独立し、1949年には英連邦からも離脱する。そして、イギリスには、北アイルランドが「国内／外交問題」として残されるとともに、本土でも「単一国家」対「連邦国家」という領域を巡る対立軸が潜在的に残存するかたちとなった。この対立がもっとも先鋭化していったのが、スコットランドというわけである。

　次節では、戦後のスコットランドをめぐる政党政治のなかで、連邦的解決策が、権限委譲というかたちで温存されていった様子についてみていくこととする。

3．政治的妥協の産物としての権限委譲

（1）「不均衡な連合」の基盤と反集権的国制を支持する政治勢力の温存

　イギリスは、選挙による明確な政権選択と安定した政府とを兼ね備えた多

数決型民主主義のモデル国とされてきた。その際、前提とされるのが、政権政党である与党と、最大野党（頭文字を大文字で表記する Opposition）とが、二大政党として競い合うスタイルである。また、いかなる非常事態でも、野党が政権運営することができるように、最大野党は「影の内閣」を組閣し、最大野党党首には、憲政的に特別な立場が与えられてきた。しかし、実際の戦後イギリスの政党政治システムは、「二大政党プラス半」（Webb, 2000）が規範となってきた。連邦制が表立って議論されることがなかったイギリスで、一貫して連邦制導入を主張し続けた勢力が、2015年総選挙まで第三党（プラス半）の立場を堅持してきた、自由党の流れを組む自由民主党である。

連邦制の概念が、政党政治のなかで主張され続けてきたことと同様に、スコットランド独自の社会制度が残存していたことも重要であった。1707年にイングランドと併合されたスコットランドでは、議会の消滅によって、政治的自立性が失われた。しかし、その後も法律体系、裁判制度、教会や教育制度など、イングランドと異なる独自の制度が維持されてきたことはその後の権限委譲の根拠となった（山崎, 2011）。言語によるアイデンティティが微弱なスコットランドで、こうした差異化ができる社会制度があったことは、独立および分権を主張する正統性にとって大変重要な要素であった（小舘, 2001；2014a）。

1960年に北海油田が発見されると、経済政策とも結びついて、ナショナリズムが再び活発化する。1970年代に入ると、スコットランドの政党政治は、イギリスの他地域とは異なり、全国をベースとする三つの主要政党とスコットランドのみをベースとする地域政党とが争う四大政党制の様相を呈することとなった。それ以来40年間にわたり、スコットランドでは、連邦という言葉こそ用いられることは少なかったものの、集権的単一国家に挑戦する、領域に根差した政治勢力が常に存在し、政党政治のなかに定着することとなる。

1970年代以降高まったSNPからの圧力やウェストミンスター議会内の不安定な政治状況を背景に、スコットランド議会の再設置をめぐる最初の住民投票が、1979年3月1日に実施された。結果は、賛成派が多数を占めたものの（賛成51.6％、反対派48.4％、投票率63.7％）、全有権者のうち40％を

越える賛成票がなければならない、との「40％条項」ゆえに否決され（賛成票は、全有権者の32.9％だった）、議会設置には至らなかった。しかし、1910年代末から1920年初頭が、イギリスと連邦主義を結びつけるうえで第一の決定局面だったとすれば、1970年代末は、第二の決定的局面だったといえる。まず、単一国家の中に二つの議会を並存させるという権限委譲が孕んだ矛盾を労働党議員のトム・ディエルが「ウェストロジアン問題[1]」(West Lothian Question)として指摘したのは1977年であった。そして、中央政府からの一括交付金の算出方法である「バーネット・フォーミュラ[2]」(Barnett Formula)が採用されたのも1978年である（Bell and Christie, 2002）。どちらも、ナショナリズム勢力に屈して、スコットランドに有利なかたちで提示された政治的妥協案として、今日に至るまで批判されてきた（北村, 2001; 山崎, 2011）。

　1980年代に入ると、サッチャー保守党政権の下、スコットランド・ナショナリズムは、さらに強まっていく。そして、1989年にコミュニティ・チャージ（人頭税）が、他の地域よりも1年早くスコットランドに導入されたことで、政権への批判は絶頂に達した。その結果、総選挙における保守党のスコットランド選出議員数（全72議席）は、1980年代初頭の20議席程度から半減し、1997年にブレア率いる労働党が全国的な地滑り的勝利を収めた選挙で、ついにゼロとなった。

　1979年からほぼ20年を経た1997年、権限移譲をめぐる2度目の住民投票では、6割以上の有権者が課税権を持つ独自の議会および行政府を持つことを選択した。1999年5月6日には、スコットランド議会選挙（全129議席）が実施され、労働党のドナルド・デュアーが初代スコットランド主席大臣に選出され、自治政府がスタートした。議会には、所得税率を上下3％の範囲内で調整する権限が付与され、教育・医療など特定の政策分野において一次的立法権がある。なお、ウェールズでも1997年に住民投票が行われ、賛成派50.3％、反対派49.7％（投票率50.1％）という僅差の多数票で議会設置が可決されるとともに、1998年5月には、北アイルランドでの議会設置をめぐる住民投票が南北アイルランドで実施され、多数の合意により開設が決

定した。

　成文憲法を持たないという独自の憲法構造がゆえに、連合王国の各「構成国」では、歴史的経緯や事情に応じて、臨機応変（もしくは場当たり的）に政治的・行政的対応が可能となった。しかし、地域によって採用されてきた異なる対応は、「不均衡な権限委譲」（asymmetric devolution）を生んだ。これは、地域の政治状況に応じて、擬似連邦的解決を施してきたことによる矛盾（Laffin and Thomas, 1999; Tierney, 2009）である。

　そして、「不均衡な権限委譲」には批判もあるものの、これまで微妙な安定をもたらしてきた大きな要因として、イングランド・ファクターを挙げておかねばならないだろう。分権推進者が目立つスコットランドとは対照的に、イングランドでは、内部で分権を進めようという議論がごく最近までほとんどまったくみられなかった[3]。しかし、スコットランド独立をめぐる2014年の住民投票キャンペーンを通じて、変化の兆しがみられている。

（2）独立運動を通じた分権の推進

　スコットランド議会には、選挙制度として比例代表制も組み込まれ、議会運営には、委員会制度も導入されるなど、与党・野党の二大政党を基盤とする対決型の議会民主制から、よりヨーロッパ大陸に近い多党制を持つ合意型への移行が目指された。女性議員の割合も35％に増えて（ウェストミンスター議会22％）、政治に新たな風を吹き込むこととなった。

　議会開設後の2回の選挙（1999年、2003年）では、イギリスの政権与党であった労働党が、スコットランド議会でも多数派を占めた。しかし、ブレアからゴードン・ブラウンへと政権が移行し、経済危機を迎えて、政権運営も厳しい局面を迎えると、労働党への支持は陰りをみせ始め、2007年スコットランド選挙では、ついに労働党がSNPに1議席差で敗れて、野党に転落する。これにより、はじめて、SNP党首であるアレックス・サモンドが、少数派政権を率いるスコットランド主席大臣となった。

　SNP政権は、2007年8月に白書『スコットランドの未来を選択する――

国民の対話』を発表し、集会の開催など独立に向けた動きを開始する。折しも 2010 年 5 月イギリス総選挙で労働党が保守党に敗退を帰す結果となったことで、ロンドンに再び保守党を中心とする政権が誕生する。エディンバラ（ホリルード）のスコットランド政府は、独立を標榜する SNP、そしてロンドンのイギリス政府は、独立・権限委譲に反対してきた保守党という、中央・地方政府間の「ねじれ」現象が生じたことになる。

　カリスマ政治家として知られるサモンド主席大臣率いる SNP 政権は、この「ねじれ」を利用し、独立に前向きな議論を展開してきた。医療・教育などの社会政策面では独自裁量権が認められているとはいえ、その権限、とりわけ財源は限られており、スコットランドの民意が反映できないのはおかしい。中道左派的志向の強いスコットランド有権者は、北欧諸国のような高負担・高福祉型の社会づくりを期待していると主張した。保守党主導の政権下では理想の社会が実現不可能であり、選択肢は、権限委譲を進めるか、独立よりほかにない。スコットランド独立運動の背景には、民族意識への覚醒もさることながら、こうした政党間政治や政策議論があることは特筆に値する。

　2011 年 5 月のスコットランド議会選挙でも、SNP が再選され、この「ねじれ」の構図は継続された。とくに、過去 16〜17 議席を獲得してきた自民党が 12 議席を失い、保守党、労働党はそれぞれ 2 議席、7 議席を失った。失われた議席は SNP に流れ、SNP 単独政権が誕生した。

（3）2014 年住民投票——「集権対分権」から「中央対周辺」への回帰

　SNP への住民の支持は、2011 年選挙の勝利で固まったかのようにみえ、スコットランド政府にとって、分離独立運動を強力に進める環境が整った。しかし、選挙による信任は、必ずしも独立支持を意味するのではなく、SNP 政府の交渉能力の高さ、つまり、イギリス政府に対峙する姿勢や機能への評価である、というのが大方の見かたであった。

　世論調査から独立への懐疑心や未知への不安が住民のなかにあることを察して、デイヴィッド・キャメロン首相は、2012 年 10 月、サモンド主席大臣

と会談し、住民投票実施に関する合意（エディンバラ合意）を交わすことで政治的賭けに出た（Keating, 2014）。両政府は、住民投票が「明確な法的根拠を持つこと」で合意したものの、文言自体では意見が割れ、結局、独立に賛成か反対かというシンプルな問いかけに限定されることとなった。

2012年末に始まったキャンペーンの反対派陣営は、最大野党である労働党がリードし、ユニオニストである保守党を含む「主要3政党」対「SNP・緑の党ほか」という構図となった。

そして、2014年9月18日、賛否伯仲と予想されるなか、分離独立に対して、スコットランドの住民は、賛成44.7％、反対55.3％で否決という決断を下した。投票率は84.5％にも達し、「国民」の高い関心を示していた。投票では、勝ったはずの労働党ではあったが、否決後は意外にもSNPへの加入者が増え続け、労働党支持者を蝕んでいった（小舘, 2014b）。住民投票キャンペーンを通じて、伝統的支持者は、「より平等な社会」を求める急進勢力としてSNPを支持するようになっていた。また自民党も、自治や連邦的解決を一貫して推進してきた政党だっただけに、独自色を失ってしまった。キャンペーンは、「集権対分権」から「中央対周辺」という政治対立の構図に回帰したことも意味していたといえる。

政策の差異化による準連邦制化の進展

イギリスにおける連邦的解決を推進する勢力としてSNPが果たしてきた役割が大きいことは上にみてきたとおりである。よく民族主義政党として分類されるSNPであるが、有権者の声に対応して、プラグマティズムに徹してきたということは、スコットランド議会設置後の政策運営をみてもわかる。政治学者ウィリアム・ミラーは、SNPが、民族主義や独立に必ずしもこだわらず、急進的な地元の政治文化も受け入れながら、未来志向で、多文化主義やグローバリズムもマニフェストに反映させてきたことに触れている（Miller, 2008）。

一方、政権政党にかかわらず、権限移譲後のスコットランド政府は、限ら

れた財政や政策自律性のなかで、独特の政策運営を行うことに成功した。実際、手厚い社会福祉サービスを求める普遍主義的志向は強まり（McCrone, 1998; McEwen, 2002）、とりわけ、医療と高等教育で、独自色を出したことの意味は大きい（Greer, 2004; Keating, 2005; Béland and Lecours, 2010）。たとえば医療政策では、2002年、介護医療サービスを無償化し、市場競争を導入するイングランドとは異なる道を選んだ。そして、病院の効率性やパフォーマンスを指標化し、公表するなど、競争原理を採りいれてサービスの質の向上が目指されたイングランドに対して、スコットランドでは、協力やコミュニティ、連帯という言葉をキーワードとして、あえて競争原理を排除する選択をした（Bevan, 2010; Cheyne, 2015; 小舘, 2006）。また、公衆衛生の領域でも、タバコ規制に連合王国内ではいち早く着手し、禁煙法を2006年に制定した。2010年には、大学授業料の有償化に踏み切ったイングランド他の地域とは異なり、（スコットランドおよびEU加盟国出身学生に対する授業料を）無償のままとすることを決定した。

　スコットランドの政治家は、社会政策分野において、こうした大胆な普遍主義的政策選択を行った。こうして、重層化する統治機構のなかで、スコットランドという領域に根ざした政治空間が明確に内外から認識されるようになり、社会政策を通じて、共同体意識はさらに高まっていったことが考えられる。スコットランドが独立した場合、同じような手厚い社会政策が運営できたか否かは、ポンドの維持、北海油田からの実際の収益ほか、外部要因に規定されるところも多分にあり不明である。こうした手厚い福祉社会サービスは、共同体意識を高める一方で、独立のリスクを余計に大きく感じさせる効果もあっただろう。

　政治的妥協の産物としての権限委譲は、主に、独立を目指すSNPという遠心的ベクトルを推進する政治勢力に対抗して、統一を維持しようとする求心的ベクトルの代表勢力である労働党の間の政党間競争によって進められてきた。選挙制度における比例代表制度の導入を含めて、連邦的解決を目指してきた自民党は、二つのベクトルの間に埋没し、また、イングランドにおいて分権化もしくは連邦的措置を求める勢力が欠如してきたことによって、イ

ギリス全体での連邦制をめぐる議論はこれまで活発にはならなかった。イギリスにおける連邦制概念は、英帝国の喪失やヨーロッパにおける共同体構想と密接に結びついているところがあり、アイルランドの独立を転換期として、国内ではモメンタムを失った。そのうえ、議会主権の長い伝統への固執から、連邦的解決策が国制に適用されることは政治階層のなかでは回避されるべきものとされてきた向きが強い（Laffin and Thomas, 1999; Bogdanor, 2003）。

しかし、スコットランドを中心に進んできた分権化によって、イギリスは、準連邦的性格を強く帯びつつあることは否定できない。そして、2014年9月の分離独立の危機、2015年5月の総選挙でウェストミンスター議会の第三勢力としてSNPが台頭してきたことをきっかけに、連邦的解決にむけた取り組みは避けては通れない段階に入っている（Cairney, 2014）。

最後に、イギリスにおいて、今後「不均衡な連合」を打開する方策が提示されていくのかどうか、そして、連邦制が均衡をもたらす措置となりうるか否か、ということについて、最近の動きも考慮しながら記すことで結語としたい。

4．結語──イギリスにおける連邦制の今後

以上みてきたとおり、二大政党制や多数決民主主義型の典型例として知られ、集権的な政治体制を維持してきたイギリスだが、連邦制を支持する勢力や連邦制に基づく解決策が模索された局面はあったことがわかった。そして、アイルランドの独立後も、「集権対分権」の対立軸は残存し、主にスコットランドで引き継がれた。その対立の結果、権限移譲というアドホックな対応策が徐々に推し進められることとなり、予算の配分手法や地域ごとに異なる政党政治によって、連合王国の不均衡化および準連邦的性格が強められてきた。

独立をめぐる住民投票までは、この対立構図のなかで、不均一な地方分権、スコットランド議会による独自政策の展開について理解することは可能であった。しかし、2015年5月の総選挙で、SNPがウェストミンスター議会

における第三勢力になったことで、「中央対周辺」の対立軸がこれまでにないほど鮮明なものとなっている。

　イギリスの準連邦的な枠組みは、これまでも政治的交渉と意思決定の連続によって構築されてきた。今後も、政治的ダイナミックスが事態を動かしていくことになるだろう。2015年10月には、ウェストロジアン問題の解決策として、イギリス議会のなかで、イングランドのみに関係する法案に関しては、投票権がイングランド選出議員にしか与えられないという法案（English Votes for English Laws）が通過して、波紋を呼んだ。これを皮切りに、連邦化に向けた制度整備が始まるのか、分離独立の議論が再び巻き起こってくるのかは、2016年5月のスコットランド議会選挙の結果や、野党労働党の動きとも絡み合い、先がみえない。また、連邦制が採用されても、安定した均衡をもたらすかどうかの保証もない。

　そして、これまでと同様、イギリスにとっては、世界における位置づけも国内体制を考えるうえで大切な軸であり続けるだろう。2016年6月のEU残留・脱退をめぐる国民投票で、脱退が選択されたという決定を受けて、国制をめぐる議論はスコットランドほか各地で再び活発化している。イギリスと連邦制との関係は、今後深化していく可能性を大いに秘めているのである。

1) スコットランドに議会を開設しながら、その他の地域には地方議会を開設しないということによって生じるスコットランドの代表超過という歪な統治構造を指す。
2) イギリスでは、中央政府からの交付金によって地域政府や地方自治体の活動は賄われている。バーネット・フォーミュラとは、この財源算出方法のことである。前年度の一括交付金総額を基本としながら、翌年の変化（予算増減）をどのように地域別配布分に反映させるかを決定するメカニズムである。導入されたのは1978年であるが、配布分に関して対イングランド人口比で算出されるという手法は、19世紀末に導入されていたものであり、歴史的連続性がみられる。また、政策別ではなく、領域ごとに配分する方法を採用していることから、スコットランドでさらに財政連邦主義を目指すという権限委譲の主張にもつながっている。市民1人当たりの政府支出額が、イングランドと比べて高水準であることから、多くの批判を浴びてきた。
3) 一例として、ブレア労働政権の権限委譲政策の一環として、北東イングランド地域で、地方議会開設の住民投票が2004年に行われた。しかし、約8割が反対票を投じたことで却下され、ヨークシャー他での地方議会創設、住民投票の計画は立ち消えとなった。

【参考文献】

Béland, D. and A. Lecours (2010) *Nationalism and Social Policy: The Politics of Territorial Solidarity*, Oxford University Press.

Bell, D. N. F. and A.C. Christie (2002) "A New Fiscal Settlement for Scotland," *Scottish Affairs*, Vol.41, No.1 (Autumn), pp.121–140.

Bevan, G. (2010) "Impact of Devolution of Health Care in the UK: Provider Challenge in England and Provider Capture in Wales, Scotland and Northern Ireland?," *Journal of Health Services Research and Policy*, Vol.15, No.2, pp.67–68.

Bogdanor, V. (2003) "Asymmetric Devolution: Towards a Quasi-federal Constitution?," in P. Dunleavy, A. Gamble, R. Heffernan and G. Peele (eds.), *Developments in British Politics 7*, Palgrave, pp.222–241.

Boyce, D. G. and J. O. Stubbs (1976) "F.S. Oliver, Lord Selbourne and Federalism," *Journal of Imperial and Commonwealth History*, Vol. 5, No.1, pp.53–81.

Bulmer, S., M. Burch, P. Hogwood, and A. Scott (2006) "UK Devolution and the European Union: A Tale of Cooperative Asymmetry?," *Publius*, Vol.36, No.1, pp.75–93.

Burgess, M. (2008) "The British Tradition of Federalism: Nature, Meaning and Significance," in Stanley Henig (ed.), *Federalism and the British*, The Federal Trust, pp.35–61.

Cairney, P. (2014) "A Crisis of the Union," in D. Richards, M. Smith and C. Hay (eds.), *Institutional Crisis in 21st-century Britain*, Palgrave Macmillan, pp.148–165.

Cheyne, H. (2015) "Scotland," in P. Kennedy and N. Kodate (eds.), *Maternity Services and Policy in an International Context: Risk, Citizenship and Welfare Regimes*, Routledge, pp.106–129.

Flinders, M. (2010) *Democratic Drift: Majoritarian Modification and Democratic Anomie in the United Kingdom*, Oxford University Press.

Greer, S.L. (2004) *Territorial Politics and Health Policy: UK Health Policy in Comparative Perspective*, Manchester University Press.

Horgan, G. (2004) "Inter-institutional Relations in the Devolved Great Britain," *Regional and Federal Studies*, Vol.14, No.1, pp.113–135.

Keating, M. (2005) "Higher Education in Scotland and England after Devolution," *Regional and Federal Studies*, Vol.15, No.4, pp.423–436.

―――― (2014) "The Scottish Referendum: Different Roads to the Same Place," Lecture (8 September 2014), Academy House, Royal Irish Academy.

Kendle, J. (1989) *Ireland and the Federal Solution: The Debate over the United Kingdom Constitution, 1870–1921*, McGill-Queen's University Press.

―――― (2006) *Federal Britain: A History*, Routledge.

Laffin, M. and A. Thomas (1999) "The United Kingdom: Federalism in Denial?," *Publius*, Vol.29, No.3, pp.89–107.

Lijphart, A. (1998) *Patterns of Democracy*, Yale University Press.（粕谷祐子訳『民主主義対民主主義』勁草書房、2005 年）

McCrone, D. (1998) *The Sociology of Nationalism*, Routledge.

McEwen, N. (2002) "State Welfare Nationalism: The Territorial Impact of Welfare State Development in Scotland," *Regional and Federal Studies*, Vol.12, No.1, pp.66–90.

Miller, W. L. (2008) "The Death of Unionism?," in T.M. Devine (ed.), *Scotland and the Union 1707-2007*, Edinburgh University Press, pp.175-192.
Mitchell, J. (2006) "Evolution and Devolution: Citizenship, Institutions and Public Policy," *Publius*, Vol.36, No.1, pp.153-168.
Pinder, J. (ed.) (1998) *Altiero Spinelli and the British Federalists*, Federal Trust.
Reese, T. (1968) *The History of the Royal Commonwealth Society, 1868-1968*, Oxford University Press.
Riker, W. H. (1964) *Federalism: Origin, Operation, Significance*, Little, Brown.
Rokkan, S. and D. Urwin (1982) *The Politics of Territorial Identity*, Sage.
Rose, R. (1982) *Understanding the United Kingdom*, Longman.
Tierney, S. (2009) "Federalism in a Unitary State: A Paradox too Far?," *Regional and Federal Studies*, Vol.19, No.2, pp.237-253.
Webb, P. (2000) *The Modern British Party System*, Sage.

岩田美喜・丸山修・西能史・下楠昌哉（2010）「イギリスの歴史と文化」下楠昌哉編『イギリス文化入門』三修社、68-129 頁。
北村亘（2001）「スコットランド地域財政をめぐる政治過程——新制度論的アプローチ」『甲南法学』41 巻 3・4 号、343-403 頁。
木畑洋一（2014）『20 世紀の歴史』岩波書店。
小舘尚文（2001）「スコットランド問題をめぐる政党政治——労働党と権限委譲」『国家学会雑誌』114 巻 7・8 号、567-628 頁。
———（2006）「イギリス福祉国家の変容と多層的ガヴァナンス」『比較福祉政治——制度転換のアクターと戦略（比較政治叢書 2）』、早稲田大学出版部、227-252 頁。
———（2014a）「「分離独立」を問うスコットランド住民投票——「暮らし向き」か「アイデンティティ」か？」シノドス、2014 年 4 月 2 日。http://synodos.jp/international/7439（アクセス 2015 年 7 月 27 日）。
———（2014b）「独立否決は、アンチクライマックスだったのか？　スコットランド住民投票が問いかけるもの【前編】」日経ビジネスオンライン、2014 年 10 月 16 日、http://business.nikkeibp.co.jp/article/opinion/20141014/272512/（アクセス 2015 年 7 月 27 日）。
高橋直樹（1985）『政治学と歴史解釈——ロイド・ジョージの政治的リーダーシップ』東京大学出版会。
戸澤英典・上原良子（2008）「ヨーロッパ統合の胎動——戦間期広域秩序論から戦後構想へ」遠藤乾編『ヨーロッパ統合史』名古屋大学出版会、54-93 頁。
山崎幹根（2008）「スコットランド分権改革の経過と課題」若松隆・山田徹編『ヨーロッパ分権改革の新潮流』中央大学出版部、167-187 頁。
———（2011）『「領域」をめぐる分権と統合——スコットランドから考える』岩波書店。

第Ⅱ部　事例編

第8章
中央集権的な連邦制下の分権的政党
オーストリアにおける連邦制と州政治の変容

東原正明

　アルプス山脈に抱かれたヨーロッパの小国であるオーストリアは、戦後、連邦国家として非常に安定的な民主主義体制を築いてきた。同国の連邦制は、連邦政府の権限が強い「中央集権的連邦制」とも指摘されている。その一方で、各政党は比較的強力な州組織を持っており、必ずしも連邦の党組織の下に中央集権的であるとはいえない。制度的に連邦政府に権限が集まる連邦制下にあって、分権的な傾向を持つ政党はどのように存在しているのだろうか。

　1980年代半ば以降、同国の政治は大きく変動し、極右政党と評されることのあるオーストリア自由党（FPÖ）が連邦レベルのみならず州レベルでも支持を集めて、伝統的な二大政党の地位を脅かすようになっている。こうした状況をふまえ、FPÖの勢力拡大が中央集権的な連邦制下の分権的政党にどのような影響を与えているのかを検討したい。

1．オーストリアの連邦制

（1）連邦政治の動向

　オーストリアでは、戦後、オーストリア社会党[1]（SPÖ）とオーストリア国民党（ÖVP）を中心として政権が運営されてきた。1980年代半ばまで、これら二大政党が国民の大きな支持を得る一方で、元ナチ党員の受け皿となった独立者同盟（VdU）を母体として結成されたオーストリア自由党

（FPÖ）の支持率は低迷し、国政に影響力を持っていなかった。しかし1986年、極右主義者とも評されるイェルク・ハイダーが党首となり、彼の下でFPÖは党勢拡大に転じた。さらに同年には、緑の党が初めて下院にあたる国民議会に議席を獲得し、二大政党を中心としてきた戦後の政党システムは大きく変化した。近年、世論調査ではFPÖが政党支持率で1位となるなど、SPÖとÖVPへの支持は低下する傾向にある（*Profil*, 19/9/2015）。

　オーストリアでは戦後、SPÖとÖVPの協力関係に基づいて戦後に協調民主主義と呼ばれる独特の民主主義体制が構築された。その下で国家は、プロポルツ制と社会パートナーシップという制度を基盤として、二大政党の合意形成を目指した政治的努力を通じて運営されてきた。政治的には、SPÖとÖVPによる大連立政権が形成され、その維持のための方策として導入されたのがプロポルツ制である。このプロポルツ制は、国家の様々な地位を国民議会選挙の得票率にしたがってSPÖとÖVPが比例配分する制度であり、戦後オーストリアの政治的安定性を基礎づける重要な制度であった。一方社会的には、ネオ・コーポラティズムの代表事例とされる社会パートナーシップという制度の下、二大政党と密接に結びついた経営者団体や労働組合などの諸団体が社会経済政策の決定や実施に参加してきた。これによって、オーストリアではストライキの頻度の低さに代表される「社会的平和」が実現されてきた。

（2）各州の概要

　オーストリア連邦憲法は連邦制を採用することを明記し、「連邦国家は自律的な諸州から形成される。それはブルゲンラント、ケルンテン、ニーダーエースタライヒ、オーバーエースタライヒ、ザルツブルク、シュタイアーマルク、チロル、フォーアアルベルク、ウィーンである」として、オーストリアを構成する九つの州がそれぞれ自治的な政治主体であることを強調している。ウィーンは、州であるとともに基礎自治体としての機能もあわせ持つ都市州である。

第Ⅱ部　事例編

図1　オーストリアと周辺諸国
出所：広瀬・今井編（2011: 6）一部修正。

　それでは、各州の概要を確認しよう。ブルゲンラントは東部に位置し、ハンガリーなどと国境を接している。その面積は約3962km^{2}と狭く、2014年現在の人口もオーストリアの各州で最も少ない約28万7000人である。南部のケルンテンはイタリアやスロヴェニアと国境を接しており、面積は約9538km^2、人口は約55万6000人である。首都ウィーンを囲むかたちで位置するニーダーエースタライヒは、約1万9186km^{2}と最大の面積を持ち、人口もウィーンに次ぐ約162万5000人である。その西に位置するのがオーバーエースタライヒである。面積はオーストリアで4番目に広い約1万1980km^{2}であるが、人口は3番目に多い約142万5000人である。ドイツと国境を接するザルツブルクの面積は比較的狭く約7156km^{2}で、人口も約53万4000人にとどまる。南部のシュタイアーマルクの面積は、オーストリアで2番目に広い約1万6401km^{2}である。オーストリア第二の都市であるグラーツを州都とし、人口も約121万5000人と比較的多い。西部のチロルは、南北をドイツとイタリアに挟まれている。第一次世界大戦後にその一部であった南チロルがイタリアに割譲されたため、ケルンテンに接する東チロル

が飛び地となっている。東チロルも含めた面積は約1万2640km^{2}で、人口は約72万2000人である。オーストリアの最も西にあり、ドイツのほかスイス、リヒテンシュタインとも接するフォーアアルベルクはウィーンに次いで面積が狭く、約2601km^{2}である。人口は約37万5000人にすぎない。そして、都市州である首都ウィーンは、約415km^{2}と面積が最も狭い。一方で人口は最も多く、約176万7000人である[2]。

（3）オーストリア連邦制の歴史的発展と制度的特徴

　ハプスブルク帝国期の絶対主義体制下、オーストリアの各州の立場は、もっぱら中央集権国家内での「自立的な地方」という位置づけに限定されていた。だが、政治的な州意識は強く、帝国が崩壊した第一次世界大戦後には新たな連邦国家オーストリアを共同で設立する意識も高まった。1938年にはナチス・ドイツに併合され、オーストリアは一時的に主権国家としての地位を失ったが、第二次世界大戦後にはウィーンに中央政府、各州に中央政府から独立した州政府が成立し、それらが一体となってオーストリアを連邦国家として再建するために結束した。

　現在、各州は立法機関としての州議会と行政機関としての州政府を保有している。州議会は比例代表選挙によって選出される。また、州政府は州議会によって選ばれ、州首相の下で行政を担う。同時に、州首相は「間接的連邦行政」の担当者として中心的責任を負い、連邦政府の指示にしたがってその行政官として連邦行政を執行するほか[3]、州を対外的に代表し、ウィーンの連邦行政機関や各政党の連邦本部に対して州の利益を代表する（Fallend, 2006b: 979-981; Fallend, 2006a: 1028）。さらに、各州は連邦参議院に議員を派遣することで、連邦レベルの政策決定にも関与することができる。オーストリアは二院制を採用しており、連邦レベルの議会は国民の直接選挙によって選ばれる国民議会と連邦参議院によって構成されている。連邦参議院の議席は各州の人口に応じて配分されており、州議会が各党の勢力比にしたがって連邦参議院議員を選出し、派遣する（Schefbeck, 2006: 145）。

（4）各州の政治動向

次に、各州の政治動向について、オーストリアでも特徴的であると考えられるウィーンとチロルの例をみてみよう。

「赤いウィーン」という言葉で表現されるように、戦間期のウィーンは社会民主主義勢力の拠点として、カトリック政党への支持が多いオーストリア国内の農村地域とは異なる状況にあった[4]。戦後もウィーン市議会では、SPÖ はほとんどの期間で過半数を維持してきた。1969 年までのウィーン市議会選挙を分析したドレツァルは、SPÖ がこの間にウィーンでの支配的な地位を維持し、強化することに成功したと評している（Dolezal, 2006: 453）。さらにプレシュベルガーらは、SPÖ 市政が世代を超えて続く政治的な「普通の経験」となっているとし、市役所という言葉が SPÖ と同義語となっていると指摘している（Pleschberger, Welan, and Tschrf, 2011: 39）。

1973 年には、SPÖ の得票率は戦後最高の 60.2％を記録したが、近年、その支持は減少傾向にある。2015 年選挙では、SPÖ の得票率は 39.6％であったのに対して、第二党の FPÖ は 30.8％の得票で支持を拡大させた。また、ÖVP は 9.2％しか獲得できず、緑の党を下回って第四党にとどまった[5]。

「赤いウィーン」とは対照的に、チロルでは ÖVP が圧倒的に支持されている。2013 年のチロル州議会選挙では、ÖVP が得票率 39.4％であった一方で、SPÖ は 13.7％にすぎなかった[6]。カールホーファーによると、チロルでは、第一党と第二党の得票差が非常に大きい傾向が続いてきた。戦後オーストリアでは 2004 年までに、すべての州議会選挙で第一党が 3 分の 2 の多数を獲得したことは 7 度しかないが、そのうち 6 度はチロルであった。ÖVP 州組織が伝統的に強いのは、同党が緻密な組織網を持っているからであるという（Karlhofer, 2004: 27）。

さらに彼は、「市町村議会選挙では、チロル ÖVP の優位は州議会選挙におけるよりもはるかに明白である」と指摘する。ÖVP のみがチロルの全市町村に地域組織を維持し、すべての市町村議会に議員を送り出している。ÖVP の地域組織が州内にネットワークを張り巡らせているのに対して、他

の政党は組織を有していない地域もあり、それらの政党は選挙の際に大きく不利となる。たとえば州議会選挙では、SPÖは州都インスブルックや人口の多い市町村に選挙宣伝を集中させる必要があるなどの状況にある（Karlhofer, 2013: 129-130）。

２．中央集権的連邦制と分権的政党

（１）中央集権的連邦制

　現在のオーストリアは、連邦制を採用しているものの各州に与えられた権限は相対的に少ない。その統治構造は連邦、州、市町村の三つのレベルからなるが、そのうち連邦には重要で広範な権限が与えられており、各州に対して優位な立場にある。また、州首相が「間接的連邦行政」の担当者として連邦行政を担っている。一方で州に与えられた権限は少なく、地域計画や市町村制度といった、それぞれの地域に関係するものに限られている。それゆえペルンターラーは、オーストリア国家を、多くの改正を経つつ存続する現行憲法が1920年に制定された際に「社会主義者とキリスト教社会主義者の間の歴史的妥協」が成立したことに基づく「中央集権的連邦国家（zentralistischer Bundesstaat）」であると指摘している（Pernthaler, 1988: 98）。中央集権化は連邦憲法を通じて促進され、それによって各州が連邦の政策に影響を与える権利は強く制限され、連邦には国家の権限と権力資源の圧倒的多数が譲渡されている（Pernthaler, 2000: 29）。

　また、連邦の立法に関わる連邦参議院にも中央集権的性格をみることができる。各州議会が連邦参議院議員に指示を与えたり、彼らを解任したりすることはできない。そして各議員は、連邦参議院においては自らを派遣した州ではなく所属する政党ごとに組織化されている。したがって、各州の利益を連邦レベルで反映する可能性を持った連邦参議院ではあるが、議員は州ではなく政党の代表として行動する傾向がある（Fallend, 2006a: 1032）。強制的に会派が形成されることから、党の規律はしばしば、連邦参議院が有する連邦

主義的機能の上位に位置することになるとさえ指摘される（Pernthaler, 2000: 32）。さらに、連邦の立法における連邦参議院の立場が弱いことも挙げられる。連邦参議院は、憲法に基づいて立法の際に一時的に成立を延期させる拒否権（suspensive Veto）を持っているにすぎない。それゆえハインツによれば、オーストリアの連邦制は「連邦主義なき連邦」ともいえる（Heinz, 2013: 68-69）[7]。

（2）連邦と州の関係と政党

それでは、連邦と州の関係において、政党はどのように関与しているのだろうか。オーストリアの連邦制では、連邦と州の関係は、あらゆる州が等しく憲法上の地位と権限を有しているという点に基づいて構築されている。ただし、個々の州において州首相のような指導的立場にある政治家が、連邦政府や所属する政党の指導的政治家と「良い関係」を築いて特権的な立場を認めてもらうことで、各州間には非対称性が生じる。州首相らは、党の連邦組織の中で自らが所属する委員会の決定に非常に大きな影響力を持っており、その影響力は個々の州組織の強さに依存している。政党の州組織やその代表者が党の連邦組織に対してどの程度政治的重要性を持っているかは、通常は州の相対的な党員規模がどれほど大きいかという点と関係する。それゆえ、ÖVPのニーダーエースタライヒ州組織やSPÖのウィーン州組織は、連邦政治における決定に対して大きな影響力を有している。そして、仮に連邦組織が弱ければ連邦組織に対する州組織の影響力は高まり、またその逆もありうる。

同時に、連邦レベルと州レベルで与党が同一か否かは、これら二つのレベルの間でどのような相互作用が期待されるかという点に影響を与える。連邦レベルと州レベルで与党が一致する場合は、政党を介して連邦と州は連携することができる。したがって、州の立場からすれば、自らの政府の与党が連邦レベルの与党が一致している場合は、連邦との関係で好影響が期待できる（Fallend, 2010: 3ff.）。

（3）政党の分権的性格と政党制

　オーストリアでは、それぞれの州の歴史や社会構造、経済、政治の状況が組織の発展や具体的な政治的問題に影響を与えている。したがって、個々の州において政治や政党の発展も異なっている（Dachs, 2006: 1008-1009）。広範な自律性を有する各党の州組織は、政策内容や人事、戦略に関する優先権を持っており、連邦組織からの強い異議や反論を受け付けることはない。そうした点は特に分権的な特徴を持っている ÖVP のみならず、比較的中央集権的で一体性の強い組織を持つ SPÖ でもみられる傾向である（Dachs, 2006: 1023）。

　たとえば ÖVP は、機能的な組織形成と地域的な組織形成という二重の組織原理から成り立っている。機能的な組織形成原理としては、農民や経営者、被用者などを単位として団体がつくられ、それらが ÖVP として結合している。それに対して地域的な組織形成原理としては、党は連邦、州、地方自治体などの国家の地域区分にしたがって党組織を有している。そして、各単位ごとの党大会などを経ながら段階的に州組織を形成している。各州組織は統一的な組織構造となっているわけではなく、それぞれが異なった形態となっている（Müller, 2006: 342-343）。ÖVP において州組織の自律性は高く、州政府を形成している州の組織は多くの人的、資金的資源を持っている重要な存在である。さらに 1990 年代には、ÖVP をいくつかの地域政党に分党する可能性が真剣に議論され、ドイツのキリスト教民主同盟と社会同盟の関係を手本とした州組織の分離と連携の可能性も選択肢とされたのであった（Müller, 2006: 351）。

　また、各州の政党制についてダッハスは、第一党と第二党が有権者からどのように支持されているかという点に着目している。1980 年代半ばまでの各州の政党制について、二大政党で 90 ％程度かそれ以上の票を集める二党制に分類されたのはブルゲンラントやニーダーエースタライヒなどであった。一方で、第一党が過半数を握り、第二党が権力を得ることが期待できない一党優位体制もチロルなどにみられた。しかし 1980 年代半ば以降、「一党優位

体制は過去のものとなった」とダッハスは指摘する。多くの州では、穏健な多党制といえる状況が生じている (Dachs, 2006: 1015-1016)。

3．各州の政治と連邦制——州政府の形成と FPÖ の台頭

（1）州政府の形成——多数派選出の原理か、プロポルツ選出の原理か

　オーストリアの各州政府は、主として次の二つの方法のいずれかによって形成される。それは、州議会での獲得議席数に応じて閣僚を各政党に比例配分する「プロポルツあるいは比例配分選出（Proporz- oder Verhältniswahl）」という方法と、州議会多数派が政権を形成する「多数派選出（Mehrheitswahl）」という方法である。州議会多数派をつくった与党と少数派となった野党が明確に分かれる多数派選出の原理とは異なり、プロポルツ選出の原理をとる州では、州議会選挙で閣僚を配分されるに足るだけの最低限の議席を獲得した全政党が政権に参加することができる。その結果、議会の主要3党あるいは4党による連立内閣がつくられることになった[8]。

　戦間期以降、オーストリアではプロポルツ選出の原理を採用する州が多数を占めていた。すでに1920年代には、九つの州のうち、州議会多数派が政府をつくるウィーンとフォーアアルベルクを除く七つの州では、この原理に基づいてプロポルツ政府がつくられていた。しかし、1998年にザルツブルクとチロルでプロポルツ政府の廃止が決定され、両州は多数派選出の原理に基づく州政府の形成方式に移行した。さらに、2015年からは、シュタイアーマルクやブルゲンラントでも多数派選出の原理の下で州政府がつくられるようになった。

（2）プロポルツ選出の原理から多数派選出の原理へ [9]

　それでは、各州ではなぜプロポルツ選出の原理から多数派選出の原理へと州政府の形成方式を移行させたのだろうか。プロポルツ選出の原理に基づく政府の状況に変化が生じたのは、1980年代半ば以降のことであった。ハイ

ダーの下でFPÖは、この時期以降、極右ポピュリスト政党として勢力拡大期に入り、連邦レベルで大きな成功を収めた[10]。さらに州レベルでも勢力を拡大させ、1996年には、当時プロポルツ選出の原理を採用していた7州すべてで政権参加を果たした。

　FPÖは、二大政党に対する野党として立場を明確化させると同時に、各州政府内で閣僚ポストを得るようになった。ファレントは、オーストリア社会の利益が多様化し、政治的・社会的な陣営（Lager）が融解するとともに意識的浮動層（Wechselwähler）が増加し、「しばしば賛美の対象であったオーストリアの政治体制の非常に高度な安定性が、1980年代半ば以降、明らかに崩壊現象を示している」と指摘する。その結果、二大政党に対する支持が減少し、プロポルツ政府を採用する各州では、ÖVPとSPÖが政権綱領に合意しても他の政権政党は同意しないケースが生じるなどした。FPÖからは二大政党による「連立内連立」とも批判される状況が生まれ、各州における協調民主主義体制が揺らぐことになった（Fallend, 1997: 29）。

　こうした州レベルでの変化の特徴は、マルコとポイアーによれば次の2点に整理される。その第一は、州政府内の政党構成が多党化したことによって、それまでの二大政党中心の政府と比較して素早い決定ができなくなったことである。第二に、ポピュリスト的抗議政党として大衆の支持を集めていたFPÖが、政権内で引き続き野党として行動したことであった。大半の州では州政府内での全会一致の原則に基づいて政策が決定されてきたため、結果として各州では「何も決定しない」とも批判される状況が生じ、プロポルツ選出の原理に基づいた州政府形成からの離脱を求める論拠となっていた（Marko and Poier, 2006: 949-951）。

　かつて、ザルツブルク州首相シャウスベルガーは、すべての州において政治システムが改革され、各州で与野党が厳格に分離されることを通じて、オーストリア全体において強く特徴的であった協調民主主義体制は競争民主主義体制の方向へと変化すると予測した[11]。彼は、新たに生まれた体制によって、ポピュリズム的な手法を用いて連邦レベルでも州レベルでも勢力を拡大する極右主義的なFPÖに対抗する多くの機会が提供されると考えたの

であった (Schausberger 1999: 270)。

(3) SPÖ と FPÖ の連立はタブー破り (Tabubruch) か、実験か

　州の政治と連邦の政治の関係について、もう一つの事例を挙げてみよう。2015年5月、ブルゲンラントでは州議会選挙が実施された。選挙戦でFPÖは、シェンゲン協定によって廃止された東部国境での検問の再導入を主張したほか、オーストリア人以外のEU市民のオーストリア労働市場への参入制限を求めた (*Profil*, 18/5/2015: 14-16)。

　選挙の結果、得票率は、前回選挙と比較してSPÖが6.3ポイント減らして41.9％となったのに対して、FPÖは6.0ポイント増加させて15.0％を獲得した[12]。SPÖは単独政権をつくることができず、FPÖと連立することで合意したが、極右政党とも指摘される同党と連立することに批判が相次いだ。

　そもそもSPÖは、2004年の連邦党大会において「右翼ポピュリズム的なFPÖ」とは連立しないことを決議していた。さらに2014年の連邦党大会でも、「あらゆる政治的レベル」で連立することを拒否すると確認していた。特にSPÖの青年組織は、この党大会に提出した動議でFPÖを「極右政党」と規定していた。政治学者のトーマス・ホーファーは、FPÖとの連立を「SPÖ党大会決議に反しているだけでなく、タブー破りでもある」と批判した (*Der Standard*, 7/6/2015)。SPÖ内部からは、ウィーン市長のミヒャエル・ホイプルが「ブルゲンラントの友人の決定は完全に誤りだ」と述べ (*Der Standard*, 8/6/2015)、青年組織からはブルゲンラント州首相ハンス・ニースルの離党さえ要求された (*Der Standard*, 5/6/2015)。これに対してニースルは、ブルゲンラントFPÖからは極右主義的発言は聞かれず、他の州組織とは異なると主張して、自らの判断を擁護しようとした[13] (*Der Standard*, 6/6/2015)。連邦党幹事長で同州出身のノルベルト・ダラボスも、ブルゲンラントでのFPÖとの協力は「成功した実験」になりうるとした (*Der Standard*, 4/6/2015)。

（4）新たなブルゲンラント州政府におけるFPÖの影響

　FPÖ連邦党首のハインツ＝クリスティアン・シュトラーヘは、政権参加を「ブルゲンラントにおける自由主義的政策の里程標」であると述べた（*Der Standard*, 6/6/2015）。新たな州政府におけるFPÖの影響という点では、難民問題への対応を挙げることができよう。FPÖは、2011年に採択した現行の党綱領で「オーストリアは移民受入国ではない」と明記しており[14]、彼らのそうした立場は州政府の政権綱領にも現れている。政権綱領では、州内に庇護申請者の収容施設を建設することが拒否され、「ヨーロッパへ向けて絶え間なく増加する非合法移民に対して、これまで以上に効果的に対処すること」などが求められた。さらに、「安全な国を出身国とし、あるいは経済的な考慮の結果として自国を離れた人物」を「即座に遅滞なく国外追放すること」が主張された[15]。

　このように政権綱領では、移民の受け入れに厳しい態度が示された。世論調査機関SORAなどが行った州議会選挙の分析によると、FPÖに投票した有権者の67％が選挙のテーマとして「移民受け入れと外国人の統合」を、64％が「治安と犯罪」を重視していた。一方有権者全体では、前者を重視したのは38％、後者を重視したのは37％であった（SORA/ISA, 2015）。この二つのテーマにおいて、FPÖ支持層の特徴は明確に現れており、それは政権綱領にも反映される結果となった。シュトラーヘは、州政府の政権綱領について、「明らかに自由主義的な写本」であると評価したのであった（*Der Standard*, 6/6/2015）。

4．小国オーストリアにおける連邦制

（1）州政府でのFPÖの役割拡大

　1980年代半ば以降、オーストリアではFPÖの勢力が拡大し、その影響は州レベルの政治にまでに及んでいる。州政府でのFPÖの役割拡大はブルゲ

ンラント以外でもみられる現象である。2015年9月に実施されたオーバーエースタライヒ州議会選挙では、第一党のÖVPが前回選挙と比較して10ポイント以上得票率を下げたのに対して、FPÖは15ポイント増加させて第二党となった。交渉の結果、ÖVPはFPÖとの間で次期州議会選挙までの間の「行動協定（Arbeitsübereinkommen）」を結んだ。同州政府はプロポルツ選出の原理によって形成されることから、ÖVPの州首相であるヨゼフ・ピューリンガーは、行動協定は「連立協定（Koalitionspakt）」ではないとしたが、このことはÖVPが事実上FPÖと連立を組んだことを意味していた（*Der Standard*, 22/8/2015）。

　州政府をつくる際の原理をプロポルツ選出の原理から多数派選出の原理へと変更する大きな要因としては、FPÖの台頭による州政治の不安定化が挙げられた。シャウスベルガーは、この変更によって政治的な透明性が高まり、政治的な責任が明確に割り当てられたこと、与野党がはっきりと分離されたこと、したがって与党として政権に参加しながら、そのなかで野党的な振る舞いをするという役割を引き受ける政党は存在しなくなると強調していた（Schausberger, 1999: 257-268）。しかし、プロポルツ選出の原理を採用する州政府でさえ、FPÖを連立パートナーとして積極的に受け入れなければならないようになってきている。

（2）連邦組織に対する州組織の強まり

　オーストリアでは、政党は一定の分権的性格を持っている。各州組織は自律的に行動し、州ごとに異なる政党間関係を結んでいる。その点ですでに述べたような、党の州組織が強力な場合は連邦組織への影響力が高まるというファレントの指摘は、現在のオーストリアの州レベルの政治について興味深い示唆を与えてくれる（Fallend, 2010: 7）。

　ブルゲンラント州首相のニースルは、州議会選挙前にすでに「私にとって、連邦党大会決議は連邦レベルで重要である。州党大会決議は、州レベルで私にとって非常に重要である」と述べ（*Der Standard*, 3/6/2015）、SPÖ州組織

の自律性を強調していた。そして SPÖ 連邦党首のヴェルナー・ファイマンも、連邦レベルで SPÖ が FPÖ と連立することはないと強調しつつ、ブルゲンラントでの連立は容認する態度を示した（Der Standard, 7/6/2015）。党内では、連邦幹部会で連邦レベルにおいて FPÖ と連立しないことは確認されたものの、州と市町村でどの政党と連立するかについては各レベルの党組織に委ねられることになった（Der Standard, 8/6/2015）。政治学者のホーファーは、党首ファイマンが党内であらゆる重要性を失っていると指摘し、ファイマンはもはや「ほとんど何の力にもなっておらず、わずかに残った力も消えていく」存在であると述べた[16]（Der Standard, 7/6/2015）。こうして、ブルゲンラントでの FPÖ との連立をきっかけに、SPÖ では連邦の党組織の弱体化が明確となり、州の党組織を十分コントロールできない状況がみられている。

（3）1980 年代以降の政治的変容と州政治

　1980 年代以降の FPÖ の党勢拡大は州レベルにまで及び、州政府の形成方式の変更という影響を与えるに至った。SPÖ と ÖVP という伝統的な二大政党に加えて FPÖ が新たに州政治の主要なアクターとなることで、各州における民主主義のありかたが、これまでの合意形成型では機能不全を起こすようになってきたといえよう。

　オーストリアの連邦制は、制度的には中央集権的性格を有し、各州の権限は比較的弱いといえる。しかし、この中央集権性は、各州の政党組織に対しては必ずしも大きな影響を与えていないのではないだろうか。各州で政党は自律性の強い組織を持ち、連邦レベルの組織に対して独自に行動している。近年、FPÖ の勢力拡大に伴って、州レベルでは同党と連立せざるをえない状況が生じている。SPÖ は、連邦レベルでは FPÖ と連立しないと決議しているにもかかわらず、ブルゲンラントでその決定に反して連立する決断が下されたのは、一面では州組織の自律性の現れともいえよう。そして、より一層分権的な組織構造を持つ ÖVP もまた、プロポルツ選出の原理を持つオー

バーエースタライヒで大きく勢力を拡大したFPÖと事実上連立するに至った。州政府の形成方式の変更は、州政治に対するFPÖの影響を排除することがその目的の一つであったにもかかわらず、どのような形成方式を採用していようとも各州ではFPÖの存在を無視できない事態となっている。連邦国家オーストリアでは、FPÖの台頭を一つの要因とし、各州の政治が政党の自律性に基づいて流動的な状況になっているといえよう。

1) 1991年に党名を変更し、現在はオーストリア社会民主党である。
2) 各州の詳細な概要については、オーストリア政府発行の統計年鑑である *Statistisches Jahrbuch Österreichs 2015* を参照。
3) 「間接的連邦行政」について、詳細は Fallend (2006a: 1028-1030)、ミュラー (1997: 55-57) 参照。
4) 戦間期ウィーンの社会民主党による様々な政策的「実験」については、田口晃 (2008) 参照。
5) ウィーン市のホームページ (http://www.wien.gv.at/statistik/wahlen/regional/index.html) 参照。
6) 1989年以降のチロル州議会選挙の結果については、同州ホームページ (https://wahlen.tirol.gv.at) 参照。
7) 同時にハインツは、連邦参議院のような国家の機関とは異なり、憲法上規定されていないものの、州政府間の共同作業というかたちで存在する州首相会議が重要な役割を果しており、法律を遂行する際に大きな力を発揮すると述べている (Heinz, 2013: 69)。
8) 政権内での権限配分では、可能な限り行政組織を合理的に運営するという観点とともに、政治的な権力の分配という観点もしばしば重視される。プロポルツ政府においては、他党から望まれない政党が政権に加わることもありうるが、その場合はあまり魅力的ではないポストが与えられ、本来は各ポストに共通するものの、政治的に配慮が必要で対立の火種を持った領域についての権限は分割される (Fallend, 1997: 26)。
9) プロポルツ選出の原理から多数派選出の原理への変化については、東原 (2013) 参照。
10) ハイダー指導下のFPÖについては、東原 (2005a; 2005b; 2006a; 2006b; 2006c; 2007a; 2007b) 参照。
11) この点に関してマイアーは、プロポルツ政府の廃止によって、ザルツブルクで新しい政治文化が打ち出されたわけでは決してないと指摘する。その後も州議会では政権交代が起こることはなく、2013年までは大連立政権が継続したことから、彼は協調民主主義的な方向性も変化することはなかったと判断している (Mair, 2013: 222)。
12) ブルゲンラント州議会選挙の結果については、州政府ホームページ (http://wahl.bgld.gv.at/wahlen/lt.nsf/Wahlergebnisse.htm) から確認できる。
13) ただしこの点については、政権参加のチャンスが大きく、あるいはそれを達成したところでは、FPÖがむしろ閣僚ポストを得ようと穏健な戦略を追求するというハイニシュの指摘に注目する必要があろう (Heinisch, 2012: 379)。
14) 東原 (2015) 参照。
15) ブルゲンラント州政府の新たな政権綱領については、Neue Wege für den weiteren

Aufstieg des Burgenlandes! Übereinkommen zwischen SPÖ und FPÖ für die XXI. Gesetzgebungsperiode 2015 bis 2020 des Burgenländischen Landtages 参照。
16）2016 年 4 月に実施された大統領選挙第 1 回投票で、SPÖ の候補は 11.3 ％しか得票できず、惨敗した。党内の支持を失ったファイマンは翌月、党首と首相を辞任した。

【参考文献】
Dachs, H. (Hg.) (2003) *Der Bund und die Länder: Über Dominanz, Kooperation und Konflikte im österreichischen Bundesstaat*, Böhlau Verlag.
―――― (2006) "Parteiensysteme in den Bundesländern," in H. Dachs u.a. (Hg.), *Politik in Österreich: Das Handbuch*, Manzsche Verlags- und Universitätsbuchhandlung, S.1008-1023.
Dolezal, M. (2006) "Wien blieb rot: Landtagswahlkämpfe in Wien 1945-1969," in H. Dachs (Hg.), *Zwischen Wettbewerb und Konsens. Landtagswahlkämpfe in Österreichs Bundesländern 1945 bis 1970*, Böhlau Verlag, S.407-454.
Fallend, F. (1997) "Regierungsproporz in der Krise: Zur aktuellen politischen Debatte über die konkordanzdemokratische Regierungsform in Österreichs Bundesländern," in *Österreichische Zeitschrift für Politikwissenschaft*, Nr. 1, S.23-40.
―――― (2006a) "Bund-Länder-Beziehungen," in H. Dachs u.a. (Hg.), *Politik in Österreich: Das Handbuch*, Manzsche Verlags- und Universitätsbuchhandlung, S.1024-1040.
―――― (2006b) "Landesregierung und Landesverwaltung," in H. Dachs u.a. (Hg.), *Politik in Österreich: Das Handbuch*, Manzsche Verklags- und Universitätsbuchhandlung, S.974-989.
―――― (2010) "Vom Konsens zum Konflikt? Treibende Kräfte, Entscheidungsmuster und aktuelle Entwicklungen der Bund-Länder Beziehungen in Österreich," in P. Bußjäger (Hg.), *Kooperativer Föderalismus in Österreich: Beiträge zur Verflechtung von Bund und Ländern*, Braumüller, S.1-17.
Filzmaier, P., P. Plaikner und K. A. Duffek (Hg.) (2012) *Bundesländer und Landtage. Föderalismus und politischer Wettbewerb, österreichische Besonderheiten und internationaler Vergleich*, Facultas Verlags- und Buchhandels.
Heinisch, R. (2012) "Demokratiekritik und (Rechts-) Populismus: Modellfall Österreich?," in L. Helms, und D. M. Wineroither (Hg.), *Die österreichische Demokratie im Vergleich*, Nomos, S.361-382.
Heinz, D. (2013) *Politikverflechtung in Föderalismusreformen: Deutschland, Österreich und die Schweiz in vergleichender Perspektive*, Nomos.
Karlhofer, F. (2004) "Das Parteiensystem. Wandel und Kontinuität," in F. Karlhofer, und A. Pelinka (Hg.), *Politik in Tirol*, Studien Verlag.
Karlhofer, F. (2013) "Tirol" in F. Karlhofer, G. Pallaver (Hg.), *Gemeindewahlen in Österreich im Bundesländervergleich*, Studien Verlag.
Mair, M. (2013) *Erdbeben in der Provinz: Machtwechsel und politische Kultur in österreichischen Bundesländern*, Böhlau.
Marko, J., und K. Poier (2006) "Die Verfassungssystem der Bundesländer: Institutionen und Verfahren repräsentativer und direkter Demokratie," in H. Dachs u.a. (Hg.),

Politik in Österreich: Das Handbuch, Manzsche Verlags- und Universitätsbuchhandlung, S.943-958.

Müller, W. C. (2006) "Die Österreichische Volkspartei," in H. Dachs u.a. (Hg.), Politik in Österreich: Das Handbuch, Manzsche Verlags- und Universitätsbuchhandlung, S.341-363.

Pernthaler, P. (1988) "Österreichs Länder und Gemeinden: Geschichte, verfassungsrechtliche Stellung, Verfassungswirklichkeit," in H.-G. Wehling (Hg.), Österreich, W. Kohlhammer, S.95-106.

―――― (2000) Föderalismus - Bundesstaat - Europäische Union - 25 Grundsätze, Wilhelm Braumüller.

Pleschberger, W., M. Welan, und M. Tschrf (2011) "Das Wiener politische System nach der Wahl 2010," in A. Khol, G. Ofner, S. Karner, und D. Halper (Hg.), Österreichisches Jahrbuch für Politik 2010, Böhlau Verlag, S.35-54.

Schausberger, F. (1999) "Die Abschaffung des Proporzsystems in den Bundesländern Salzburg und Tirol," in A. Khol, G. Ofner, und A. Stirnemann (Hg.), Österreichisches Jahrbuch für Politik 1998, Verlag für Geschichte und Politik, S.257-270.

Schefbeck, G. (2006) "Das Parlament," in H. Dachs u.a. (Hg.), Politik in Österreich: Das Handbuch, Manzsche Verlags- und Universitätsbuchhandlung, S.139-167.

Schranz, E. (1998) "Überlegungen zur Landeshauptmann-Direktwahl und Proporz- oder Mehrheitssystem in den Landesregierung," in A. Khol, G. Ofner, und A. Stirnemann (Hg.), Österreichisches Jahrbuch für Politik 1997, Verlag für Geschichte und Politik, S.545-554.

SORA/ISA (2015) Wahlanalyse Landtagswahl Burgenland 2015.

ミュラー、ヴォルフガング・C・(1997)「政治的制度」フォルクマール・ラウバー編『現代オーストリアの政治』須藤博忠訳、信山社、25-67頁。

田口晃（2008）『ウィーン――都市の近代』岩波新書、岩波書店。

東原正明（2005a）「極右政党としてのオーストリア自由党（1）――ハイダー指導下の台頭期を中心に」『法学研究』（北海学園大学）41巻2号、307-345頁。

―――― （2005b）「極右政党としてのオーストリア自由党（2）――ハイダー指導下の台頭期を中心に」『法学研究』（北海学園大学）41巻3号、481-519頁。

―――― （2006a）「極右政党としてのオーストリア自由党（3）――ハイダー指導下の台頭期を中心に」『法学研究』（北海学園大学）42巻1号、173-218頁。

―――― （2006b）「極右政党としてのオーストリア自由党（4）――ハイダー指導下の台頭期を中心に」『法学研究』（北海学園大学）42巻2号、405-463頁。

―――― （2006c）「極右政党としてのオーストリア自由党（5）――ハイダー指導下の台頭期を中心に」『法学研究』（北海学園大学）42巻3号、629-681頁。

―――― （2007a）「極右政党としてのオーストリア自由党（6）――ハイダー指導下の台頭期を中心に」『法学研究』（北海学園大学）42巻4号、791-806頁。

―――― （2007b）「極右政党としてのオーストリア自由党（7・完）――ハイダー指導下の台頭期を中心に」『法学研究』（北海学園大学）43巻1号、143-245頁。

―――― （2012）「ウィーンにおける赤と緑の党の連立――2010年市議会選挙と赤緑連立政権の形成」『法学論叢』（福岡大学）56巻4号、499-538頁。

―――（2013）「連邦国家オーストリアにおける州政府の形成――プロポルツの原理から多数派の原理へ」『法学論叢』（福岡大学）57巻4号、579-611頁。

―――（2015）「翻訳・紹介 オーストリア自由党（FPÖ）綱領（オーストリア自由党連邦党大会決議 グラーツ、2011年6月18日） オーストリアを第一に」『福岡大学法学論叢』60巻1号、145-162頁。

広瀬佳一・今井顕編（2011）『ウィーン・オーストリアを知るための57章【第2版】』明石書店。

※本章は、科学研究費補助金（基盤C）「生活をめぐる地域ガバナンスの比較研究―地域交通政策を中心に―」（研究代表者 魚住弘久）（課題番号24530125）の成果の一部である。

第Ⅱ部　事例編

第 9 章
連邦国家か国家連合か
「複雑な生き物」オーストリア＝ハンガリー

馬場優

　ハプスブルク帝国と一般的に知られる国家は「1 ダースもの民族からなる国家」といわれることがある。多くの民族を抱える国家の中で最大の人口数を持つドイツ人ですら、1910 年当時では全人口に占める割合は 24 ％にすぎなかった。多民族国家の政治的安定化のために生み出されたものが、1867 年の「アウスグライヒ」であった。これは、帝国が直面していた国際環境を考慮して、国内の政治的安定を目指して、以前から自治や独立を要求していたマジャール人（＝ハンガリー人）に対して、皇帝がかつてのハンガリー王国の領域の内政的主権を認めることで、帝国をハンガリーとそれ以外の地域（＝オーストリア）からなる連邦制的国家形態に変更したものであった。これが、オーストリア＝ハンガリー二重君主国であった。ハンガリーとオーストリアは内政に関する主権を有した。しかし、外交、軍事、君主国全体に関することは共通案件とし、君主が任免する大臣に管轄権が付与された。

1．アウスグライヒ体制の成立

（1）複雑な生き物「カーウーカー」

　オーストリア＝ハンガリー二重君主国（Österreirichisch-Ungarische Monarchie）に関する表現に"k.u.k."（カーウーカー）がある。これは、"kaiser und könig"、つまり「皇帝・国王陛下の」または「皇帝陛下並びに国王陛下の」

のことであり、二重君主国の君主を輩出したハプスブルク家の当主のことを指す。具体的には、1848 年にオーストリア帝国の皇帝に即位したフランツ・ヨーゼフは、1867 年から亡くなる 1916 年まで、ハンガリーではハンガリー国王（König）、「オーストリア」ではオーストリア皇帝（Kaiser）と呼ばれた。

　二重君主国の存立根拠が、1867 年のいわゆる「アウスグライヒ（Ausgleich）」であった。「和解」、「妥協」、「均衡」と訳されるアウスグライヒによって、オーストリア帝国は、ハンガリー王冠領とそれ以外の地域、つまり「オーストリア」の二つからなる国家に変容した。「オーストリア」の正式名称は「帝国議会に代表を送る諸王国及び諸州（die im Reichsrate vertretenen Königreichen und Länder）」であり、第一次世界大戦中の 1915 年に「オーストリア諸邦（österreichische Länder）」に変更した。アウスグライヒ体制下では、ハンガリーと「オーストリア」はそれぞれが政府と議会を持ち、相互に自立したあたかも独立国家のような存在であった。しかしながら、ハンガリーと「オーストリア」は、外交、国防、ハンガリーとオーストリアの両方に関連する財政の管轄権を「共通案件」として三つの共通省に移譲することを認めた。この 3 省の長である大臣は、君主によって任免され、君主に対してのみ責任を負うものとされた。また、ベルリン条約（1878 年）のような条約締結に際しては、ハンガリーでも「オーストリア」でもなく、二重君主国が国際法上の主体であった。このアウスグライヒ体制を同時代人のアウレル・ポポヴィッチは「複雑な生き物」と表現した（Popovici, 1906: 365）。たしかに、法制史家のヴィルヘルム・ブラウネーダーは、二重君主国を（1）脱中央集権化された統一国家、（2）連邦国家、（3）物的同君連合、（4）連合国家の四つの見かたが可能であることを指摘している（Brauneder, 2009: 183）。

　連邦制は多様であるとジョージ・アンダーソンは指摘する。われわれは、19 世紀後半から 20 世紀初頭という民主主義の確立期に存在したオーストリア＝ハンガリー二重君主国を、ハンガリーと「オーストリア」という二つの連邦構成単位からなる（君主主義的）連邦国家とみなすことはできるのであろうか（アンダーソン, 2010: 12-13）。

（2）1713年の国事詔書

　二重君主国を支配したハプスブルク家は中世以降の領土拡大において、各地の法や慣習を尊重するかたちで統治体制を敷いていった。それはハプスブルク家と各地の領邦との間で個別に契約を締結する形式をとった。その契約を「国法（historische Staatsrecht）」といい、その領邦の諸身分の特権を認める内容が主なものであった。そのため、ハプスブルク家領全体を包含する法体系は導入されなかった。言い換えれば、ハプスブルク家が支配する土地は、諸領邦の集合体であった。1713年、家領の分割相続の代わりに、諸領邦を一体不可分のものとして1人に相続させることが決定された。これを国事詔書（Pragmatische Sanktion）という。国事詔書は、諸領邦が個別に承認していくかたちで公式なものになった。その際、諸領邦の議会は国事詔書を承認する代わりに、自分たちの国法的な特権を尊重することをハプスブルク家に要求した（大津留，2000: 5-7; ジェラヴィッチ，1994: 11-16）。

　ハプスブルク家は、1804年に家領をまとめて「オーストリア帝国」を作り上げる一方、1806年に神聖ローマ皇帝職を放棄した。そして、オーストリア帝国は、1815年成立のドイツ連邦では指導的地位を獲得した。しかし、1848年革命によって、帝国は領邦問題と民族問題とが関係する動きに大きく揺さぶられた。

（3）ハンガリー・ナショナリズム

　帝国内のハンガリー王冠領では、野党指導者コシュート・ラヨシュが独自のハンガリー政府の樹立を宮廷に要求した。革命の沈静化を目指していた宮廷勢力はこれを認めた。新政府と議会が作成し、国王（オーストリア皇帝）が裁可したいわゆる「四月法（Aprilgesetze）」によって、ハンガリー王国は、オーストリア帝国の他の地域と君主を通じて結びつくのみで、独立した政治体になったのである（篠原，1999: 196; オーキー，1987: 127, 354）。

　コシュートは、ハンガリー王冠領には異なる言語を使う多くの人種（Rasse）がいるものの、ハンガリー・ネーションしか存在しないという民族観を持っ

ていた。この見解に反発したハンガリー内の非マジャール人が反乱を起こすと、宮廷勢力はハンガリー内のクロアチア人と協力するかたちでマジャール人の動きを抑制する動きをみせ、四月法を撤回した（Görlich, 1980: 209）。一方、ウィーンでも革命は激しさを増していき、1848年12月にフランツ・ヨーゼフが新皇帝となった。コシュートら革命派は、彼をハンガリー国王とは認めず、独立戦争をおこした。1849年4月、革命派が王制廃止・共和制樹立を宣言すると、皇帝はロシアと協力して軍事介入を行い、9月に革命派の動きを鎮圧できた。

（4）中央集権制か、連邦制か

　48年革命から1867年の二重君主国成立までの間、オーストリアの国制は中央集権主義と連邦主義の間で揺れ動いた。1849年の「49年憲法」は、オーストリアが帝冠領邦（Kronländer）からなる一体不可分の君主国であり、君主国全体が関税同盟を形成し、帝冠領邦の代表からなる上院と直接選挙で選出される代表からなる下院の二つで帝国議会（Reichstage）を形成することを規定した。しかし、2年後の「十二月勅令（Sylvesterpatenten）」には帝国議会に関する言及がなかった。また、各地の領邦議会が停止され、ハンガリーでは四月法の無効が宣言されるなど、オーストリアは中央集権主義的方向に向かっていった。

　1859年のイタリア統一戦争でのオーストリアの敗北は、オーストリアの国制問題にも影響を与えた。1860年の「十月勅令（Oktoberdiplom）」は、連邦主義的方向性に立脚するものであった。歴史的領邦と領邦議会の歴史的権利が再確認され、帝国議会が再び設置された。また、ハンガリーが他の領邦とは異なる特殊な地位にあることが認められた。しかし、帝国議会がハンガリーを含むオーストリア全体に関する財政を審議することになったことや、クロアチアとトランシルヴァニアが依然としてウィーンの宮廷の管理下にあることは、マジャール人の反感を惹起させた。半年後の1861年2月には、中央集権主義的要素の強い「二月勅許（Februarpatent）」が布告された。二

月勅許は、クロアチアとトランシルヴァニアを含むハンガリー以外の地域で効力を持つものであったが、それまで領邦議会が有していた多くの立法権限を帝国議会に移譲した。ハンガリーはこの二月勅許に反発して、帝国議会に代表者を送らなかった。そのため、宮廷勢力はハンガリー議会を解散させた。とはいうものの、チェコ人やクロアチア人も二月勅許を激しく非難したために、宮廷は 1865 年に二月勅許の効力を停止させる決定を下さざるをえなかった（篠原, 1999: 214-215；オーキー, 1987: 223；ジェラヴィッチ, 1994: 54；Brauneder, 2000: 149）。

　1860 年前後、ハンガリーでは宮廷との関係をどのようにするかについて、二つの意見が存在した。一つは、フェレンツ・デアークを代表とする二月勅許に対して民族の立場を皇帝に示すことで妥協の道を模索したい「帝国内妥協派」であった。もう一つは、ハンガリー、クロアチア、トランシルヴァニア、当時オーストリア帝国の外にあったモルドヴァ・ワラキア両公国（＝ルーマニア）とセルビアからなるドナウ連邦を主張したコシュートを代表とする「独立派」であった。独立派の主張は、宮廷との妥協阻止を意味した。最終的には 1861 年にハンガリー議会が僅差でデアーク案を可決したことで、宮廷との交渉が開始された（Somogyi, 1990: 246f; 羽場, 1989a: 90-94）。

（5）君主国存続のための妥協

　その間、オーストリア帝国はドイツ統一問題で大きな決断を迫られた。ドイツ統一問題でプロイセンとの武力衝突が避けられない状況になりつつあった 1865 年 4 月、デアークは新聞紙上で「目標の一つは強い帝国が今後も存在することであり、もう一つはハンガリーの立憲体制を維持することである」と主張した。これは、「皇帝」フランツ・ヨーゼフにとって妥協への重大なシグナルであった。翌年、オーストリアが普墺戦争で敗れると、宮廷とマジャール人との妥協の模索は加速した。敗戦後の帝国運営について、皇帝には三つの選択肢があった。まずは、中央集権化された国家の維持である。これは、宮廷や軍指導部、ブルジョワ出身の官僚団の考えであった。二つ目

は、帝国の連邦化であった。これは当時の保守的な政府関係者やスラヴ諸民族の指導者たちの考えであった。そして、三つ目は、立憲主義的二重体制の創出であった。これは、デアークやオーストリア・ドイツ人リベラル派の考えであった（Somogyi, 1990: 248f.）。敗戦後、外交担当の国家大臣に任命されたフリードリヒ・ボイストは、国内の安定が国際関係における帝国の安定に不可欠と考え、ハンガリーとの妥協の道が重要であると判断した。

　こうしてハンガリー側の提案をもとに、1867年1月に宮廷とハンガリーとの交渉が始まった。ハンガリー側の提案の基本は、ハンガリーとその他の領域が外交と国防という共通事項を持つ点にあった。ハンガリーとその他の領域という「二重主義（Dualismus）」は、ハンガリーからすれば、十分な国内的自治は望むものの、他の地域との完全な断絶は望まないという考えかたであった（Somogyi, 1990: 249f.）。皇帝が交渉内容に納得する一方で、ハンガリーではデアークが議会の合意を取り付けることに成功した。ハンガリー議会の可決のあと、皇帝フランツ・ヨーゼフは6月になってようやくハンガリー国王として戴冠した。こうして成立したのが、アウスグライヒ体制であった。これにより、ハンガリー王冠領の大幅な自治権が確立されたのである。

2．アウスグライヒ体制の制度的特徴

（1）共通業務

　アウスグライヒ体制の法的根拠となったのは、君主であるフランツ・ヨーゼフとハンガリー議会代表のアンドラーシ・ジュラの署名があり、全69条からなる「ハンガリー1867年第12号法（Der ungarische Gesetzartikel XII vom Jahre 1867）」（以下、ハンガリー・アウスグライヒ法とする）と、君主と当時のオーストリア帝国の閣僚の署名がついた全37条からなる「1867年12月21日の法律（Gesetz vom 21.Dezember 1867）」（以下、オーストリア・アウスグライヒ法とする）であった（Mayer, 1968: 124-158）。この二つの法律は、

ハンガリーと「その他の地域」との間の「共通（gemeinsam）」業務を定めた。「その他の地域」とは、具体的にはボヘミア、メーレン、シュレージエン（この三つがいわゆるボヘミア王冠領）、上・下両オーストリア、ザルツブルク、シュタイアーマルク、ケルンテン、チロル、フォアアールベルク、クライン、ゲルツ・グラディスカ、イストリア、トリエステ市、ダルマチア、ガリツィア、ブコヴィナの各地域を指す。以下、オーストリアに適用されるオーストリア・アウスグライヒ法をもとに共通業務をみていこう。

共通業務は、(1) 外交、(2) 軍事、(3) 外交と軍事に関する財政の三つと規定され、さらに「共通に行うものではないものの、その時々に応じて共同で行うもの」として、(4) 関税政策を含む通商業務、(5) 工業製品と密接に関連する間接税、(6) 貨幣制度及び金利、(7) 帝国の二つの構成体（Reichshälfte）双方に関連する鉄道敷設、そして (8) 国防体制の整備が挙げられている。共通業務の実施のために、共通省が設置されることになっているが、この共通省には共通業務の他に特別な行政案件を行わせないという但し書きが付いている。この消極的な形式を採用した理由は、ハンガリー人の独立性を保護するためであった。ハンガリー人政治家は、二重君主国に「ライヒ（Reich）」政府をつくることにかなりの警戒心を持っていた（Somogyi, 1996: 76; László, 2000: 325）。業務の実施のために大臣を頂点とする共通外務省、共通国防省（陸軍と海軍）、共通財務省の3省が設置された[1]。

(2) 共通閣僚会議

共通業務を協議する場として、共通閣僚会議（Gemeinsame Ministerrat）が開催された。しかしながら、二つのアウスグライヒ法にはこれに関する規定がない。この会議は、二重君主制成立以前のライヒ大臣の集合体の延長線上にあるものとみるべきであろう。この会議に君主が参加する場合には彼が司会役となるが、通常開かれる会議にはほとんど参加しなかった。そこで、実際の司会役は共通外相が担当した。会議の参加者は特に決まってはいなかったが、3人の共通外相のほか、ハンガリーとオーストリアの両首相はた

いてい出席した。そのほかには、議題によって、両政府の財務大臣や国防大臣、共通軍の参謀総長なども出席した（Schmied-Kowarzik, 2011: 36f.）。

（3）代議団

共通業務について、ハンガリーとオーストリアの代表が審議する共通議会に類するものが代議団（Delegation/Delegationen）であった。年1回召集される代議団は、「帝国の二つの構成体」の代表から構成されるとなっている。具体的には、ハンガリー議会とオーストリア議会から代議員が派遣される。オーストリア・アウスグライヒ法はオーストリア側のことしか言及されていないが、オーストリア側からはオーストリア議会の上院から20名、下院から40名の計60名が代議員の数である。ハンガリー・アウスグライヒ法では、具体的な数字はのちに決定するとなっているものの、オーストリア側との対等性を強調する条文となっており、実際には同数の60名を派遣することになった。代議団が議論する会場は1年おきにウィーンとブダペストとすることが決まっていた。また、ハンガリー代議団とオーストリア代議団が一堂に会して議論を行うのではなく、別々の議場で行った。そこで、両代議団は決定事項を書面で送付することが決定されていた。つまり、オーストリア代議団は決定事項をマジャール語の翻訳をつけてハンガリー議員団に送付したのである。反対に、ハンガリー代議団はドイツ語の翻訳をつけて、オーストリア代議団に送付した。

（4）共通業務の支出

共通業務に関する必要な歳出はハンガリーとオーストリアが分担することになった。歳出の大半は軍事予算が占めていたが、問題は双方の分担率であった。1868年の予算については、ハンガリーとオーストリアの分担率を30％と70％とすることにした。1873年にオスマン帝国と接する国境地帯がハンガリーに編入されると、そのことを考慮して、ハンガリーの負担が1.4ポイントひきあげられた。さらに、1897年以降は、ハンガリーの負担比率

を34.4％とすることにした。

　1849年憲法で規定され、1850年に成立した当時のオーストリア帝国全体をひとつの関税同盟圏化は、アウスグライヒ体制にも引き継がれた。ハンガリーとオーストリアは、二つのアウスグライヒ法において、関税・通商同盟を存続させることを認めた。1867年9月、双方は関税・通商に関する合意案を国内の議会に提出し、可決され、皇帝・国王によって裁可された。関税・通商協定は10年ごとに見直しがなされることになり、君主国崩壊まで5回の協定更新があった（Sutter, 1968: 56f; Galántai, 1990: 56f; Wiener, 1960: 82）。

3．アウスグライヒをめぐる認識の相違と民族問題

（1）異なる認識

　二つのアウスグライヒ法は、法的根拠を異にしており、文言的にも内容的にも一致しなかった（Sutter, 1968: 74; Galántai, 1990: 38）。オーストリア・アウスグライヒ法の前文では、この法律が上下両院の規定を定めた1861年2月の「帝国代表に関する国家基本法（Staatsgrundgesetze über die Reichsvertretung）」を補うものとして皇帝によって公布されることが明記されている。ところが、ハンガリー・アウスグライヒ法の前文では、この法律が1723年に皇帝がハンガリー議会と結んだ国事詔書に基づくものであることが明記されている。つまり、ハンガリーには、国事詔書で認められた国法上の独立性とハンガリーの内政に関する独立性があると同時に、君主国（正しくはライヒReich）との関係が今後そのまま継続することを明らかにしている。第1条では、ハンガリーとオーストリアの関係を「同盟（Verband）」であると規定し、その関係を国事詔書に由来するとしている。そして、ハンガリー王国以外の君主国の地域（＝オーストリア）との間に共通事項が存在すると規定している。ハンガリー・アウスグライヒ法は、ハンガリー国法の再現であった。また、それと同時にハンガリー人の民族的権利の承認でもあった（大津留, 1998: 299; Winters, 1991: 205）。ハンガリーにとって、二重君主国は、二つ

の対等な国家からなる一つの国家であった。それに対して、オーストリアにとっては、二つの構成体（Reichshälfte）からなるオーストリア君主国という一つの国家であった（Hellbing, 1967: 84; 大津留, 1998: 309）。

　ハンガリーとオーストリアは相互に共通事項があると双方の法律で定めた。しかし、「共通」の意味についても、双方の見解は異なった。それは、双方の国家観も異なることを意味した。同時代人でウィーン大学の法学者であったエドムント・ベルナチクは、「オーストリアでは、「共通」とは一体性を表現するものである。かつての「ライヒ〔＝国家〕」が継続しているのは、プラグマティックな事項にのみ制限されるということとなる。「共通」組織や「共通」皇帝、〔略〕「共通」閣僚とは一体性を持つ国家（Gemeinwesen）とみなされる。他方、ハンガリーでは共通閣僚のことをただ二つの同盟関係にある国家（Verbündeter Mächte）から全権を委任された者とみている。「ライヒ」の存在も存続も否定し、国際法上の主体として二つの国家（Staat）になったとみている」と述べている（Bernatzik, 1911: 451f.）。

　共通大臣や双方の首相などが参加する共通閣僚会議はアウスグライヒ体制において共通政府として理解してよいのだろうか。これについて、20世紀初頭の共通財務省局長であったタロージ・ラヨシュは、共通閣僚会議を共通政府とみなすことはできないと結論づけた。それは、共通閣僚会議の事実上の議長となる共通外相が、ハンガリー・アウスグライヒ法の規定からすれば、他の二人の共通大臣を罷免することができないからであった。この見解に対して、外相アゲノール・ゴルホヴスキとハンガリー首相ティサ・イシュトヴァーンは、閣僚会議が共通政府であるとの立場であった。

　共通閣僚会議が共通政府であるとすれば、この問題の最大の論点は、共通閣僚会議のメンバーに事実上ハンガリーとオーストリアの両首相が含まれていることであった。共通政府は3人の共通大臣だけでは成立せず、両首相、場合によっては他の両国の関係者も不可欠な存在となるのである。ハンガリー人研究者シュミート・コヴァチク・アナトールは、このような観点から、共通閣僚会議と共通政府は同じではないと結論づける。彼はさらに、タロージの見解が議院内閣制の政府を想定していることを指摘する。共通閣僚会議

が共通政府であるとしても、オーストリア＝ハンガリー二重君主国では議会に対して責任を負う共通政府は存在しないのである（Schmied-Kowarzik, 2011: 10f.）。

　君主のフランツ・ヨーゼフはアウスグライヒ体制をどのように認識していたのか。彼にとって、オーストリア＝ハンガリーの外交政策は「君主国全体の政策」であった。この見解は、共通外相ゴルホヴスキの後任のアーロイス・エーレンタールも同じであった。エーレンタールは「一体的な君主国概念」を根拠にして、オーストリア＝ハンガリーが共通案件に関する国際法上の唯一の主体であると考えた。彼の主張の根拠には、1867年のアウスグライヒ成立に関係したハンガリー人政治家アンドラーシが「オーストリア＝ハンガリー君主国」という名称を正統なものと認めていたことがあった（Rumpler, 1989: 40）。

（2）アウスグライヒ体制がもたらしたもの

　さて、アウスグライヒとは何だったのかと考えてみるとき、それは、ドイツ人（特にブルジョワ層）とマジャール人（特に大貴族層）が君主国の東西でそれぞれ支配的地位に立ち、君主国を存続させようとした結果であったと度々指摘される。そのような立場をとるハプスブルク史研究者のロバート・カンは、アウスグライヒ体制が当時のオーストリア帝国の不利な国際環境を受け入れる唯一の解決策であったと考える。また、ハンガリー人研究者のハナーク・ペーターは、アウスグライヒ体制をドイツ人とマジャール人の利益共同体と表現する。その結果、君主国内の他の民族は、自分たちが二級民族に格下げされたのではないか、と考えるようになった（Winters, 1991: 198; Görlich, 1980: 232; Hanák, 1984: 197; 矢田, 1977: 147）[2]。このような見解からさらに踏み込んで、アウスグライヒ体制を「だれもが何かを断念せねばならない時期に行われた取引の結果」誕生した体制、または「だれもが満足しなかった体制」ととらえる見かたもある。つまり、ドイツ人が中央集権化された君主国という思想を断念する一方で、マジャール人は本来あるべき姿とし

ての独立という選択肢を断念して、自治で妥協せねばならなかったと認識したのである（Somogyi, 1990: 251; Lemke, 2015: 171）。

しかしながら、アウスグライヒ体制によって、ドイツ人は引き続き自分たちのある種の社会的な特権的地位を維持することに成功し、マジャール人は民族的権利を「回復」し、ドイツ人と同様の地位に上昇した。この体制のもとで、次の課題は、ハンガリーとオーストリアにおける他民族や新たに登場しつつある社会集団の政治参加や自治を求める要求にいかに答えていくのか、ということになった。アウスグライヒ体制が民族問題を解決したわけではなかったのである（Winters, 1991: 203）。

（3）オーストリアとハンガリーの民族政策

オーストリアではアウスグライヒ法成立後の12月に、「市民の権利に関する国家基本法（Staatsgrundgesetz vom 21.December 1867）」が制定された。この基本法第19条では、(1) すべての民族（Volkstamm）の平等性と民族の言語の尊重、(2) 各州の使用言語の教育機関・行政・公共の場での対等性、(3) 民族の言語で教育を受けるための措置が規定された。1860年代は比較的大きな民族問題が起きなかったものの、70年代以降はとくにチェコ人を中心に民族問題が多発した。チェコ人とドイツ人が住むボヘミアでは、70年代前半、オーストリア政府とチェコ人との間でオーストリアの強化を目指す妥協（ボヘミア・アウスグライヒ）が試みられたものの、ボヘミア国法の基本法化や二重主義体制から三重主義体制への移行（ハンガリー王国、ボヘミア王国、その他の地域〔＝オーストリア〕）等の内容に対して共通外相、ドイツ人、マジャール人支配層が強く反対したため、実現しなかった。さらに、1880年代から90年代には、ボヘミアに置かれている国の出先機関におけるチェコ語の使用について対立が生じた（ターフェ言語令とバデーニ言語令）。当時の帝国議会でのチェコ人政党の躍進とも関係して、この使用言語問題を契機としてオーストリアでは民族問題が大きな政治問題になっていった（川村, 2005；大津留, 2007）。

アウスグライヒ体制下のオーストリアがすべてこのような状況だったわけではなかった。20世紀初頭、現在のチェコ東部のメーレンや現在のルーマニアとウクライナの国境地帯のブコヴィナでは、地域住民の民族構成に基づく地域代表の選出方法と、それによる自治的行政制度の導入がなされた。

　ハンガリー王国では、1868年に民族法（Nationalitätengesetz）が制定された。この法律は、ハンガリーには一つの国民、つまりハンガリー国民しか存在しないという政治的単一性を規定した。つまり、どの国民も民族集団に関係なく同じ権利を有することが保障されたのであるが、ハンガリー国内には特別な国法的自治空間も民族的自治空間も認められなかった（大津留, 1998: 307）。また、ハンガリー語（＝マジャール語）が国家言語として規定される一方で、自治体や教育機関における少数民族の言語の使用にある程度の権利を認めたものとなった。しかし、政府による非マジャール人のマジャール化が行われた。もちろん、ある程度の民族的自治を享受した地域もないわけではなかった。1868年、ハンガリー政府は、領内のクロアチア人勢力と「協定（ナゴドバ）」を締結した。ナゴドバ（nagodba）は、ハンガリー王国とクロアチア・ダルマチア・スラヴォニア王国が同一の国家共同体を形成すること、また後者の自治権を大幅に認めることを定めた。それゆえ、アウスグライヒ体制全体の枠組みには影響を与えるものではなかった（Galántai, 1990: 85-95）。

（4）変容するアウスグライヒ体制

　1867年のアウスグライヒが成立したのは、オーストリア帝国の一体性が危機的状況にあったからであった。ウィーンの中央政府は、帝国の存続を図るため、以前から中央政府に激しく反発していたマジャール人に対して妥協することを決意したのである。マジャール人に大きな自治権を与え、ハンガリー内部のことは「ハンガリー人」に任せたのである。ハンガリー以外の地域、つまり「オーストリア」でも領内住民に自治権が付与された。少なくとも、その時点でオーストリア帝国の分裂・崩壊の危機を回避できたことは、

アウスグライヒ体制の効果であった。しかしながら、アウスグライヒ体制は、ドイツ人に加えてマジャール人にある種の社会的特権的地位を認める体制であった。二重君主国の時代は、ドイツ人とマジャール人以外の民族集団が、マジャール人がアウスグライヒによって民族的権利を獲得したように、同じような権利を要求する時代であった。これは、ある意味、アウスグライヒの「逆機能」であった。

　アウスグライヒによって、ハンガリー、オーストリア、そして共通事項を担当する「ライヒ」からなる統治体制が成立したが、その位置づけをめぐっては当事者の間で明確な統一的見解は得られなかった。二重君主国は、連邦制的特徴を持つ一方で、連合国家としての特徴も見られる国家形態といえるのではなかろうか。このような形態は現在のEUにもみられるものである（アンダーソン, 2010: 17）。

　アウスグライヒ体制下の二重君主国では、ハンガリーでもオーストリアでも民族主義運動が活発化していった。しかし、二重君主国を解体しようという動きがその支配的勢力であったわけではなかった。そうしたなかで、アウスグライヒ体制を改変しようとする動きが各地でみられるようになった。その動きの大半が、連邦制的特色の強化という方向性を持っていた。アウスグライヒ体制から新しい体制に移行する「可能性」は、皇位継承者フランツ・フェルディナントの三重制（Trialismus）論や、ポポヴィッチに代表される「大オーストリア（Groß-Österreich）」論などを考慮すれば、ないことはなかった。しかし、そのような議論が本格化する前に、第一次世界大戦が始まったのである。

1) 軍事に関しては、第2条で、共通軍に関する皇帝（Kaiser）の統帥権が明記されている。なお、共通軍とは別にハンガリーとオーストリアには独自の軍隊（ハンガリーではホンヴェート Honvéd、オーストリアではラントヴェア Landwehr）が設置された。
2) 羽場はアウスグライヒ体制について、コシュートのドナウ連邦の理念を国外の地域との連携ではなく、君主国内のドイツ人とハンガリー人支配層の間で導入して、君主国の延命を図ったものと指摘する（羽場, 1989b：223）。

【参考文献】
Bernatzik, E.（1911）*Die österreichischen Verfassungsgesetze*, Manzsche.

Brauneder, W. (2000) "Die Verfassungsentwicklung in Österreich 1848 bis 1918," Rumpler, H. und Urbanitsch, P. (Hg.) *Die Habsburgermonarchie 1848-1918*, Bd.VII / 1. Der österreichischen Akademie der Wissenschaften.
────── (2009) *Österreichische Verfasungsgeschichte*, Manz.
Galántai, J. (1990) *Der österreichisch-ungarische Dualismus 1867-1918*, Österreichischer Bundesverlag.
Görlich, E. J. (1980) *Grundzüge der Geschichte der Habsburgermonarchie und Österreich*, Wissenschaftliche Buchgesellschaft.
Hanák, P. (1984) *Ungarn in der Donaumonarchie: Probleme der bürgerlichen Umgestaltung eines Vielvölkerstaates*, Verlag für Geschichte und Politik.
Hellbling, E. C. (1967) "Das österreichische Gesetz vom Jahre 1867 über die gemeinsamen Angelegenheiten der Monarchie," Hornbostel, T. (Hg.), *Der österreichisch-ungarische Ausgleich von 1867: Vorgeschichte und Wirkungen*, Verlag Herold.
László, P. (2000) "Die Verfassungsentwicklung in Ungarn," H. Rumpler, und P. Urbanitsch (Hg.), *Die Habsburgermonarchie 1848-1918*, Bd.VII/1. Der österreirichischen Akademie der Wissenschaften.
Lemke, B. (2015) "Zwischen zentrifugalen und zentripetalen Kräften: ökonomische Integration in der Habsburgermonarchie," G. Ambrosius, C. Henrich-Franke und C. Neutsch (Hg.), *Föderalismus in historisch vergleichender Perspektive*, Bd.2. Nomos.
Mayer, T. (Hg.) (1968) *Der österreichische-ungarische Ausgleich von 1867: Seine Grundlagen und Auswirkungen*, R.Oldenbourg.
Popovici, A. C. (1906) *Die Vereinigten Staaten von Groß-Österreich*, Verlag von B.Elischer Nachfolger.
Rumpler, H. (1989) "Die rechtlich-organisatorischen und sozialen Rahmenbedingungen für die Außenpolitik der Habsburgermonarchie 1848-1918," A. Wandruszka und P. Urbanitsch (Hg.), *Die Habsburgermonarchie 1848-1918*, Bd.VI /1. Der österreichischen Akademie der Wissenschaften.
Schmied-Kowarzik, A. (2011) *Die Protokolle des gemeinsamen Ministerrates der österreichisch-ungarischen Monarchie 1908-1914*, Akadémiai Kiadó.
Somogyi, É. (1990) "The Age of Neoabsolutism, 1849-1867," P. Sugar, P. Hanák and T. Frank (eds.), *A History of Hungary*, Indiana University Press.
────── (1996) *Der gemeinsame Ministerrat der österreichisch-ungarischen Monarchie: 1867-1906*, Böhlau.
Sutter, B. (1968) "Die Ausgleichsverhandlungen zwischen Österreich und Ungarn 1867-1918," T. Mayer (Hg.), *Der österreichisch-ungarische Ausgleich von 1867 : Seine Grundlagen und Auswirkungen*, R.Oldenbourg.
Wiener, R. (1960) *Der Föderalismus im Donauraum*, Hermann Böhlaus.
Winters, S. B. (1991) *Robert A. Kann: Dynasty, Politics and Culture. Selected Essays*, Social Science Monographs.

阿南大他（2004）「ハプスブルク君主国19世紀原典史料Ⅰ　1949年「クレムジール憲法草案」「シュタディオーン（欽定）憲法」」『東欧史研究』26号、67-77頁。
アンダーソン、ジョージ（2010）『連邦制入門』城戸英樹ほか訳、関西学院大学出版会。

石田裕子ほか（2005）「ハプスブルク君主国 19 世紀原典史料 II 「暫定自治体法」（1849 年）・「ジルヴェスター勅令」（1851 年）」『東欧史研究』27 号、121-127 頁。
大津留厚（1998）「ハプスブルク帝国」『岩波講座　世界歴史 5』岩波書店、297-320 頁。
――― （2000）「ハプスブルクの国家・地域・民族」『歴史評論』599 号、2-13 頁。
――― （2007）『増補改訂　ハプスブルクの実験』春風社。
オーキー、R.（1987）『東欧近代史』越村勲ほか訳、勁草書房。
――― （2010）『ハプスブルク君主国 1765-1918 ――マリア＝テレジアから第一次世界大戦まで』三方洋子訳、NTT 出版。
川村清夫（2005）『オーストリア・ボヘミア和協』中央公論事業出版。
ジェラヴィッチ、バーバラ（1994）『近代オーストリアの歴史と文化――ハプスブルク帝国とオーストリア共和国』矢田俊隆訳、山川出版社。
篠原琢（1999）「『長い一九世紀』の分水嶺」南塚信吾編『ドナウ・ヨーロッパ史』山川出版社、176-217 頁。
羽場久浘子（1989a）『ハンガリー革命史研究』勁草書房。
――― （1989b）「東欧」有賀貞ほか編『講座国際政治 3』東京大学出版会、177-238 頁。
矢田俊隆（1977）『ハプスブルク帝国史研究』岩波書店。

第Ⅱ部　事例編

第10章
ロシアにおける連邦制の変容とその効果

溝口修平

　世界最大の面積を持ち、約150の民族を擁するロシア連邦にとって、国家統合をいかに実現するかという問題は常に大きな課題である。連邦制はその課題を解決すべく採用された制度であるが、ロシア連邦の成立以降その内実は大きく変容してきた。本章では、ソ連解体から今日に至るまでロシアの連邦制、特に中央と地方の政府間関係がどのように変容してきたのかを考察し、そうした制度の変容が政治のありかたにどのような影響を及ぼしてきたのかを検討する[1]。

　以下では、まずロシアの連邦制の成立過程をみながら、この制度の特徴を概観する。その後、中央の統制が地方に及ばず遠心化が進んだ1990年代と、中央集権化が進み「連邦主義の後退」ともいわれた2000年代を比較する。本書のテーマである「連邦制の逆説」という言葉が表しているように、連邦制は、内部の多様性を容認することで分離主義を防止する役割を果たしうる一方で、それが集団間の差異を強調し、分離主義を誘引する可能性もある（Erk and Anderson, 2009）。このことを念頭に、ロシアにおける連邦制の変容は、統治のありかたにどのような影響を及ぼしたのかを考察することが、ここでの課題となる。

1．ロシアの連邦制

（1）ロシアの連邦制の特徴

　ロシア連邦は多民族国家であるが、その中で民族的な意味でのロシア人（ルースキー）が占める割合が圧倒的に大きい[2]。2010年の国勢調査によると、ロシア人は全人口の約8割を占めており、タタール人、ウクライナ人、バシキール人などがこれに続いている[3]。このように、多民族国家ロシアのなかでは、ロシア人が圧倒的な多数派を形成している。

　ロシアの連邦制の最大の特徴は、行政区画が多様であるという点にある。つまり、連邦は民族名を冠する行政区画である共和国、自治州、自治管区と、領域的な行政区画である地方（クライ）、州、連邦市という6種類の連邦構成主体から構成されている。その数は、1993年のロシア連邦憲法制定時には89であったが、2000年代に連邦構成主体の合併が行われて83となった。さらに、2014年にはウクライナ領であったクリミア自治共和国とセヴァストーポリ市を編入する手続きがとられたため、2016年現在連邦構成主体の数は85である[4]。憲法上、すべての連邦構成主体は同権であるが、その種別が多様であるという点は、連邦制をめぐる争点の一つになってきたし、ロシアの連邦制の大きな特徴でもある。

　また、行政区画のありかただけでなく、社会経済的な面でも連邦構成主体間の多様性は大きい。鉱物資源を有する連邦構成主体（チュメニ州、サハ共和国、タタルスタン共和国など）は経済水準が高いのに対し、シベリア、極東、北カフカス地域の連邦構成主体の多くは資源も産業も乏しく、連邦中央からの支援なしには財政が成り立たない状況にある。1999年の段階で、13の連邦構成主体が、中央からの財政移転が全歳入の5％以下であり、中央への税の引渡し額のほうが多いいわゆる「ドナー」地方であり、24の連邦構成主体が、連邦からの財政支援が国庫に納める税の額よりも大きい「レシピエント」地方であった（Ross, 2002: 83-84）。地域間格差の是正という問題も、ロ

シアの連邦制のありかたを規定するうえで重要な問題であり、近年は連邦政府がこうした後発地域の開発を積極的に推し進めている。

（2）ソ連の連邦制とロシアの連邦制

続いて、ロシアの連邦制がどのような過程で形成されたのか、その歴史的経緯を簡潔にみてみよう。ロシアの連邦制は、基本的にはソ連時代の行政区画を引き継ぐかたちで成立したが、その成立過程は決して平穏ではなかった。ソ連邦は、その名のとおり国家制度としては連邦制であったが[5]、実際には共産党機構の下で集権的な統治が行われていた。しかし、ペレストロイカの過程で、共産党の権力が弱められ集権的な統制が緩み始めると、ロシアをはじめとする構成共和国が発言力を増し、ソ連指導部に対し権限の拡大を要求し始めた。こうして、ソ連の連邦制再編が、今後の国家のありかたを決める重要な政治課題になった[6]。

この問題を一層複雑にしたのは、ソ連の構成共和国の一つであったロシア（ロシア・ソヴィエト社会主義連邦共和国）もまた連邦制であり、その内部には民族名を冠する自治共和国が存在していたという事実である[7]。ロシア内の自治共和国は、共和国の主張を模倣するかのようにロシア政府に対し権限拡大を求め、その中には共和国への地位の格上げ要求もあった。さらに、地方や州といったロシア人地域も自治共和国と同等の地位を主張するようになった。このように、ソ連の中で入れ子状になっていた行政単位が、自らより上位の行政単位の主張を模倣して次々と「主権」や「自決」を求めるようになったのである[8]。ロシアにとっては、ソ連に対して権限の拡大を要求すると、同じ要求を下から突き上げられるという苦しい状況になり、ロシア指導部は場当たり的な対応を繰り返した。結局、こうした問題が決着しないまま、1991年12月にソ連が解体してしまったので、問題の一部はのちに繰り越された（塩川, 2007; 溝口, 2016）。

（3）連邦条約とロシア連邦憲法の制定

したがって、ペレストロイカ末期にロシア内部で起こった連邦制再編をめぐる論争は、ソ連崩壊後も継続することになった。上述のとおり、ソ連崩壊直前にはソ連とロシアの二つの連邦制再編問題が交錯しており、ロシアの連邦構成主体にとっては、ロシア内部での地位だけでなく、ソ連の連邦制における地位がどうなるかという問題も重要な政治的争点であった。しかし、ソ連崩壊によって後者の問題は消失し、主要な争点は、ロシア内部の中央・地方関係に絞られた。具体的には、連邦構成主体の種別によって権限の違いを設けるか（共和国に他の連邦構成主体より大きな権限を与えるか）、それともすべての連邦構成主体を同権とするかという点が最大の争点となった。一般に、前者は非対称的、後者は対称的な連邦制と呼ばれ、多民族国家は前者の形態をとることが多い（Stepan, 1999: 31）。ロシアでは概して共和国が前者を主張し、地方・州は後者を主張した。連邦政府の立場は明確ではなかったが、共和国の権限拡大を抑制したいと考えていたボリス・エリツィン大統領は、1993年ごろから、連邦構成主体は同権としたほうが望ましいという考えを示すようになった。

この連邦制のありかたをめぐる議論は、1992年3月に連邦政府と連邦構成主体が締結した連邦条約と、1993年12月に制定された憲法に結実した。まず、連邦条約は、共和国を「主権国家」と認めるなど共和国を優遇するものであった[9]。しかし、憲法では、この主権条項は削除され、「連邦権力機関との関係においては、連邦構成主体は互いに同権である」という規定が設けられた（第5条）。つまり、憲法は、連邦条約よりも連邦構成主体間の対称性を重視するものになったのである。憲法制定過程では、大統領と議会の対立が激化し、大統領が議会を閉鎖するという非常事態にまで陥った。そして、憲法は、その状況下で実施された国民投票によって採択された。こうした大統領の強引な手法を非難する連邦構成主体もあったので、エリツィン大統領は議会との関係だけでなく、連邦構成主体との関係においても権力を自らに集中させようとした。そして、主権条項を削除し、対称性を強めること

は、自立化を強める共和国に対するコントロールを強化し、集権化を進めようとする大統領の意図を反映したものであった。

　他方で、こうした集権化の方向性と相反するような規定も憲法には盛り込まれた。連邦政府は、連邦条約に署名しなかったタタルスタン共和国との間で、長らく両者の関係を規定する条約を個別に締結する準備を進めていた。そして、タタルスタンの要求に応じてこうした条約の存在を憲法で認め、中央・地方関係は、憲法、連邦条約に加え、「その他の条約」によっても規定されることとした（憲法第11条）。このようにして、ロシアの憲法は、各連邦構成主体は同権であるとしつつも、中央・地方関係を連邦政府とのバイラテラルな交渉によって個別に変更しうるものとしたのである（溝口, 2013; 2016）。実際、憲法制定からわずか3カ月後の1994年2月には、中央政府とタタルスタン政府の間で権限区分条約が締結された。

2．非対称な連邦制とその効果

（1）権限区分条約の拡散

　権限区分条約に関する規定は、憲法制定過程で長らく検討されていたものではなく、その最終段階でタタルスタン共和国の提案を受け入れるかたちで組み込まれたものであった。しかし実際には、それが憲法や連邦条約が定めた法的枠組みを大きく変更し、連邦構成主体ごとに権限が異なるという連邦制の非対称性を拡大することになった。その意味で、この規定は制度設計者の意図を逸脱する効果を持った。

　1994年から1998年にかけて、上述のタタルスタンを皮切りに46の連邦構成主体が権限区分条約を連邦政府と締結した。当初は、条約は一部の共和国との間でのみ結ばれていたが、大統領選挙が行われた1996年以降は共和国以外の連邦構成主体も条約を締結するようになり、その数も一気に増加した（表10-1参照）。これは、再選を狙ったエリツィンが、自身への政治的支持と引き換えに連邦構成主体との間に行った取引だと考えられている。連邦

表 10-1　権限区分条約を締結した連邦構成主体の数

1994 年	1995 年	1996 年	1997 年	1998 年
3（3）	4（4）	19（2）	14（0）	6（1）

注：かっこ内の数字は、共和国による条約の数。
出所：Söderland（2003: 317）

　構成主体の行政府は、いわゆる行政資源を駆使して集票する力に長けていたので、支持率低迷に苦しんでいたエリツィンとしては、権限区分条約によって連邦構成主体に権限を移譲することと引き換えに、自身の再選を確実なものにしようとした（Ross, 2002: 42-43）。

　この 1996 年の大統領選挙において、エリツィンは実際に再選を果たした。だが、権限区分条約の締結が、大統領選挙におけるエリツィンの支持拡大に対して効果的であったとは必ずしもいえない。たしかに、エリツィンは大統領選挙直前に支持率を急上昇させた。1995 年末の段階では、支持率が不支持率を約 30 ポイントも下回っていたが、1996 年 7 月には支持率が不支持率を 20 ポイント上回るほどになったのである（Levada, 2005: 403）。しかし、大統領選挙までに権限区分条約を締結した 25 の連邦構成主体のうち、エリツィンの得票率が全国平均を上回った連邦構成主体の数は、第 1 回投票で 12、第 2 回（決選）投票で 11 であった[10]。つまり、権限区分条約を締結した連邦構成主体の半数以上は、エリツィンへの支持が全国平均よりも低く、これらの連邦構成主体がエリツィンの再選を支えたわけではなかった。エリツィンは権限区分条約を取引材料として自らへの支持を獲得しようとしたのかもしれないが、連邦構成主体への譲歩に対して、得られたものはそれほど大きくなかった。実際、経済的に豊かであり、構造的な権力資源を豊富に持つ連邦構成主体ほど権限区分条約を早く締結する傾向にあることが指摘されており（Dusseault et.al., 2005; Söderland, 2003）、連邦政府の側にどの連邦構成主体と条約を締結するかの選択権があったというよりは、連邦構成主体の交渉力が連邦政府に条約締結を迫ったといえよう。

（2）権限区分条約の内容

　それでは、各連邦構成主体は権限区分条約によって何を手に入れたのか。次にこの点をみてみよう。ただし、紙幅の都合上、各条約の内容を詳細に検討することはできないため、ここではその全体的な傾向を概観するにとどめる。

　憲法では、第71条と第72条において、連邦中央の専管事項と、中央と地方の共管事項が列挙され、第73条では、上記二つの事項以外は連邦構成主体の専管事項であると定められている。たとえば、「土地、地下資源、水資源およびその他の天然資源の所有、利用および管理」や「ロシア連邦における税および手数料の一般原則の確定」などは中央と地方の共管事項とされている。ただし、上述のとおり憲法第11条では「その他の条約」の存在を認めているし、第78条では、中央政府と地方政府が合意した場合、それぞれの権限の一部を両政府間で移転できると定めている。権限区分条約は、これらの規定に従って中央と地方の権限関係を個別に変更する役割を果たした。

　まず、1994年から1995年にかけて共和国が締結した条約のほうが、それ以降の条約よりも連邦構成主体に大きな権限を委譲したという傾向を指摘できる。これらの共和国は石油や金などの鉱物資源を産出する地域が多かったが、資源の所有、利用、管理や、対外経済関係、課税システム、共和国予算の編成など、中央と地方の共管事項であったものが共和国の専管事項となった（Ross, 2002; 中馬, 2009）。

　一方、1996年以降に定められた権限区分条約では、憲法で特段に規定されていない分野（たとえば人事政策や中央と地方の予算間関係など）を中央と地方の共管事項として設定したものが多い。上述のとおり、憲法第73条では、第71条、第72条に規定されていない事項は連邦構成主体の専管事項であると定められているため、そこに記載されていない事項を権限区分条約でわざわざ明記するということは、連邦構成主体の管轄範囲を限定することになる。したがって、これらの権限区分条約は、連邦構成主体の自立性拡大を意図したものというよりは、中央と地方の権限の区分を明確にするという意

図が強かったと考えられる（中馬, 2009: 99）。

このように、権限区分条約の内容は締結時期によってかなり違いがあることがわかるが、それによって連邦構成主体ごとの権限の違いも大きくなり、連邦制の非対称性は拡大した（DeBardeleben, 1997）。ただし、たいていの場合主要な問題は社会経済的な権限であり、1990年代初頭には政治的争点であった「主権」や「自決」に関する問題は、1990年代半ばにはもはや第一義的な問題ではなくなっていた。

（3）非対称な連邦制の効果

以上のように、1994年から1998年にかけて権限区分条約が締結されたことで、ロシアの中央・地方関係は変容し、主に経済的な面で分権化が進んだ。それは、一方では連邦構成主体の多様性を考慮した対応を可能にし、資源を有し発言力も大きい一部の連邦構成主体の不満を低減させたという意味で、ソ連崩壊直後に不安視されたような分離主義の拡大を防ぎ、国家の一体性を保つ効果があった（Cherepanov, 2005: 132-133）。また、中央・地方双方で政党システムが不安定だった時期に、交渉のなかで連邦政府と連邦構成主体政府の間にチャネルが形成され、政府間関係を構築することにも貢献した（長谷, 2006: 290）。実際、チェチェン共和国を除けば、ロシアからの分離が現実的な政治課題となることはほぼなかった。

他方で、このようにして保持された国家の一体性と表裏一体のものとして、ロシアの連邦制は大きな問題も露呈した。それは第一に、連邦レベルでなされた決定が、連邦構成主体レベルできちんと実施されないという問題であった。市場経済化という課題を達成するためには、連邦政府の強い指導力が求められていたが、特に私有化過程においては、連邦構成主体政府が連邦政府の方針に反してこれを進めることがしばしばあった。また、連邦構成主体の法律の多くが、連邦憲法や連邦法と矛盾するという問題も生じた。エリツィン大統領が1997年に行った教書演説では、1995年に連邦構成主体が制定した1万4000の法律のうち、約半数が憲法及び連邦法に違反していたことが

指摘された (El'tsin, 1997)。

　このように、連邦構成主体の行動を連邦政府が統制できなかったために、各連邦構成主体には多様な政治体制が生まれた (Gel'man, 1998)。そして、この非対称な連邦制は総体としては国家全体の不安定化、統治の非効率化をもたらした。特に1998年夏に通貨金融危機が起こると、連邦構成主体の中には危機の影響を最小限に抑えようと、商品やサービスの移動の自由を制限するものも現れた。それに対し、連邦政府は有効な対策をとれず、統治能力の欠如を露呈することになった。したがって、連邦制における非対称性の拡大は、是正すべき問題であると認識されるようになった。

3. 中央集権化

(1) プーチン大統領の中央集権化

　上記のような問題状況は、通貨金融危機の頃になると、ロシア内部で広く共有された認識となっていた。通貨金融危機の直後に首相に就任したエヴゲニー・プリマコフは、「ロシアは解体の危機に直面している」として、連邦構成主体が過剰な力を得ている状況に警鐘を鳴らした (Alexseev, 1999: 2)。そして、このような危機感に拍車をかけたのが、1999年夏にモスクワで連続して起きたテロ事件であり、それに引き続く第二次チェチェン戦争である。こうした「国家の危機」に直面するなかで、地方の自立化や連邦主義を訴える言説は力を失っていき、代わって「強い国家」に対する要請が飛躍的に高まった。このような言説の変化は、中央・地方を問わず、政治エリートの行動を制約することになった (Sharafutdinova, 2013)。

　2000年に大統領に就任したウラジーミル・プーチンは、このような環境の変化のなかで中央集権化に取り組んだ。彼は、就任直後の連邦議会での演説で述べたとおり、中央権力の弱さ、中央と地方の権限争いが国家としての行政能力の低さを招いており、それがロシアの直面する経済的、社会的問題の根源にあるという見かたをしていた (Putin, 2000)。そして、「強い国家」

「垂直的権力の確立」「法の独裁」などといった言葉をスローガンとして、中央集権化を進めたのである。

　2000 年代前半に行われた中央集権化策は、その目的に応じて二つに分類することができる。第一の目的は、連邦中央で決定された政策の実施を確保することである。そのためにまず、プーチンは連邦構成主体を七つの連邦管区に分け、各管区に大統領全権代表を任命した。この大統領全権代表は、連邦レベルでの決定が各管区内で実施されているかを監督し、各管区内での国家安全保障の問題や、政治・経済・社会的な状況を大統領に報告するなどの任務を負った。

　続いて、連邦憲法や連邦法と連邦構成主体の法律の矛盾を是正し、権限区分条約を廃止しようとした。すでに 1999 年には、権限区分条約に対する憲法や連邦法の優位などを定め、権限区分条約の管轄範囲を制限する法律が制定されていたが、2003 年 7 月には、連邦構成主体の予算で実現すべき共管事項のリストが具体的に記された法律が制定されるなど、財源の区分も明確化された。そして、このような法律の制定は権限区分条約の役割を低下させた。さらに、こうした連邦中央のイニシアチブと足並みを合わせ、連邦構成主体の側からも自主的に条約を破棄しようとする動きが起こり、2003 年までに 34 の条約が無効となった。タタルスタン共和国やバシコルトスタン共和国のように、条約の破棄に反対した連邦構成主体でも、なんらかのかたちで条約の修正が試みられ、憲法や連邦法との矛盾が解消された（中馬, 2009）。

　中央集権化の第二の目的は、連邦構成主体、特にその首長の連邦レベルでの意思決定に対する影響力を弱めることであった。エリツィン時代には、連邦議会の上院議員は各連邦構成主体の行政府と立法府の長が務めるという慣習があったが、上院議員は立法活動に専念できる人物が務めるべきとの理由から、連邦構成主体の行政府と立法府が 1 名ずつ議員を選出するというかたちに変更された。以前は、連邦構成主体の首長や議会議長は自動的に連邦議会の上院議員ポストを得られたので、連邦構成主体の権限を制限するような法案を否決することが容易であったし、彼らが中央政界において影響力を拡大することも可能であった。しかし、こうした制度改革によって、地方ボス

が政治的影響力を増大する機会は限定され、連邦構成主体の代表としての上院の役割は弱められた[11]。実際、選出方法の変更により、上院議員のなかでビジネス界や連邦機関の出身者が占める割合が増加し、選出地域に居住したことのない上院議員も増加した（Ross, 2005: 357; Slider, 2005）。

（2）連邦政府と連邦構成主体政府の互恵関係

このように、中央集権化の第一段階では、政策の決定と実施の両面で連邦政府の力を強化することが試みられた。1990年代半ばから行きすぎた分権化が問題視されていたことを考えると、中央政府は集権化によって問題をある程度解消することに成功した。もっとも、このような連邦中央への権力集中について、「今日のロシアをもはや連邦国家とみなすことはできない」とする評価もある（Slider, 2014: 171）。

他方で、この中央集権化策は連邦政府が連邦構成主体に強要したわけではないとする研究者もいる。グードによれば、連邦政府のイニシアチブだけでは、それまで自立性を享受していた「強い」連邦構成主体が、なぜ中央集権化に抵抗しなかったのかを説明できない。したがって、プーチンによる中央集権化の機会を利用して、連邦構成主体（特にその首長）も利益を享受し、両者の間に互恵関係が成立したと考えるほうが妥当であろう（Goode, 2010）。

連邦構成主体首長は、次のような利益を手に入れた。第一に、憲法や連邦法に合わせて連邦構成主体の憲法や憲章を改正する際に、首長は自らの任期を延長したり、地方議会を解散する権限を手にするような改正も行った。首長は、連邦政府に対しては歩調を合わせる一方で、連邦構成主体の議会や地区政府に対する優越性を確立した。第二には、現職首長が、この時期与党としての基盤を確立した「統一ロシア」の推薦によって再選を果たしていく一方で、クレムリンと敵対的な候補は中央からの強い圧力を受けるようになった。加えて、主に油価の上昇が牽引した経済成長によって、資源の配分状況が中央に有利になった。そのような状況では、連邦政府と協調的な姿勢をとるほうが、首長にとっては利益となることが明らかであった。こうして、彼

らは中央に対する自律性を手放す一方で、地方レベルでは権力を拡大することになったのである（Goode, 2010: 237-238; Reuter, 2010）。

（3）連邦構成主体首長の公選制廃止とその復活

　中央集権化の第二段階は、2000年代半ばに行われた連邦構成主体首長の公選制の廃止である。この改革の直接的なきっかけとなったのは、2004年9月に、北オセチア共和国のベスランでテロリストが学校を占拠し、400名近くの犠牲者が出る事件が起きたことであった。プーチンは治安上の必要性から、各地方で政策の実施を担う連邦構成主体の首長を公選制から大統領の任命制へと変更することを提案した。同年末には法律が制定され、首長公選制は廃止されたが、大統領の直接任命制には批判が多かったこともあり、法律は幾度か修正され、最終的には連邦構成主体議会の第一党が首長候補を選び、議会の承認のもとでその候補を大統領に提案するという方式になった。ただし、この時期は連邦構成主体議会においても統一ロシアが第一党を占めていたため、実質的にはクレムリンの意向が首長候補の選抜に強く反映するようになった。

　こうして、連邦政府は首長人事をコントロール下に収めたが、これによって地方首長の大規模な入れ替えが起きたわけではなく、プーチンが大統領であった2008年までは、1990年代から長期政権を維持している有力首長は軒並み再任用された。つまり、公選制の廃止自体は地方政治のありかたをそれほど大きく変更せず、むしろ地方における長期政権化を可能にすることで、中央と地方の互恵関係を強化する側面もあった。そして、それを可能にしていたのが統一ロシアの圧倒的優位であった。

　それに対し、2008年に大統領に就任したドミトリー・メドヴェージェフは、独自の人事政策をとった。ヴィクトル・イシャエフ（ハバロフスク地方）、エドワルド・ロッセリ（スヴェルドロフスク州）、ミンチメル・シャイミエフ（タタルスタン共和国）、ムルタザ・ラヒモフ（バシコルトスタン共和国）、ユーリー・ルシコフ（モスクワ市）などの古参首長が相次いで解任されたのであ

る。大串敦によれば、汚職の一掃を優先的な政策課題に掲げていたメドヴェージェフにとって、地元企業と強く癒着したこれらの首長たちの存在は改革の障害になり、このことが首長の相次ぐ解任をもたらした。しかし、当該地域と関係の薄い首長がモスクワから送り込まれると、地方政治は大きく混乱し、結果として連邦構成主体における統一ロシアの動員力も低下することになった（大串, 2013: 151-156）。2009年以降、統一ロシアはすべての連邦構成主体議会の第一党の座を維持し続けたものの、その得票率は下落し続け、2011年の連邦議会下院選挙および翌年の大統領選挙の際には、ロシア連邦成立以来最大規模の反政府デモが行われた。このように、2000年代の中央集権化は、統一ロシアの圧倒的優位という条件のもとで、中央と地方の互恵関係を成立させており、それが政治の安定化をもたらしていた。しかし、この関係を損なうようなメドヴェージェフの政策は、中央・地方の双方で政治の不安定化を招くことになり、2012年に入り首長公選制は復活することになった[12]。

　公選制復活後、2015年までの4年間に62の連邦構成主体で首長選挙が行われ、22の選挙で新人候補が勝利した。ただし、いずれの場合も、事前に大統領が当該人物を首長代行に任命し、実績を積ませたうえで選挙に臨ませており、依然として中央が首長人事に強い影響力を行使していることが伺える。他方で、新首長には、その地方の議会や政府での役職経験者が増え、公選制が廃止されていた時期よりも、地方とのつながりを持つ人物が首長に選出される傾向が強まった。また、2012年以降、地方議会選挙での統一ロシアの得票率も回復した。クリミア併合を機に、ロシアの政治状況は国内的にも国際的にも大きく変化したが、少なくとも選挙の結果だけを見る限り、統治の安定性はメドヴェージェフ大統領時代よりも回復しているようにみえる。

4．まとめにかえて——連邦制の変容と統治の安定性

　本章では、ロシア連邦の成立以来、連邦制がいかに変容したのかを検討しながら、そのことがいかなる効果を生んだのかを考察してきた。1990年代は、

権限区分条約が連邦中央と連邦構成主体の間でバイラテラルに締結されたことにより、連邦の非対称性が拡大した。そのことは一方で、体制転換期に懸念された分離主義の連鎖を抑制し、国家としての一体性を維持することに貢献した。しかし他方では、連邦構成主体の行動を中央が統制できず、市場経済化の過程や通貨金融危機において、中央政府は統治能力の低さを露呈することになった。このように、非対称な連邦制は、表裏一体の異なる効果を併せ持った。

プーチンが大統領に就任して以来進めた中央集権化政策は、こうした状況を是正しようとするものであった。1990年代末に起きた通貨金融危機と連続テロ事件が、ロシア社会全体で「強い国家」に対する要請を高めていたことも、この中央集権化策を後押しした。チェチェンでは分離独立をめぐる激しい戦闘が起きたが、それ以外の地域では中央集権化に反発した分離主義が高まることはなかった。

プーチンは、政策の決定、実施の両面において連邦政府の優位を確立することで、体制の安定化と統治の効率化を達成しようと試みた。そして、それは統一ロシアという支配政党の形成とパラレルに進められ、地方のエリートは統一ロシアに糾合されていった（溝口, 2011）。ただし、それは必ずしも中央からの一方的押し付けによって成立したわけではなく、両者の互恵関係によってはじめて成り立つものであった。また、統一ロシアの圧倒的優位状況においても、地方におけるエリート間競争は残存しており、体制の安定性は下から侵食される可能性は依然として残されている（油本, 2015：279-281）。したがって、この互恵関係を損なう行動を連邦中央がとれば、地方は当然反発し、それが体制全体の不安定化にもつながりうるのである。首長公選制の復活も、そのような観点からすると統治の安定性に資するものと理解される（Reuter, 2013）。

以上の経過をみてみると、ロシア連邦という国家の安定性は中央のエリートと地方のエリートとの間の微妙なバランスの上に成り立っていることがわかる。そしてその均衡点は必ずしも一つであるとは限らず、集権化と遠心化のどちらか一方が国家の安定化の唯一の解決策というわけでもない。その意

味で、ロシアも「連邦制の逆説」を抱えた国家であるといえる。

1) ライカーは、連邦制の集権化と遠心化の度合いは、政党の構造とパラレルであると指摘したが（Riker, 1975）、国家の成立直後のロシアでは、政党システムは不安定であったため、本章では政府間関係を分析の中心に据える。
2) この「ルースキー（russkii）」は「ロシア民族」や「ロシア語」を表す単語であり、「ロシア連邦」や「ロシア国籍」という意味でのロシアを表す「ロッシースキー（rossiiskii）」とは語義が違う。
3) http://www.gks.ru/free_doc/new_site/perepis2010/croc/perepis_itogi1612.htmD
4) ただし、この編入をウクライナや多くの国家は認めていない。
5) ソ連の正式名称はソヴィエト社会主義共和国連邦である。この「連邦」（ロシア語で「ソユーズ」）は、英語でUnionと訳されるように、本来「同盟」や「連合」を意味する言葉であり、ソ連は主権国家の自発的な連合という体裁をとっていた。ソ連末期に、これを通常の連邦制とするのか国家連合とするのかという点が大きな論争となった（塩川，2007）。
6) そこでは、改革された「ソ連邦」は「連邦制（federation）」とすべきか、それとも「国家連合（confederation）」とすべきかという点も議論された。
7) 自治共和国は、1990年12月に共和国に名称が変更されたが、ソ連を構成する15の共和国と区別するために、ソ連崩壊までの時期に関してはこれを「自治共和国」と記し、それ以降の時期については「共和国」と記す。
8) 1990年後半には、ロシアの連邦構成主体が次々と「主権宣言」を採択し、この状況は「主権のパレード」と呼ばれた。
9) しかし、連邦全体の中で特別の地位を要求するタタルスタン共和国と、独立を目指したチェチェン・イングーシ共和国は連邦条約に署名しなかった。
10) 1996年の大統領選挙の結果については、中央選挙委員会のウェブサイト（http://cikrf.ru/banners/vib_arhiv/president/1996/index.html）を参照。
11) その一方で、連邦構成主体首長から構成される国家評議会という諮問会議を設置することで、中央政府が彼らと意見交換する場も設けられた。ただし、国家評議会が実際の政策決定にどの程度影響力を及ぼしているかは疑問である。
12) 2012年以降もプーチン政権の政治基盤は以前ほど盤石ではなかったが、2014年3月にロシアがクリミアを併合したことで、状況は一変し、ロシア国内の政権に対する支持率は急上昇した。

【参考文献】

Alexseev, M. A.（1999）"Introduction: Challenges to the Russian Federation," in M.A. Alexseev（ed.）, *Center-Periphery Conflict in Post-Soviet Russia: A Federation Imperiled*, St.Martin's Press, pp.1-14.

Cherepanov, V. A.（2005）*Teoriia rossiiskogo federalizma*, MZ-PRESS.

DeBardeleben, J.（1997）"The Development of Federalism in Russia," in P. J. Stavrakis, J. DeBardeleben and L. Black,（eds.）, *Beyond the Monolith: The Emergence of Regionalism in Post-Soviet Russia*, The Woodrow Wilson Center Press, pp.35-56.

Dusseault, D., M. E. Hansen, and S. Mikhailov（2005）"The Significance of Economy in the Russian Bi-Lateral Treaty Process," *Communist and Post-Communist Studies*, No.38, pp.121-130.

El'tsin, B. (1997) "Poslanie Prezidenta RF Fedral'nomu Sobraniiu 'Poriadok vo vlasti-poriadok v strane (o polozhenii v strane i osnovnykh napravleniiakh politiki Rossiiskoi Federatsii)," *Rossiiskaia gazeta*, No.47, March 7, 1997.

Erk, J. and L. Anderson (2009) "The Paradox of Federalism: Does Self-Rule Accommodate or Exacerbate Ethnic Divisions?," *Regional and Federal Studies*, Vol.19, No.2, pp.191-202.

Gel'man V. (1998) "Regional'naia vlast' v sovremennom Rossii: Instituty, rezhimy i praktiki," *Polis*, No.1, pp.87-104.

Goode, P. (2010) "The Fall and Rise of Regionalism?," *Journal of Communist Studies and Transition Politics*, Vol.26, No.2, pp.233-256.

Levada, Iu. (2005) *Ishchem cheloveka: Sotsiologicheskie ocherki. 2000-2005*, Novoe izdater'stvo.

Putin, V. V. (2000) "Poslanie Fedral'nomu Sobraniiu Rossiiskoi Federatsii," July 8, 2000. 〈http://archive.kremlin.ru/text/appears/2000/07/28782.shtml〉(2015年11月30日アクセス確認)

Reuter, O. J. (2010) "The Politics of Dominant Party Formation: United Russia and Russia's Governors," *Europe-Asia Studies*, Vol.62, No.2, pp.293-327.

─── (2013) "Regional Patrons and Hegemonic Party Electoral Performance in Russia," *Post-Soviet Affairs* Vol.29, No.2, pp.101-135.

Riker, W. H. (1975) "Federalism," F. Greenstein and N. W. Polsby (eds.), *Handbook of Political Science Volume 5 Governmental Institutions and Processes*, Adding-Wesley, pp.93-172.

Ross, C. (2002) *Federalism and Democratisation in Russia*, Manchester University Press.

─── (2005) "Federalism and Electoral Authoritarianism under Putin," *Demokratizatsiya*, Vol.13, No.3, pp.347-371.

Sharafutdinova, G. (2013) "Gestalt Switch in Russian Federalism: The Decline in Regional Power under Putin," *Comparative Politics*, Vol.45, No.3, pp.357-376.

Slider, D. (2005) "The Regions' Impact on Federal Policy: The Federation Council," P. Reddaway and R. W. Orttung (eds.), *The Dynamics of Russian Politics: Putin's Reforms of Federal-Regional Relations*, Vol.2, Rowman & Litterfield, pp.123-144.

─── (2014) "A Federal State?," S. White, R. Sakwa, and H. E. Hale (eds.), *Developments in Russian Politics 8*, Duke University Press, pp.157-172.

Söderland, P. J. (2003) "The Significance of Structural Power Resources in the Russian Bilateral Treaty Process 1994-1998," *Communist and Post-Communist Studies*, No.36, pp.311-324.

Stepan, A. C. (1999) "Federation and Democracy: Beyond the U.S. Model," *Journal of Democracy*, Vol.10, No.4, pp.19-34.

油本真理（2015）『現代ロシアの政治変容と地方──「与党の不在」から圧倒的一党優位へ』東京大学出版会。

大串敦（2013）「支配政党の構築の限界と失敗──ロシアとウクライナ」『アジア経済』54

巻 4 号、146-167 頁。
塩川伸明（2007）『多民族国家ソ連の興亡 II　国家の構築と解体』岩波書店。
中馬瑞貴（2009）「ロシアの中央・地方関係をめぐる政治過程――権限区分条約の包括的な分析を例に」『スラブ研究』56 号、91-125 頁。
長谷直哉（2006）「ロシア連邦制の構造と特徴――比較連邦論の視点から」『スラヴ研究』53 号、267-298 頁。
溝口修平（2011）「政党システムの分岐点――ロシア、ウクライナにおける政治エリートの連合再編過程の比較分析」仙石学・林忠行編『ポスト社会主義期の政治と経済――旧ソ連・中東欧の比較』北海道大学出版会、177-201 頁。
―――（2013）「ロシアの非対称な連邦制――その制度的起源」『ロシア東欧研究』41 号、61-75 頁。
―――（2016）『ロシア連邦憲法体制の成立――重層的転換と制度選択の意図せざる帰結』北海道大学出版会。

第11章
ボスニア・ヘルツェゴヴィナにおける民族対立と連邦制
固定化された対立と国際社会の対応

中村健史

　本章ではボスニア・ヘルツェゴヴィナ（以下、ボスニア）を事例に、多極共存型権力分有制度を導入した紛争後国家において連邦制が民族間対立を緩和しうるのか、そして国際社会の対応は成果をあげているのかを考察する。ボスニアの事例が本書で取り上げる他の事例と異なるのは、凄惨な内戦を経験したことである。そこで第1節では、まず紛争後国家が多極共存型権力分有制度を導入する理由と問題点を整理し、多極共存型権力分有制度が民族間の協調を担保するものではないことを示す。次いで、第2節ではボスニアの国家・政治制度を概観し、第1節で整理した問題点がボスニアの連邦制に関連する制度によって助長・固定化されていることを明らかにする。第3節ではボスニアにおける競り上げや国家性の問題に対して、国際社会が強権行使からEU加盟条件としての合意促進へと対応を変化させていることを明らかにする。第4節では憲法改正を事例に、第2・3節で述べた問題や国際社会の対応が、実際の政治プロセスにおいてどのようなダイナミズムを生み出しているのかを明らかにする。

1. 紛争後国家における多極共存型権力分有制度の導入

　権力分有とは、国家内の各集団が権力を分有することで平和的かつ民主的な政治の実現を目指す政治制度である。そして多極共存型権力分有制度は権力分有の一種であり、アレンド・レイプハルトによれば、1) 大連合、2) 相

互拒否権、3) 比例制原理、4) 区画の自律性、の四つの特徴を有している (Lijphart, 1977: 25-44)。ここで、集団が領域的に分断された区画を形成している場合、その国家は連邦国家となる。つまり、連邦制は区画の自律性の特殊な形態であるが、連邦国家であるからといって多極共存型権力分有制度を導入しているとは限らない (Lijphart, 1977: 42)。したがって以下では、多極共存型権力分有と連邦制を分けて議論を進める。

　紛争後の和平合意において権力分有を取り入れた事例は数多く存在する。キャロライン・ハーツェルとマシュー・ホディーは、1945年から1998年の間に交渉によって終結した国内紛争38件における権力分有の導入度合いについて調べている (Hartzell and Hoddie, 2003: 323)。それによれば、彼らが分類した4種類（政治的、領域的、経済的、軍事的）の権力分有制度のうち、4種類すべてが導入された事例は5件（13％）、3種類が導入されたのは10件（26％）、2種類が導入されたのは14件（37％）、1種類のみだったのは8件（21％）となり37件（97％）において何らかの形で権力分有制度が導入されていた (Hartzell and Hoddie, 2003: 324)。このようにみると、内戦後の和平合意において権力分有制度を導入することは、紛争後の国家に平和をもたらすうえで最適な選択肢であるように映る。しかし、多極共存型に代表される権力分有制度を導入しても、民族間の対立が解消されるわけではない。

　和平合意において多極共存型権力分有制度が導入される理由について、バーバラ・ウォルターは戦闘集団が和平を受け入れるインセンティブの観点から説明している (Walter, 1999: 133-139)。停戦合意が成立し、戦闘を行っていた集団が動員解除や武装解除を行った場合、その集団は他の集団からの攻撃に対して脆弱になってしまう。つまり、停戦に合意することは他の集団が合意を破棄した場合に対処する手段を自ら放棄することを意味する。したがって、各集団は和平合意において一定の軍事力を保持することを要求する。また、第三者による和平履行の担保も必要となる。さらに、内戦時に得た権力を紛争後の選挙で失うことを恐れるため、選挙結果にかかわらず新政権において一定のポストを得ることも和平受け入れのインセンティブを高める。最後に、和平後の政治基盤を確保するため内戦時に支配していた地域への行

政権を得ようとする。

　和平合意の成立においてはいかにして各集団の要求を受け入れ、和平合意へのコミットメントを確保するのかが問題となる（Walter, 1999: 135）。ここで重要となるのが和平合意において多極共存型権力分有制度を導入することである。ウォルターは政治的、軍事的、領域的権力分有がコミットメント問題解消のために必要だと述べている（Walter, 1999: 141-142）。政治的権力分有とは、閣僚ポストや議会における一定議席の確保など新政府への参加を保証することである。軍事的権力分有とは、新政府軍における兵数を各集団に均等に配分するなどして、ある集団が軍事的に他の集団を支配できないよう抑止することである。領域的権力分有とは、各集団が内戦時に支配していた地域における行政権の保持を一定程度認めることである。

　多極共存型権力分有は和平合意への合意を取り付けるのに適しているが、長期的な安定を担保するものではない。多極共存型権力分有の理論は、多数派による支配を抑制することで複数集団からなる国家を平和裏に統治しようとするものである。そこでは政治エリートが協調を志向することが前提となっている（中村, 2009: 28-29）。では、和平合意が成立し内戦が終結した段階で、集団の代表は進んで他者と協調することを選択するのだろうか。モニカ・トフトによれば、交渉により終結した紛争が再発する可能性は、他の終結形態と比べて27％高い（Toft, 2010: 19）。このことは、交渉により和平合意を締結して終結した紛争では、停戦後も敵対意識が強く残っていることを示している。たしかに、ある集団が先日まで戦闘を繰り広げていた相手と、和平合意を機に同じ国家に属することを一様に受け入れるとは限らない。その場合、仮に戦闘行為が終わったとしても集団間での対立が残り、ホアン・リンスとアルフレッド・ステパンのいう国家性の問題が発生する（Linz and Stepan, 1996: 7）。

　さらにドナルド・ホロヴィッツは、集団の代表はつねに共存を望んでいる訳ではなく、集団内での権力争いが代表から妥協する自由を奪っていると指摘している[1]（Horowitz, 1985: 574）。民族主義政党を例にすると、民族主義政党はある特定の民族からの支持のみに依存している。もし、ある民族主義政

党が自民族の利益を擁護することに失敗していると判断されれば、その政党は支持を失ってしまう。したがって、民族主義政党は民族の利益の追求を最優先することになる。そして、ある民族内に複数の政党が存在する場合、それぞれの政党は自分たちのほうがより民族の利益を擁護できることを訴えて、支持を最大化しようとする。その結果、各政党の主張が急進化し民族全体としての主張も急進化することとなる。こうした現象は「競り上げ（Outbidding）」と呼ばれ、競り上げが発生するがゆえに集団が穏健化して他の集団と妥協することは困難になる（Rabushka and Shepsle, 2009: 82-86）。

たとえ内戦終結後に国家性の問題と競り上げが発生していても、多極共存型権力分有の導入によって集団間の協調が促され国家への愛着が生まれれば、長期的に対立は解消する方向に向かうだろう。しかし、ザカリー・エルキンスとジョン・シデスは、51の多民族国家において少数民族が国家に対して抱く愛着について調査した結果、連邦制や比例代表制といった制度が国家への愛着を高めるわけではないと結論づけている（Elkins and Sides, 2007: 704）。したがって、内戦後の国家において多極共存型権力分有制度を導入しても、集団間の協調が促されるとは限らない。

以上のように、紛争後国家において多極共存型権力分有制度が導入されるのは和平合意の成立が目的であり、競り上げの抑制と国家性の問題の解消は和平合意を履行するなかで解決する問題として残されている。では、こうした問題を抱える紛争後国家において、連邦制の導入は競り上げや国家性の問題にどのような影響を与えているのだろうか。以下では、「多極共存型権力分有による解決策の典型例」（Bose, 2002: 216）とされるボスニアを事例に、連邦制が民族対立に与える影響をみていきたい。

2．ボスニアの国家・政治体制と民族対立

ボスニアの国家体制を定めた憲法は、和平合意である「ボスニア・ヘルツェゴヴィナ和平一般枠組合意（The General Framework Agreement for Peace in Bosnia and Herzegovina, 通称：デイトン合意）」の付属文書4として

定められている。憲法はボシュニャク人、クロアチア人、セルビア人の3民族を主要民族と定めている。また、ボスニアはボスニア連邦（Federacija Bosne i Hercegovine）およびスルプスカ共和国（Republika Srpska）という二つのエンティティ（構成体）から構成される連邦国家である。さらに、ボスニア連邦は10のカントン（県）から構成されており、国家ではないもののその体制は連邦制となっている。

　ボスニアが3民族・2エンティティに分かれ二重の連邦を構成する複雑な国家体制となったのは、内戦時、まずボシュニャク人とクロアチア人が和平合意（ワシントン合意）によってボスニア連邦を樹立し、そのあとでセルビア人とデイトン合意を結んだからである。この歪な国家体制は、ボスニア連邦において少数派であるクロアチア人がエンティティの廃止もしくは第三のエンティティ創設を求め、エンティティ廃止によって民族的少数派となることを恐れたセルビア人がスルプスカ共和国の維持を求め[2]、最大多数派であるボシュニャク人がエンティティ廃止を求める[3]という、ボスニア政治の基本構図を生み出した。

　ボスニアの政治制度は、国際社会の監督下における多極共存型権力分有である。ボスニアでは主要3民族のなかで人口の過半数を占める民族はいないため、ボスニア政府は常に3民族の政党による連立政権となっている[4]。また、区画の自律性についても、各エンティティは高い独立性を保ち、独自の憲法、立法・行政・司法権を有している。

　拒否権についてボスニア憲法は「民族の死活的利益（Vital National Interest）」と「エンティティ投票（Entity Voting）」という2種類を規定している。「民族の死活的利益」は各民族に与えられた拒否権である。ボスニア憲法は、ある民族の議員の過半数が議会での決定を自民族の死活的利益を侵害するものと宣言した場合、当該決定案はボスニア議会上院において全3民族の過半数の賛成を得なければ成立しないと定めている[5]。また、「エンティティ投票」は各エンティティに与えられたもので、議会での全ての決定は参加者の過半数によって行われるが、どちらか一方のエンティティ所属議員の3分の1が賛成票を投じていなければならないとの規定である[6]。

比例制原理に関しても、ボスニアの国家元首に相当する大統領評議会（Presidency）は各民族の代表各1名の計3名で構成され、ボスニア議会下院（House of Representatives）42議席のうち28議席はボスニア連邦から、14議席はスルプスカ共和国から選出されると規定されている[7]。上院（House of Peoples）も同様に15議席中10議席はボスニア連邦（ボシュニャク人およびクロアチア人各5議席）から、5議席はスルプスカ共和国（セルビア人）からの選出となる。内閣に相当する閣僚評議会（Council of Ministers）は、大統領評議会が指名し下院議会が承認した議長（首相）が閣僚名簿を作成し、下院の承認を経て成立する[8]。下院での承認を必要とすることから、閣僚は主要3民族間でほぼ均等に配分されており、閣僚評議会議長ポストは選挙ごとに3民族間でローテーションしている。なお、大統領評議会も1名の議長（大統領）と2名の副議長が8カ月ごとに交代して職務にあたっている。このように、ボスニア政府では人口比率にかかわらず、主要3民族にほぼ等分となるように議席やポストが配分されている[9]。

　次に選挙制度をみてみたい。中央政府レベルの選挙で直接投票にて選出されるのは大統領評議会議員3名およびボスニア議会下院議員であるが、いずれについても有権者が居住するエンティティによって投票する相手に制限がある。大統領評議会議員選挙を例にすると、ボスニア連邦に居住する有権者はボシュニャク人ないしクロアチア人候補にのみ投票可能であり、セルビア人評議員候補に投票することはできない。逆に、スルプスカ共和国に居住する有権者はセルビア人候補にのみ投票できる[10]。

　したがって、ボスニア連邦に住むセルビア人とスルプスカ共和国に住むボシュニャク人ないしクロアチア人は自民族の代表を選ぶことができない。こうした規定は、制度的にボスニア連邦＝ボシュニャク人およびクロアチア人、スルプスカ共和国＝セルビア人との住み分けを固定化させる一因となっており、ボシュニャク人及びクロアチア人政党は基本的にスルプスカ共和国での票獲得を考える必要がなく、セルビア人政党はボスニア連邦居住の有権者に積極的に訴えかける必要はない。ベンジャミン・レイリーによれば、ボスニアの比例代表制選挙制度において勝つ方法は「民族主義カードを切ること」

であるため「強硬な民族主義政党の成長」を許してしまう（Reilly, 2002: 132）。そして民族主義的な方向に急進化することは、たいていの場合他の民族との対立を引き起こすことになる。

以上の諸制度のなかで連邦制に関連するもの、つまりエンティティを単位として権力が分配されているのは、エンティティ投票とボスニア議会下院の議席配分である。また、選出方法を見ると、大統領評議会議員やボスニア議会上下両院、憲法裁判所判事も連邦制と何らかの関わりを持っている（図11-1参照）。そして、これらの制度はすべて競り上げの発生を助長しボスニアにおける民族対立と国家性の問題を固定化させている。つまりボスニアの連

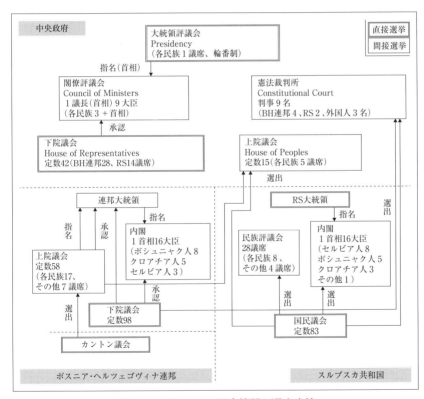

図11-1　ボスニアの国家機関と選出方法

出所：筆者作成。

邦制は、多極共存型権力分有制度を導入した紛争後国家が抱える問題を助長・固定化させる要因となっている。

 しかし、こうした国家・政治制度は紛争時に合意できた唯一のものであることも忘れてはならない。ロベルト・ベローニは「多極共存型権力分有の枠組みが1995年当時に合意できた唯一のものであり、未だに唯一の現実的な選択肢である」としている（Belloni, 2004: 336）。こうした指摘はウォルターの議論を支持している。コミットメント問題があるがゆえに、デイトン合意では多極共存型権力分有体制が導入された。それは和平合意の履行に対するコミットメントを確保し紛争を終わらせるためには有効だが、競り上げが抑制できないために長期的な民族間の協調を促進するものではなく、ボスニアは国家性の問題に直面することとなった[11]。デイトン合意は「戦争を終わらせるものであって、国家を建設するためのものではない」のだった（Ashdown, 2004）。そして合意された国家・政治制度が民族対立を緩和できなかったため、国家性の問題への対応は和平を監督する国際社会が担うことになった。

3．国際社会の関与──強権行使からEU加盟コンディショナリティへ

 デイトン合意は付属文書で国際社会の関与も規定している。付属文書1ではデイトン合意の履行を軍事面から支援するためにNATOの部隊（Stabilisation Force）が展開することが定められている。また、和平履行を文民面で監督する存在として、国際社会の代表である上級代表（High Representative）とその業務を補佐する上級代表事務所（Office of the High Representative）が設置されることが付属文書10に規定されている。

 当初、国際社会はボスニアでの選挙実施を出口戦略として捉えていた（Manning, 2004: 62-63）。国際社会の活動は、紛争後の選挙によって民主的な政府が誕生し、エリートの協調によって平和な国家が建設されるという楽観論に基づいていた。しかし、1996年に行われた紛争後初の選挙で民族主義政党が勝利したことを受けて、上級代表事務所の活動を監督する和平履行評

議会[12]（Peace Implementation Council）は方針の転換を迫られた。和平履行評議会はまず、上級代表事務所の撤退までに2年間の猶予期間を設け（Peace Implementation Council 1996）、1997年には無期限延長および上級代表に法の制定や公職者の罷免を含む強大な権限（ボン・パワー）を付与することを決定した（Peace Implementation Council 1997）。ボン・パワー付与の背景には、選挙において民族主義政党が勝利したことと、競り上げの結果として政治家がほとんど合意できなかったことがある。ここに来て国際社会は、自分たちの期待が打ち砕かれたことを受けて、強権行使による和平合意の履行を行う方針へとシフトした。

　しかし、ボン・パワーの付与は政治家の国際社会への依存を強めると同時に、自分たちで合意する必要性を奪ってしまった。民族内での競り上げが発生しているなかで、政治家がわざわざ他の民族に妥協することは、同じ民族内の他の政治家から自民族の利益を損ねていると糾弾される危険が伴う。しかし、ボン・パワーを持った上級代表がいれば、民族主義的主張を繰り返して他の民族との妥協を拒否していれば、上級代表がボン・パワーを行使して法を制定してくれる。このような国際社会の介入は、国家の崩壊を封じ込めるうえでは効果を発揮したが、協調の必要性を奪うことで民族間の協調を醸成する機会を奪ってしまった。つまり、国家の崩壊を防ぐことはできたが、競り上げの発生や国家性の問題は依然として残り続けることになったのである。

　2000年頃から国際社会は、強権行使からEU加盟プロセスを前進させる条件として国内制度の改革を要求する手法へと方針を転換していく。条件と報酬を用いてインセンティブを与える方法はコンディショナリティと呼ばれ、EUは中東欧の加盟希望国に対して用いていたものを、ボスニアをはじめとする西バルカン諸国[13]にも適用し始めた[14]。表11-1にあるように、2000年頃からEUはボスニアにおけるプレゼンスを高めている。2002年には上級代表がEU特別代表を兼任することとなり[15]、2003年にはEU警察ミッション（European Union Police Mission）が、2004年にはEU軍事部隊（European Union Force Althea）がボスニアに派遣されており、ボスニアにおける国際

表11-1　EU−ボスニア関係

1999年	安定化連合プロセス（SAP）立ち上げ
2002年	上級代表がEU特別代表を兼務（〜2011）
2003年	EU警察ミッション
2004年	EUFORがSFORの後継ミッションとして展開
2005年	安定化連合協定（SAA）交渉開始
2007年	SAA仮署名
2008年	SAA署名
2010年	査証自由化
2012年	加盟に関するハイレベル交渉開始
2015年	SAA発効

出所：筆者作成。

社会の関与は2000年前後から名実ともにEUを中心としたものに変容していった。EUは、ボスニアの未来はEUのなかにあるとしてボスニアのEU加盟を後押ししていた（Council of the European Union 2000）。

1999年5月にEUは西バルカン諸国に対する政策枠組みを安定化連合プロセス（Stabilisation and Association Process: SAP）として打ち出しており、その中核をなす安定化連合協定（Stabilisation and Association Agreement: SAA）はEU加盟プロセス最初の一歩と位置づけられている。EUはボスニアに対し、EUとの初の契約関係となるSAA署名に向けた技術的・政治的条件を課していた。EUが条件として提示した項目に共通しているのは、エンティティやカントンの権限をある程度中央政府に移譲することである。これは、高度に分権化した現在のボスニアの政治機構が非効率であるのみならず、EU加盟へ向けた交渉を行ううえで「1人の代表」が必要という点からも重要だった。政治条件は当初、16項目にわたっていたが（Commission of the European Communities, 2003）、その後警察改革、旧ユーゴスラヴィア国際刑事裁判所（International Criminal Tribunal for Former Yugoslavia）協力、公共放送改革、行政改革の四点に絞られ（Council of the European Union,

2005)、最終的には 2008 年 6 月に SAA 署名が実現した[16]。SAA 署名は実現したものの、ボスニアの EU 加盟には憲法の改正など多くの課題が残されている。以下では、憲法改正をめぐる政治プロセスをみることで、ボスニアが抱える課題と展望を導き出したい。

4．憲法改正

　ボスニアでは、これまで何度か憲法改正の動きがあった。ここでは、2005年から 2006 年に行われた憲法改正プロセスを取り上げる。この改正プロセスでは、最も本格的に協議が行われ、実際に改正案の投票まで至ったがわずか 2 票差で否決となった。

　2005 年にボスニアにおける憲法改正論議が本格化した契機となったのは、欧州評議会ヴェニス委員会が同年 3 月に作成した「ボスニア・ヘルツェゴヴィナにおける憲法状況と上級代表の権限に関する意見」と題する報告書だった（European Commission for Democracy through Law, 2005）。そのなかでヴェニス委員会は、将来的に EU に加盟するうえでボスニア憲法が抱える問題点を、効率性・合理性と欧州人権条約との適合状況の観点から分析している。中央政府機関についてヴェニス委員会報告書は「中央政府レベルの意思決定メカニズムは効率的でも合理的でもなく、面倒で、あらゆる決定を阻止する可能性に満ちたもの」と結論づけている。そして相互拒否権については各民族が有する「民族の死活的利益」があればエンティティに与えられた「エンティティ投票」は不要と判断している。ただしエンティティの存続については、エンティティ廃止が近い将来に実現する可能性は低いとしてエンティティ存続を前提とした憲法改正案を提示している。また、欧州人権条約との関連では、大統領評議会議員と上院議員の選出方法について、第一に主要 3 民族だけが被選挙権を持つこと、第二にエンティティごとに選出される民族が決まっている（ボスニア連邦からボシュニャク人とクロアチア人議員を、スルプスカ共和国からセルビア人議員を選出）ことなどが指摘されている。

　ヴェニス委員会報告書の発表に加えて、ボスニアの政治家から憲法改正交

渉を開始しようとする動きがあったことも、憲法改正プロセスが動き出した主な要因だった。当時のボシュニャク人最大政党である民主行動党（Stranka Demokratske Akcije）のスレイマン・ティヒッチ（Sulejman Tihić）党首と、クロアチア人最大政党のクロアチア民主同盟（Hrvatska demokratska zajednica Bosne i Hercegovine）のドラガン・チョービッチ（Dragan Čović）党首は、個別に当時のドナルド・ヘイズ（Donald Hays）筆頭上級副代表に対して憲法改正交渉の仲介を依頼した（Hays and Crosby, 2006: 5）。ヘイズは上級代表事務所を離れたあとに作業部会を設置し、憲法改正案の草案を作成した。それを受けて2005年11月から憲法改正に関する党首レベルでの協議が始まった。

当初から、セルビア人のセルビア民主党（Српска демократска Странка）や独立社会民主主義者連合（Савез независних социјалдемократа）はスルプスカ共和国の存続と引き換えに憲法改正に応じる構えであり、ボシュニャク人政党の党首達は中央政府のスリム化、権限強化、エンティティ廃止を支持していた（Hitchner, 2006: 129）。クロアチア人政党の党首たちは、自分たちのエンティティ創設が無理ならば、高度に分権化された中央政府の設立を望んでいた。ヴェニス委員会報告書がエンティティの存続を前提としているため、セルビア人政党の立場は報告書と何ら矛盾しない。他方、ボシュニャク人はヴェニス委員会が現実的に不可能として見送ったエンティティ廃止を主張していた。また、クロアチア人が主張する第三のエンティティないし分権化は、いずれもヴェニス委員会報告書と矛盾する内容である。

3民族間の溝は一向に埋まらず、党首会合は繰り返し行われたものの、合意に至ることはなかった。しかし、2006年2月に入り、突如としてティヒッチ民主行動党党首とセルビア人第二党である独立社会民主主義者連合のミロラド・ドディク党首が憲法改正案で合意した。これを受けて2月19日にセルビア人政党とボシュニャク人政党がサラエボのアメリカ大使公邸で会合を開いた。そこでは、ティヒッチ——ドディク会談の合意内容を基に憲法改正案が議論され、エンティティ投票の存続、大統領評議会議員の直接選挙、大統領ポストの16カ月輪番制、上院議員は下院が選出することなどが決めら

れた。

　一方、会合に参加しなかったボシュニャク人第二党のボスニアのための党 (Stranka za Bosnu i Hercegovinu) は、2月19日会合での合意に反対するとともに憲法改正協議から離脱することを発表した。同党は、今回の憲法改正案はエンティティの存続を前提としており、スルプスカ共和国の存在を固定化させるものであると主張した。さらに、今回の合意内容ではヴェニス委員会報告書の勧告内容と異なり上院の権限が強いこと、大統領評議会が存続すること、エンティティ投票が維持されることも問題視していた（BBC Monitoring Europe, 2006）。ボスニアのための党が、一度は協議に参加しておきながら2006年に入って協議から離脱したのは、2006年10月に予定されていた国政選挙を意識したものだった（Hitchner, 2006: 6）。

　クロアチア民主同盟は2月19日会合での合意に対し、大統領評議会議員の直接選挙に反対した。これを受けて3月に行われた党首会合において、大統領評議会議員を間接選挙とすることで合意に達した。しかし、4月26日の議決を前にクロアチア民主同盟は内部分裂を起こしてしまう。その原因となったのは、党内での権力争いと憲法改正、国政選挙だった。

　クロアチア民主同盟のチョービッチ党首は2002年から大統領評議会議員を努めていたが、2005年3月にボスニア連邦財務大臣時代の職権乱用罪で訴追され、同月に上級代表により大統領評議会議員の座を追われていた。その一方でチョービッチは、公職追放後の2005年6月の党首選挙に立候補し、対立候補だったボジョ・リュービッチを僅差で破って党首に再選されている[17]。これに対してリュービッチは、党首選で不正があったとして投票のやり直しを要求したが認められなかった。その後、2005年8月にはリュービッチらが党規律委員会にかけられ、11月に党を追放されている。チョービッチとリュービッチは憲法改正でも意見が対立していた。今回の改正案をさらなる改正に向けた第一歩として妥協する意思を示していたチョービッチに対し、リュービッチは今回の改正案は2エンティティ制を固定化させること、特にエンティティ投票の存続に強く反発していた。

　党を追われたリュービッチは、2006年4月8日に新党クロアチア民主同

盟1990を設立した。同党には2002年の選挙でクロアチア民主同盟所属として当選した下院議員5名中4名が合流し、クロアチア民主同盟はわずか1議席を有するだけとなってしまった。リュービッチが憲法改正案の投票直前に新党を立ち上げ、憲法改正に反対する運動を行ったことも、ボスニアのための党と同じく国政選挙を睨んだものだった。こうした状況下で新党を結成し反対票を投じることは、10月の選挙に向けた非常に効果的な選挙キャンペーンとなった（Sebastian, 2007: 6）。そしてボスニアのための党とクロアチア民主同盟1990の反対により、憲法改正案は僅差で否決された。

　憲法改正における各政党の動きをみると、紛争後10年以上が経過した段階でも競り上げは有効な戦略であり、エンティティの存在とエンティティ投票が議論の焦点となるなど、国家体制をめぐる対立が存続していることがわかる。特に憲法改正は上級代表が介入できない分野であり、各民族内ないし民族間での対立が先鋭化しやすい[18]。前節までに述べた競り上げや国家性の問題は未だにボスニア政治を支配しており、出口は簡単には見つかりそうにない。

5．紛争後国家における連邦制の課題

　多極共存型権力分有制度を導入した紛争後国家では、競り上げによる民族主義の急進化と国家性の問題の発生をいかに抑えられるかが重要になる。そしてボスニアの例をみる限り連邦制は問題を解決するよりは助長ないし固定化させる要因となっている。また、憲法改正の事例からは、一度定めた国家体制を変更することの難しさが浮かび上がってくる。国際社会による対応も顕著な効果をあげられていない現在、ボスニアの固定化された民族対立の解消には、まだ時間がかかるだろう。

1)　ホロヴィッツらは民族の共存を促進するような制度を模索し、主に選挙制度に着目した研究を行っている。彼らの主張は統合アプローチと呼ばれ、レイプハルトらの多極共存型アプローチと並び権力分有論の主要な潮流となっている。
2)　セルビア人が民族的少数派となる恐怖は旧ユーゴスラヴィアの解体過程からみられた

ものである。詳しくは（月村, 2007）を参照されたい。
3) ボシュニャク人がエンティティの廃止を要求する理由は三つある。一つは、エンティティの創設を定めたデイトン合意は、セルビア人がボシュニャク人を虐殺した紛争の結果であるため、ボシュニャク人にとってスルプスカ共和国は「虐殺の産物」とみなされている点である。第二に、スルプスカ共和国の過半数を占めるセルビア人は、エンティティ投票による拒否権を一民族で行使できるが、ボシュニャク人とクロアチア人は、それぞれ単独でエンティティ投票による拒否権行使はできない。そのため、エンティティの存在はセルビア人の政治権力を不当に強める存在として捉えられている。最後に、ボシュニャク人は最大多数であるにもかかわらず、議会での議席数は3民族に均等に分配されていることに対する不満である。特にボスニア議会下院ではボシュニャク人とクロアチア人は28議席を争うのに対し、セルビア人は14議席が保証されている。
4) 紛争前の1991年に実施された国勢調査では、ボシュニャク人43.5％、セルビア人31.2％、クロアチア人17.4％だった。その後、2013年に戦後初の国勢調査が行われたが2014年後半に発表される予定だった最終結果は2015年に入っても公表されていない。
5) 上院で3民族所属議員の過半数の支持を得られなかった場合、上院議長は3民族から1名ずつで構成される合同委員会を開催して問題の解決にあたるが、合意形成に失敗した際には憲法裁判所の判断を仰ぐことになる。憲法裁判所が民族の死活的利益が侵害されていると判断すれば、その決定は無効となる。
6) エンティティ所属議員の3分の1が賛成しなかった際には議会議長および副議長が委員会を開催し、票決から3日以内に両エンティティ議員の3分の1以上の支持を得られるよう試みる。委員会の活動が失敗した場合、議会で再び票決が行われるが、当該決定が成立するためには各エンティティ所属議員の3分の2以上が賛成しなければならない。
7) 下院の議席配分はエンティティごとに行われているため、セルビア人はスルプスカ共和国に割り当てられた14議席を確保できているのに対し、ボスニア連邦に割り当てられた28議席はボシュニャク人とクロアチア人で等分されているわけではなくボシュニャク人のほうが議席数が多くなっている。
8) 閣僚評議会議長は副大臣も指名するが、大臣と副大臣は同じ民族から指名することはできない。
9) ボスニア憲法は、これほど民族間のバランスに留意しているにもかかわらず、所属民族に関する規定はない。つまり、自分がどの民族に属するかは各自が自由に決めることができる。その結果、2006年の大統領評議会議員選挙において、紛争時にボシュニャク人陣営に属していたコムシッチ候補がクロアチア人候補として立候補し当選するという事態が発生している。
10) したがって、主要3民族以外の民族に属する人々は大統領評議会議員およびボスニア議会上院議員になることはできない。この点は、2009年の欧州人権裁判所判決によって欧州人権条約に違反していると認定されたが、2015年11月現在、まだ憲法改正は行われていない（Case of Sejdic and Finci vs Bosnia and Herzegovina 2009）。
11) ボスニアにおける国家性の問題について詳しくは（久保, 2003）を参照されたい。
12) 約40の国と約20の国際機関で構成される。実質的には運営委員会（G8、EU、オランダ、トルコ（イスラム諸国機構代表））においてすべての案件が決定されている。以下和平履行評議会とは和平履行評議会運営委員会を指す。
13) 西バルカンとは、クロアチア、ボスニア、セルビア、モンテネグロ、マケドニアおよびアルバニアを指す。

14) コンディショナリティは条件の種類（国際機関への加盟、援助）や報酬を与える時期（条件達成前、条件達成後）等によって分類される。以降、コンディショナリティとは条件達成後に報酬が与えられる EU 加盟コンディショナリティを指す。
15) 上級代表事務所設立時から、上級代表は EU 加盟国から選出し、ナンバー 2 に当たる筆頭副上級代表はアメリカから選出する慣習となっている。なお、2011 年 9 月からは駐ボスニア EU 大使が EU 特別代表を兼任している。
16) SAA 署名のための技術的交渉は 2006 年 12 月に終了している。また、SAA 署名の条件に含まれてはいないが EU 加盟までに解決すべき問題として、憲法改正などが指摘されている。
17) チョービッチの党首就任については、クロアチア民主同盟がオブザーバー参加している欧州人民党のマルテンス党首からも辞任要求があり、隣国クロアチアのサナデル首相も辞任すべきだと発言していた。
18) 上級代表の役割はデイトン合意の履行を監督することであり、デイトン合意を変更することはできない。ボスニアの憲法はデイトン合意の一部であるため、上級代表は強権行使によって憲法を改正することはできない。

【参考文献】
Ashdown P. (2004) "International Humanitarian Law, Justice and Reconciliation in a Changing World," The Eighth Hauser Lecture on International Humanitarian Law, New York University School of Law.
BBC Monitoring Europe (2006) "Catholic Cardinals Oppose Agreed Bosnian Constitutional Changes," March 29.
─── (2006) "Parties Establish 'Patriotic Bosnian Bloc' against Constitutional Changes," February 27.
Belloni, R. (2004) "Peacebuilding and Consociational Electoral Engineering in Bosnia and Herzegovina," *International Peacekeeping*, Vol.11, No.2, pp.334-353.
Bose, S. (2002) *Bosnia after Dayton: Nationalist Partition and International Intervention*, London: Hurst & Company.
European Court of Human Rights (2009) "Case of Sejdic and Finci vs Bosnia and Herzegovina," 27996/06 and 34836/06.
Commission of the European Communities (2003) "Report from the Commission to the Council on the Preparedness of Bosnia and Herzegovina to Negotiate a Stabilisation and Association Agreement with the European Union."
Council of the European Union (2000) "Presidency Conclusions Santa Maria da Feira European Council."
─── (2005) "Press Release. 2701st Council Meeting. General Affairs and External Relations."
Elkins, Z. and J. Sides (2007) "Can Institutions Build Unity in Multiethnic States?" *American Political Science Review*, Vol.101, No.4, pp.693-708.
European Commission for Democracy through Law (2005) "Opinion on the Constitutional Situation in Bosnia and Herzegovina and the Powers of the High Representative."
Hartzell, C. and M. Hoddie (2003) "Institutionalizing Peace: Power Sharing and Post-

Civil War Conflict Management," *American Journal of Political Science*, Vol.47, No.2, pp.318-332.
Hays, D. and J. Crosby（2006）"From Dayton to Brussels: Constitutional Preparations for Bosnia's EU Accession," Washington: USIP Special Report.
Hitchner, B.（2006）"From Dayton to Brussels : The Story Behind the Constitutional and Governmental Reform Process in Bosnia and Herzegovina," *The Fletcher Forum of World Affairs*, Vol.30, No.1, pp.125-136.
Horowitz, D.（1985）*Ethnic Groups in Conflict*, California: University of California Press.
Lijphart, A.（1977）*Democracy in Plural Societies: A Comparative Exploration*, New Haven: Yale University Press.
Linz J. and A. Stepan（1996）*Problems of Democratic Transition and Consolidation: Southern Europe, South America, and Post-Communist Europe*, Baltimore: Johns Hopkins University Press（荒井祐介・五十嵐誠一・上田太郎訳（2005）『民主化の理論――民主主義への移行と定着の課題』一藝社）．
Manning, C.（2004）"Elections and Political Change in Post-War Bosnia and Herzegovina," *Democratization*, Vol.11, No.2, pp.60-86.
Peace Implementation Council（1996）"PIC Paris Conclusions."
――――（1997）"PIC Bonn Conclusions."
Rabushka A., Shepsle K.（2009）*Politics in Plural Societies: A Theory of Democratic Instability*, New York: Longman.
Reilly, B.（2002）"Elections in Post-Conflict Scenarios: Constraints and Dangers," *International Peacekeeping*, Vol.9, No.2, pp.118-139.
Sebastian, S.（2007）"Leaving Dayton Behind: Constitutional Reform in Bosnia and Herzegovina," FRIDE Working Paper, Vol.46.
Toft, M.（2010）"Ending Civil Wars: A Case for Rebel Victory?," *International Security*, Vol.34, No.4, pp.7-36.
Walter, B.（1999）"Designing Transitions from Civil War: Demobilization, Democratization, and Commitments to Peace," *International Security*, Vol.24, No.1, pp.127-155.

久保慶一（2003）『引き裂かれた国家――旧ユーゴ地域の民主化と民族問題』有信堂。
月村太郎（2007）「民族的少数派となる恐怖――旧ユーゴ連邦解体過程におけるセルビア人を例として」『国際政治』149号、46-60頁。
中村正志（2009）「分断社会における民主主義の安定――権力分有をめぐる議論の展開」川中豪編『新興民主主義の安定』アジア経済研究所、24-38頁。

コラム②
ウクライナ

溝口修平

　2013年末に始まるウクライナの危機は、ロシアと欧米諸国との対立とも交錯して、混迷を極めている。2014年3月には、ウクライナのクリミア自治共和国とセヴァストーポリ市をロシアが併合し、その後ウクライナ東部のドネツィクとルハンシクでも、ロシアへの編入を求める分離独立派が「人民共和国」を立ち上げた。このように、ウクライナは国家の分裂状況に陥り、問題の解決は非常に困難である。このコラムでは、ウクライナという国家の歴史的経緯を踏まえながら、危機の経過について述べたい。

1．「国民国家」をもたない歴史

　黒海の北岸に位置する現在のウクライナの地には、歴史上様々な国が侵入し、この地域を支配下に収めてきた。そして、その過程で境界線は何度も書き換えられてきた。それは、国土が肥沃で地政学上も重要な位置を占めるウクライナをめぐって、様々な国が争ってきたことの証である。現在ウクライナと呼ばれる地域は、長らく外部からの侵略者によって支配され、しかも様々な形で分割されてきたのである。
　裏を返せば、それはウクライナ民族の国家が長らく存在しなかったということを意味する。キエフ・ルーシが衰退し、モンゴルが進出したのち、リトアニア、ポーランド、ロシア帝国がこの地を支配下においた。ウクライナがソ連の一構成共和国となった1922年以降も、現在のウクライナ西部はポーランド、チェコスロバキア、ハンガリーなどが支配し、これらの地域は第二次世界大戦時に初めてウクライナ共和国の一部となった。また、ウクライナは、ロシア革命後の短い時期に独立国家を宣言したことが何度かあったが、

それらはいずれもごく短い期間しか維持されなかったか、実質的な意味を持たないものであった。真に独立の悲願が達成されたのは、1991年12月のソ連解体によってである。つまり、この領域が一つの独立国家として成立してからまだ20年あまりである。こうした歴史的経緯ゆえに、ウクライナは地域的な多様性を抱え、国民統合を達成することが困難な国家である（中井, 1998；黒川, 2002）。

2. 分権的な単一国家

こうした歴史がウクライナ国内の地域的な多様性をもたらしており、そのことが、ウクライナ政治のあり方を強く特徴づけている。それはウクライナの一般的イメージである「東西の分裂」といえるほど単純なものではない。

各地方には、その地の経済と深く結びついたエリート集団（地方閥）が存在し、彼らは自らの利権のために政党を作り、他の地方閥政党と中央政界で競合している。他方で、ウクライナの国家制度は単一国家であり、地方知事の任命権は大統領が握っている。しかし、大統領がこのような権限を持つからといって、中央が地方に対する統制力を強く持つわけではない。大統領が地元の意向を無視して知事の人事を強行すると、その地方で激しい政治闘争を生むことになる。そのため、大統領に求められるのは、こうした地方閥間の均衡を作り出し、それを維持する役割である。その意味で、レオニード・クチマが大統領を務めていた時代（1994～2004年）は、ウクライナ政治は比較的安定していた時代であり（その分汚職は蔓延した）、オレンジ革命以降のヴィクトル・ユーシェンコの時代（2005～2010年）は、憲法改正により大統領権限が縮小されたこともあり、政党間競争が激化し、政治状況は非常に不安定になった（大串, 2015）。

2010年に大統領に就任したヴィクトル・ヤヌコーヴィチは、憲法をクチマ時代のものに戻し大統領権限を強化すると、派閥間の均衡ではなく、自ら

の出身地であるドネツィク閥を過度に優遇した。2013年11月に始まるユーロマイダン革命は、その名前が示しているとおり、EUとの経済連携協定交渉を中止するというヤヌコーヴィチの決定をきっかけに起きたものであるが、それ以上にウクライナ国民の不満はヤヌコーヴィチによる政権の私物化に向けられていた。そしてさらにその背後には、これを機にヤヌコーヴィチを権力の座から追放しようとする派閥間の争いがあった。

3．ユーロマイダン革命とロシアによるクリミア併合

　ヤヌコーヴィチ政権は、EUとの協定締結に向けた交渉を続けていたが、ロシアからの圧力もあり、当座の財政危機に対処するために、2013年11月、一時的にEUとの交渉を中断するという決定を下した。この決定に対してキエフの独立広場（マイダン・ネザレージュノスチ）には多くの市民が押し寄せ、抗議運動を展開した。平和裡に進んだ2004年のオレンジ革命のときと違い、政権側はデモに対し強硬な対応をとり、反政府運動のなかでも過激な極右勢力が台頭した。そのため、2014年2月には、両者の衝突によって双方に多数の死者を出す惨事を招いた。その後、ヤヌコーヴィチ政権と反政府勢力は大統領選挙の前倒しなどで合意したが、合意締結の翌日にデモ隊と治安部隊の間に再び衝突が起こり、ヤヌコーヴィチが逃亡する形でなし崩し的に政権が崩壊した。

　ロシアによるクリミア併合は、このユーロマイダン革命をきっかけとして生じた。革命の進展に伴い、特に極右勢力の台頭を目にして、クリミアでは革命が波及することへの恐怖心が高まり、ロシアの助けを仰ごうという声も聞かれた。その一方で、第二次世界大戦中に「対独協力」の罪で中央アジアに強制移住させられた経験を持つクリミア・タタール人は、ロシアの介入に否定的だった。ヤヌコーヴィチの逃亡から数日後の2014年2月26日、クリミアのシンフェローポリでロシア系住民とクリミア・タタール人との間に衝

突が起き、死者が出た。この頃、ロシアはクリミアへの介入を決めたと考えられる。ロシアから送り込まれたと考えられる特殊部隊がクリミア議会を占拠するなか、議会は親ロシア派の首相を新たに選出した。そして、3月16日に実施された住民投票では、ロシアへの編入が圧倒的な支持を得た。この住民投票を受け、クリミア議会はウクライナからの独立を宣言し、3月18日にロシアはクリミアとセヴァストーポリをロシア領に編入した（松里, 2014; Lavrov, 2014）。

　さらには、ウクライナ東部のドネツィク州とルハンシク州でも、分離・独立派がロシアへの編入を求めて「人民共和国」を立ち上げ、ウクライナ政府との間で交戦状態になった。ロシアは同地域の編入には否定的だが、様々な形で支援は行っているとみられ、ウクライナは事実上分裂状態に陥っている。このような状態が続いているため、2016年現在、ウクライナという国家が今後どのような形になっていくのかは依然不透明である。

4．連邦制は解決策になるか？

　ウクライナの今後の国制に関して、「連邦制化」を求める声がある。ウクライナ政府は分権化を進めることには同意し、ドネツィク、ルハンシクの両州に「特別の地位」を付与する方針を示しているが、連邦制の導入には反対の立場を貫いている。連邦制を支持する立場は、中途半端な分権化は両地域において不満が募るだけであり、連邦制こそが国家の安定に至る道だと主張し、それに反対する立場は、連邦制は国家の分裂の危険性を高めるだけだと主張している。これはまさに「連邦制の逆説」をめぐる対立であるといえる。

　事態がより複雑なのは、ウクライナの危機が、もはやウクライナ一国の問題ではなく、国際社会を巻き込んだ問題となっているために、分権化や連邦制導入をめぐる議論も、ウクライナの国制にとどまらない様々な利害対立を内包しているという点にある。しかし、もしウクライナの内政がそうした利

害対立から解放されたとしても、かつては存在していた微妙な均衡が崩れてしまった今、問題の解決にはかなりの時間を要するであろう。

【参考文献】
Lavrov, A. (2014) "Russian Again: The Military Operation for Crimea," C. Howard and R. Pukhov (eds.), *Brothers Armed: Military Aspects of the Crisis in Ukraine*, East View Press.

大串敦（2015）「ウクライナの求心的多頭競合体制」『地域研究』16巻1号、46-61頁。
黒川祐次（2002）『物語　ウクライナの歴史——ヨーロッパ最後の大国』中公新書、中央公論新社。
中井和夫（1998）『ウクライナ・ナショナリズム——独立のディレンマ』東京大学出版会。
松里公孝（2014）「クリミアの内政と政変」『現代思想』第42巻、第10号、87-101頁。

コラム③
ユーゴスラヴィア崩壊

中村健史

　ユーゴスラヴィア（以下、ユーゴ）はバルカン半島に位置し、「七つの国境、六つの共和国、五つの民族、四つの言語、三つの宗教、二つの文字、一つの国家」と表現される多民族国家だった（柴1996: i）。ユーゴの統一を支えていたのは、終身大統領ヨシップ・ブロズ・チトーの存在、74年憲法によって最終的に確立された緩やかな連邦制、コミンフォルム追放を機に形成された非同盟主義と自主管理社会主義だった。本コラムでは、これらユーゴの統一を支えていた要因を求心力と遠心力の二つのベクトルから整理したい。

1．求心力

チトー

　チトーは1920年にユーゴ共産党に参加し1937年に書記長に任命された。1941年からはユーゴに侵攻した枢軸国を相手にしたパルチザン戦争にて、最高司令官としてゲリラ戦を展開した。1946年にはユーゴの初代首相に、1953年には大統領に選出され1974年に終身大統領となった。チトーはユーゴ建国の父であり枢軸国との激しい戦いの末に成立したユーゴを体現した人物であった。

　大統領としてのチトーは常に民族・共和国間のバランスを保つことを意識しつつ、国家保安機関（秘密警察）によって民族主義を抑え込んだ（柴1996: 123-127）。また、1971年に発足した最高の政策決定機関である連邦幹部会（各共和国・自治州の代表で構成）には国家元首として参加し、1974年からは民族・地域間対立の調停者として議長職についている。

　しかし、1980年にチトーが死去すると各地で燻っていた民族主義が表面

化した。さらに連邦幹部会は議長職を1年交代の輪番で務めることになったが、リーダーシップの欠如は明らかだった。カリスマであり調停者でもあったチトーを失ったユーゴは国家の一体性を保つうえでの求心力を失ってしまった。

非同盟主義

　建国当初のユーゴはソ連型の共産主義国家建設を進めたが、1948年にユーゴがコミンフォルムから追放されたことにより、路線の変更を迫られた。非同盟主義は、コミンフォルム追放後のユーゴが国際的な孤立を避けるために生み出した外交方針である。非同盟主義の下でユーゴはアジア・アフリカ諸国に強い関心を示し、1961年には25カ国の首脳が参加してベオグラードにて第1回非同盟諸国首脳会議が開催された。その後1989年の第9回会議には130カ国が参加している。

　非同盟主義を掲げたユーゴは国際社会において独自の地位を築き上げた。このことは二つの点でユーゴに恩恵を与えた。第一に、地理的にも立場的にも東西両陣営の中間にいたユーゴは西側から多額の経済援助を受け取ることができ、それが1970年代の経済成長を支えていた。第二に、コミンフォルムから追放されたことでソ連がユーゴにとっての潜在的脅威となり、脅威の存在がユーゴの一体性を維持するうえで大きな役割を果たしていた（久保2003: 108）。

　しかし、1989年に東欧諸国が相次いで民主化を果たし、さらに冷戦が終結しソ連が崩壊したことで非同盟主義による恩恵が失われてしまった。戦略的重要性を持たなくなったユーゴは借款の返済に加え、1979年の第二次石油ショックに端を発する経済危機に直面することとなった。

2．遠心力

連邦制

　1946年に制定された憲法において、ユーゴは6共和国（セルビア、クロアチア、スロヴェニア、マケドニア、モンテネグロ、ボスニア・ヘルツェゴヴィナ）と2自治州（ヴォイヴォディナ、コソヴォ・メトヒヤ）からなる連邦制を導入した。ユーゴは多民族国家として出発したものの、当時はまだ中央政府が強大な権限を持っていた。その後、自主管理社会主義を制度化していく過程において、ユーゴは憲法改正を繰り返しながら徐々に分権化していった。1974年に行われた4度目の憲法改正では、自主管理社会主義に基づく分権化を徹底させた74年憲法体制が形成され、共和国・自治州は憲法を持ち国家に近い権限を持つ存在となった。

　しかし、1980年代の経済危機に際し、ユーゴは分権化していたがゆえに国家として効果的な対策を講じることができなかった。経済の悪化を受けて、セルビアやスロヴェニアをはじめとする各地で民族主義が高まりを見せ始める。さらに東欧諸国において共産党による一党支配が終焉を迎え、ユーゴでも1990年に各共和国で複数政党制に基づく選挙が実施された。その結果、セルビアとモンテネグロを除く各共和国で民族主義政党が勝利を収めた。

自主管理社会主義

　自主管理社会主義は、非同盟主義と同様、コミンフォルムからの追放を機に生み出された。「工場を労働者へ」というスローガンの下で、逆ピラミッド型の社会主義体制が構築された。そこでは、職場単位で労働者評議会が設立され、生産から分配に至るあらゆる権限が与えられた。共産主義者同盟の役割は限定的であり、経済運営は労働者評議会による協議と合意に基づく協議経済型であった。自主管理社会主義の下でユーゴ経済は発展し、他の共産

主義国よりも高い生活水準を維持していた。

　しかし、1980年代の経済危機に対し、労働者自主管理のシステムは高度に分権化していたために効果的な政策を打ち出せなかった。それにより、経済的に裕福なスロヴェニアとクロアチアで不満が高まり、民族主義の高揚とあいまって両共和国は分離独立への道を進んでいった。

　以上のように、ユーゴは遠心力と求心力のバランスの上に成立していたとみることができる。自主管理社会主義に基付いて憲法改正を繰り返し穏やかな連邦制を築く一方で、チトーや非同盟主義によって国家への求心力を保っていたからこそ、ユーゴは国家としての一体性を維持できていた。そして、74年憲法によって遠心力が最も強くなった一方で、80年代に求心力が失われていったことでユーゴは崩壊への道を進むこととなった。つまり、ユーゴの事例からみる限り、連邦制を維持するためには遠心力と求心力の間でつねにバランスをとり続ける必要がある。連邦制が分権化という意味での遠心力を持つものであるならば、連邦国家の存続には遠心力と同等の求心力の存在が不可欠となるだろう。

【参考文献】
久保慶一（2003）『引き裂かれた国家――旧ユーゴ地域の民主化と民族問題』有信堂。
柴宣弘（1996）『ユーゴスラヴィア現代史』岩波新書、岩波書店。

第 12 章
マレーシアにおける一党優位体制とハイブリッドな連邦制

鈴木絢女

　マレーシアは、13の州からなる連邦国家である。ただし、中央政府の権力の制限や、民族および言語集団の共存といった一般的にいわれる連邦制の機能を念頭においてマレーシアの連邦制を観察すると、期待を裏切られることになる。というのも、マレーシアの連邦制は、財政や権限において州に対して圧倒的に強い権力を持つ中央政府によって特徴づけられているからである。さらに、13州のうち2州が、他の州よりも大きな権限を持ち、州の間で権限の非対称性もみられる。

　異なる権限を持つ州の共存と強い中央政府により特徴づけられるマレーシアのハイブリッドな連邦制（He, 2007）はどのように成立し、持続してきたのか。本章は、連邦制にかかわる様々なアクター間の政治的闘争の歴史に、その答えを探る。具体的には、治安維持や経済的権益の保持を目指すイギリス植民地政府、自らの権力維持を目指す各州のスルタン、多数派民族としての地位の保持を目指すマレー人政党といったアクター間の妥協の帰結としてハイブリッドな連邦制が創られ、その後も、優位政党の権力維持のための利益分配メカニズムや、分配資源調達の仕組みとして機能してきたことが明らかにされる。

　本章の構成は次のとおりである。まず、第1節において、マレーシアの連邦制の制度的特徴を憲法と財政の両面から指摘する。そのうえで、第2節では、1957年のマラヤ連邦独立、1963年のマレーシア成立における政治的闘争の帰結として、ハイブリッドな連邦制が創られていく様子を描く。こうし

第Ⅱ部　事例編

て創られた連邦制の運用において、中央政府が州に対して優越する様子が、第3節で描かれる。州政府の財政配分をコントロールすることで、野党に対する優位を確固たるものとしようとする与党の姿と、中央政府からの財政的分配に依存する州政府の姿が浮き彫りにされる。ただし、与党の優位が侵食されつつある2000年代末以降、分権化への機運が高まっていることにも言及する。

1. 強い中央政府と州の非対称な管轄

民族の境界と州の境界

　マレーシアは、マレー半島の11州、ボルネオ島の2州の合計13州からなる。まず、1957年のマラヤ連邦独立に際し、半島部の11州が連邦国家としてイギリスから独立した。その後、1963年にシンガポール、サバ、サラワクとマラヤ連邦が併合しマレーシアが成立し、さらに1965年にシンガポールが分離独立したことで、現在の国の形ができあがった（図12-1）。

　表12-1からもわかるとおり、各州の人口や民族構成、経済開発のレベル

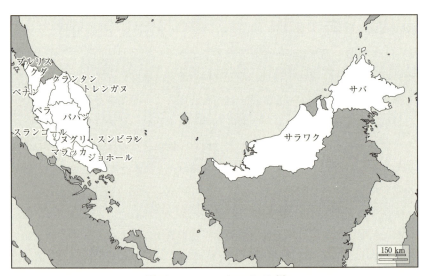

図12-1　マレーシアの13州

は、極めて多様である。一般的にいって、一次セクター中心の経済構造を持つクランタンやクダ、プルリス、トレンガヌよりも、工業やサービス業が発展したクアラルンプールやペナン、スランゴールのほうが1人あたりGDPが高く、貧困率は低い。国内外の企業が集まるクアラルンプール連邦直轄区と農業中心のクランタン州の1人あたりGDPは、約8倍もの開きがある。また、サバやサラワクでは、1人あたりGDPは半島部農業中心の州よりも高いものの、労働者への分配効果の低い資源セクターが中心であるため、貧困率が高くなっている。

民族の分布状況も、多様である。マレーシアには、人口の約7割を占めるマレー人をはじめとする先住民族ブミプトラ、2割強の華人、さらにインド人などが居住しているが、マレーシア北部のプルリスやクランタン、トレンガヌではマレー人が9割を超える一方で、都市化の進んだペナンやスランゴール、クアラルンプールではこの割合がより低くなっている。

ただし、いずれの州においても、割合は異なるものの、民族は混住しており、居住分布と州の境界とは一致していない。つまり、マレーシアの州は、民族や言語集団を単位とした政治共同体ではない。むしろ、次節で論じるように、マレーシアの連邦制は伝統的権力者、植民地政府、民族など、様々な勢力の思惑を反映しながら歴史的に作られてきたものである。そのため、マレーシアの連邦制は、民族の共存や各民族の自治を意図したものというよりは、その時々の勢力間の権力関係や妥協の産物として作られていったものと理解するのが適切である。このような連邦の政治的な性格を反映し、マレーシアの連邦制は、州により異なる行政権の形態、異なる権限を持つ州の併存、連邦制であるにもかかわらず極めて権限の強い中央政府、という特徴を持っているのである。

州と連邦の管轄

まず、州の行政権は、半島部のペナンおよびマラッカとボルネオ島のサバ、サラワクの4州と、それ以外の9州で形態が異なる。いずれの州においても、選挙によって構成される州立法議会（Legislative Assembly）において信任を

第Ⅱ部　事例編

表 12-1　州別人口経済統計

州・連邦直轄区	1人あたりGDP（名目）、2014年	貧困率（＊1）	民族の構成（％）（＊2)			
			ブミプトラ	華人	インド人	その他
プルリス	21,051	6.3	88.4	8.0	1.2	2.4
クダ	17,395	7.0	77.9	13.6	7.3	1.3
クランタン	11,658	10.6	95.7	3.4	0.3	1.3
トレンガヌ	25,672	15.4	97.0	2.6	0.2	0.1
ペナン	43,490	0.3	43.6	45.6	10.4	0.4
ペラ	23,976	4.9	57.0	30.4	12.3	0.3
パハン	28,867	4.0	79.0	16.2	4.4	0.4
スランゴール	43,165	1.0	57.1	28.6	13.5	0.8
クアラルンプール	92,802	3.6	45.9	43.2	10.3	0.6
ヌグリ・スンビラン	36,404	1.4	61.3	23.2	15.2	0.4
マラッカ	37,200	1.8	66.9	26.4	6.2	0.5
ジョホール	28,105	2.0	58.9	33.6	7.1	0.4
サバ	20,332	23.0	88.4	8.0	1.2	2.4
サラワク	45,677	7.5	74.8	24.5	0.3	0.4
マレーシア全体	35,784	5.7	67.4	24.6	7.3	0.7

（＊1）2004年の値。マレーシア国内の貧困線による。
（＊2）2010年の値。
出所：Malaysia, *9th Malaysia Plan; 11th Malaysia Plan; Population Distribution and Basic Demogrraphic Characteristics; World Development Indicators.*

得たものが行政のリーダーとなるが、任命過程は大きく異なる。まず、1826年にシンガポールとともに海峡植民地（Straits Settlement）となり、イギリス領となったペナン、マラッカ、さらに 19 世紀末以降イギリス東インド会社の直接支配を受けていたサバ、サラワクにおける行政権は、国王[1]によって任命される州首相および州執行理事会に帰属する。

他方で、イギリス植民地時代に、連合マレー諸州（Federated Malay States: FMS）および非連合マレー諸州（Non-Federated Malay States: NFMS）として間接統治を受けていた半島部の9州では、伝統的権力であるスルタンが州の元首であり、実質的な行政権はスルタンにより任命される州首相および執行理事会により行使される。本章では詳述しないが、これらの州においては、民主的に選ばれた行政のトップに対してスルタンが拒否権を行使する事例が散見される。

次に、連邦と州の行政権および立法権の分担について、一般的に州の権限が限定的であることに加え、サバ、サラワクの権限がその他の州の権限よりも広いという意味において、「二重構造（two-tire system）」となっていることが指摘されるべきである（Shafruddin, 1984）。

連邦および州の権限は、憲法附則第9において、「連邦リスト（Federal List）」、「州リスト（State List）」および「共通リスト（Concurrent List）」として明文化されている。連邦政府の権限は、(1) 外交、(2) 安全保障、(3) 国内治安、(4) 司法制度、(5) 市民権、(6) 連邦および州レベルの選挙を含む行政機構、(7) 通貨、税制など財政事項、(8) 貿易、(9) 航行および漁業、(10) 運輸、通信、(11) 公共事業、ガス、水道、(12) 調査、(13) 教育、(14) 医療、(15) 労働、社会保障など、極めて多岐に渡る。

他方で、半島部の11州の管轄は、(1) イスラーム法、宗教寄進制度、マレー慣習法、モスクなどの祈祷所、シャリア法廷、(2) 土地、鉱物資源、(3) 農林業、(4) 州よりも下位レベルの地方自治、(5) 墓地、市場、娯楽施設、(6) 州の公共事業、交通インフラ、水道および河川、(7) 州政府行政機構の組織および財政、(8) 州の祝日、(9) 州法にもとづく犯罪、(10) 州のための統計調査、(11) 州の管轄事項に関する損害賠償、(12) 河川漁業、(13) 図書館、博物館、歴史的文化遺産とされている。サバおよびサラワクにおいては、これらに加えて、先住民族の慣習法や先住民族法廷、港湾なども州の立法権限がおよぶ管轄として定められる。

ただし、州の管轄とされる事項のなかでも、土地、鉱物資源、地方自治、水資源に関しては、連邦議会も立法権を持っており、州の権限は実質的には

さらに限定的となる。しかも、州による立法と連邦法とが抵触する場合は、つねに連邦法が優越する（憲法74条、75条、90条、附則第9）。

州の財政

このような連邦の優位は、財政の分野でもみられる。州政府の歳入の平均は、連邦政府の歳入の7％程度にとどまる（Ministry of Finance, 2015）。というのも、州政府に許されている財源が限られているからである。

州の財源は大きく分けて、(1) 州の自主財源と、(2) 連邦交付金とからなる。まず、州の自主財源の主なものは、土地、鉱物資源、森林、水の利用に対する税、自動車や事業に対する免許交付金である。前述のとおり、税制を含む財政全般が連邦の管轄となっているため、所得税や法人税、不動産取得税、輸出入関税などは、すべて連邦政府の財源となっている。他方でサバ州、サラワク州は、半島部の州に許可された財源に加えて、石油製品、木材および鉱物資源の輸出入税が財源に加えられ、また中央銀行からの許可を得れば対外借り入れをすることもできる（憲法附則第10）。

鉱物資源のうち、石油と天然ガスは連邦の管轄となっている。サバ、サラワク、トレンガヌ、クランタンは近海の大陸棚に油田、ガス田を持っているが、主要な恩恵は連邦が吸い上げている。連邦議会が鉱物資源のロイヤルティを制限することができるとした憲法110条にもとづき策定された1974年石油開発法（Petroleum Development Act）によって、国営石油会社ペトロナス（PETRONAS）が支払うロイヤルティは、連邦と州に対してそれぞれ5％と定められている。他方で、ペトロナスは、連邦政府に対して、ロイヤルティに加え、税金や配当金をも国庫に納めており、これが連邦政府の歳入の約3割を支えている。このように、石油収入に関しては、連邦政府が州政府よりもはるかに多くの収入を得、自らの財政資源としているのである（Nambiar, 2007: 186）。石油や天然ガスからの配当やロイヤルティは、連邦から州への財政配分の額を凌駕しており（後述）、州から連邦への財政移転をもたらしているという見方もある（Jomo and Hui, 2014: 146）。

州政府のもう一つの財源は、連邦政府交付金である。連邦政府交付金は、

図12-2 13州の歳入に占める連邦交付金の割合（2000〜2014年）

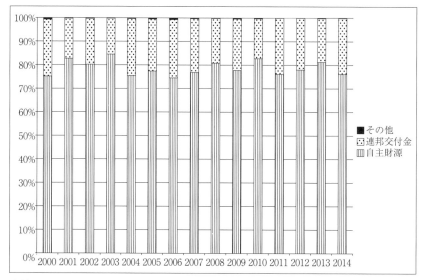

出所：Ministry of Finance, *Economic Report*, 各年。

人口規模により自動的に計算される人頭補助金（capitation grant）、および各州における道路建設コストに基づき計算される州道路交付金（state road grant）から成る非裁量型交付金と、連邦政府の裁量による交付金とに分かれる。図12-2のとおり、連邦交付金は、州歳入の約2割を占めており、州政府の連邦交付金への依存は、州と連邦との間の交渉力の不均衡をもたらしている。

連邦交付金についても、サバとサラワクにのみ認められた特別待遇がある。まず、サバについては、州内で連邦政府が得た税収の増加率に従った額、サラワクに対しては毎年580万リンギが特別交付金（special grants）として州政府に対して割り当てられることが定められている（憲法第10附則）。

2．歴史的妥協の産物としての連邦制

さて、上で述べたような連邦政府の強さと、連邦のなかに管轄や財源の異なる州があるという事実は、どのように説明できるだろうか。すでに述べた

とおり、マレーシアの連邦制は、高度な自治による民族共存や中央政府の権力の制限を目指す社会工学的な意図の帰結としてではなく、むしろ、歴史的な遺制として形づくられていった。

　具体的には、次の2点を強調したい。まず、経済や治安の観点から集権化を目指すイギリス植民地政府と、自らの権限を守ろうとする伝統的支配者スルタンの妥協の産物として、強い中央政府を持ちつつ、州に対して、限定的だが独自の権限も認める連邦制が作られた。また、1963年のマレーシア形成に際して、民族間の人口比率を均衡させるためにサバとサラワクの加入を必要としていた半島部の与党が、合併にともなう半島部からの干渉をできるだけ避けようとするサバとサラワクの要求を大幅に認めたことで、この二つの州が異なる権限や財源を持つことになった。

イギリスによる間接統治

　マレーシアの連邦制には、イギリス統治の影響が色濃く反映している（Bhattacharyya, 2010）。イギリスがマレー半島に進出したのは、18世紀末以降のことである。中東、インド、中国を結ぶ航路の要所であるマラッカ海峡のペナン（1786年）とシンガポール（1819年）を、東インド会社が現地のスルタンとの条約により譲り受けたのがはじまりだった。イギリスはさらに、1826年にペナン、シンガポール、マラッカを直轄統治の海峡植民地とし、アジアにおける自由貿易の拠点とした。

　他方で、半島のそれ以外の場所では、各地にスルタンが割拠する状態が続いていた。しかし、19世紀後半にスランゴールとペラでスズ鉱山が見つかると、イギリス資本や華人商人が、華人労働者とともに半島部になだれ込んだ。王族間の内紛や華人結社同士の暴力を伴う対立により経済活動に支障が出ることを嫌ったスズ鉱山経営者や商社によるロビー活動の結果として、イギリスはペラ州のスルタンとの間にパンコール条約を結び、イギリス人在官（British Resident）を現地に駐在させ、マレー人の慣習や宗教以外の事項に関してスルタンに対して助言するという形で、間接統治をはじめた（SarDesai, 1989: 100-107）。その後、同様の条約が他の州においても結ばれ、1896年に

はペラ、スランゴール、パハン、ヌグリ・スンビランが「連合マレー諸州（FMS）」としてまとめられ、在官長官（Resident-General）が統べる植民地政府本部がクアラルンプールに置かれることになった。その他の半島部の州は、「非連合マレー諸州（NFMS）」として緩やかにまとめられた。

このように、イギリス植民地政府は、各地にスルタンが割拠していた半島部を、治安維持やイギリス資本による経済活動を目的として緩やかに束ねていった。もっとも、FMSにおけるイギリスによる統治はあくまでもスルタンへの「助言」を通じての間接的なものであり、スルタンの権威そのものは温存された。このスルタンたちが、のちにイギリス政府による中央集権化に対して拒否権を行使することになる。

イギリス植民地政府による植民地国家建設

マレー半島がスズやゴムの一大産地となり、鉄道網の設置や紛争処理のための法律執行の必要性が生じるようになると、イギリス植民地政府は司法や徴税、交通インフラなどの分野での中央集権化を漸進的に進めていった。1903年の鉄道法（Railway Enactment）により、交通インフラがクアラルンプールの管轄となり、さらに翌年には、司法権がクアラルンプールの司法長官（Judicial Commissioner）に移管され、コモン・ローが半島全体で執行されるようになった。

ただし、このようにFMSにおいて少しずつクアラルンプールへの管轄の移管が起きていたとはいえ、当時のマレー半島は、イギリス直接統治の海峡植民地と、イギリス人在官が駐在し、クアラルンプールがこれを束ねているが、行政の長はあくまでもスルタンのままであるFMS、そして、それよりもさらにイギリスの干渉の少ないNFMSの複合体に過ぎなかった。このような行政構造に対しては、民間企業からの中央集権化要請が絶え間なくあったものの、スルタンの抵抗もあり、イギリスがこれに向けて本腰を入れたのは、1942年12月の日本軍によるマレー半島占領後のことだった。イギリスや民間の資本家たちは、これを「仕切り直し」と捉え（Khong, 2003: 113）、単一国家マラヤの創設にむけた準備を進めた。

終戦の翌年の1946年、イギリス植民地政府は、半島部11州をマラヤ連合（Malayan Union）として再編した。マラヤ連合は、立法、行政、司法を集権化した。新たな政体においては、スルタンの宗主権が廃止され、地位や住居、手当自体は保障されるものの、彼らの権限は、イスラーム法会議の議長としてのそれのみとなった。これには、スルタンが第二次世界大戦中に日本軍に加担したことが弱みになったという事情がある（*ibid.*）。また、スズ鉱山やゴム農園の労働者、鉱山経営者、商人としてマレー半島に流入した華人やインド人に対して柔軟に市民権を付与することに加えて、従来から半島部に居住していたとされるマレー人に対する土地保有や政府セクターへの優先的登用を定めた「マレー人の特別の地位」の廃止も決定した。

中央集権化された連邦制

しかし、これに対して、特別の地位の廃止に憤ったマレー人官僚たちが立ち上がった。彼らは、統一マレー国民組織（United Malays National Organization: UMNO）を結成し、マラヤ連合に激しく反発した。スルタンもこれに同調した。他方で、マラヤ共産党（Communist Party of Malaya: CPM）も、選挙権や独立に関する取り決めがないことを問題視し、マラヤ連合に激しく反対した。CPMは、第二次大戦中、イギリス軍と協力しながら抗日戦線を率いて戦い、戦後も、失業や不安定な雇用状況に不満を持つ華人やインド人労働者を中心に、幅広い支持を集めていた。

UMNOおよびスルタンとCPMの双方からの反発に直面したイギリス政府は、結局、スルタンとUMNOを交渉相手に選んだ。2年後、マラヤ連合は廃止となり、半島部11州は、1948年マラヤ連邦合意（Federation of Malaya Agreement）のもと、連邦国家として再出発することになった。マラヤ連邦は、各州のスルタンから選ばれる国王を行政の長とする立憲君主制であり、マレー人の特別の地位やスルタンの宗主権を保障した。また、州の立法権は州立法議会に付与され、その管轄はイスラームやマレー人の習慣、さらに、連邦の管轄でない事柄と定められた。

マラヤ連邦が発足した同じ年、CPMは武装闘争路線を採択し、全国規模

でのストライキ、イギリス人資本家殺害、農園、鉱山、鉄道、商業地区、警察署への攻撃を開始した。これに対応するため、イギリス政府は1948年に非常事態を宣言し、マラヤ半島におけるCPM掃討作戦を実施した。それと同時に、イギリス政府は、草の根レベルでのCPMへの支持を減らすために、CPMの主な支持者である華人をターゲットとし、マラヤ華人協会（Malayan Chinese Association: MCA）を作り、同党を通じて華人貧困層への分配を行うとともに、UMNOとMCAの選挙協力を後押しした。その後、マラヤインド人会議（Malayan Indian Congress: MIC）がUMNOとMCAの協力に加わり、多民族政党連合「連盟党」が結成され、イギリス政府とともに独立憲法の準備にあたった。

　CPMによる武装闘争を背景に、連盟党リーダーらはより強い中央政府を提案したが（Fernando, 2002: 70-71）、結局、独立憲法における連邦‐州関係は、おおかた1948年マラヤ連邦に沿ったものとなった。その後も、マレーシアの連邦制の基本的な構造に大きな変化はない[2]（Harding, 2012: 141）。マレーシアの連邦制にとって、1948年マラヤ連邦合意が決定的に重要だったというのは、多くの研究者にとっての共通認識である。たとえば、ミルンとモウジーは、マラヤ連合案とそれに対するUMNOとスルタンの反対がなければ、人口の少ないマレーシアが連邦制になることはなかっただろうと論じている（Milne and Mauzy, 1978: 101）。

マレーシアの形成と二重構造のはじまり

　サバ州とサラワク州の特殊性を考えるうえでも、やはり国家建設期の歴史的な経緯が重要である。サバとサラワクは、半島部の植民地化とは異なる経緯をたどり、マレーシアを構成することになった。サバ（マレーシアへの加入前の呼称は「北ボルネオ」）は、19世紀後半にイギリス東インド会社がブルネイ王国およびスールー王国との条約によって購入したものであり、1888年にはイギリスの保護領となった。他方でブルネイ王国に属していたサラワクは、1841年に先住民族の反乱を鎮圧したイギリス人ジェームズ・ブルックがブルネイ王により王位を与えられ、サラワク王国となったのち、1898

年にイギリス保護領となっていた。その後、第二次大戦中の日本軍による占領を経て、1946 年にイギリス直轄植民地となっていた。

　1960 年頃から、北ボルネオとサラワク、シンガポール、マラヤの合併が議論されるようになる。もっとも、これらの国が、国家としてまとまる必然性は必ずしもなかった。というのも、これらの地域はイギリス植民地であったというだけの共通項しかもたず、植民地統治下で共通の行政区部に属していたわけではないからである。

　マレーシア形成にむけた機運は、イギリスが再三にわたり提案していたシンガポールとマラヤの合併に由来する。実際、シンガポールは国土も人口も国家を形成するには小さすぎると考えられていた。また中継貿易に依存したままで失業者も大量に抱えているため、放っておけばやがて共産化してしまうかもしれないという懸念が、マラヤの政治リーダーの間にもあった（Tan, 2008: 5）。とはいえ、華人人口が9割以上を占めるシンガポールを併合すれば、合併後の国家におけるマレー人の割合が下がってしまう。UMNO リーダーには、マレー人の人口比率低下にともなう政治力低下へのためらいもあった。このような文脈で、シンガポールだけでなく、先住民族ブミプトラを多く抱える北ボルネオとサラワクの同時合併が、UMNO の目標になったのである（Cheah, 2002: 93）。

　このようなマラヤの事情から、サバとサラワクが合併にあたって、宗教、公用語、入管、関税や州政府借入、土地や森林に関する特別待遇を求めた「20 カ条合意（20-point agreement）」を提示したとき、マラヤはこのうちのいくつかを憲法に書き込むか、あるいは暗黙の了解事項とせざるをえなかった。このため、前節でみたように、サバとサラワクは管轄においても、財源においても、半島部の州よりも大きな権限を有しているのである。

3．連邦政府のための連邦制

BN 政権と連邦制

　このように、マレーシアの連邦制は、国家建設過程で、様々な当事者の利

益に資するものとして作られてきた。その運用も、多くの場合において、円滑なものであり続けた。

　第1節でみたように、連邦と州の権限が明確に分けられていることで、たとえば外国企業がマレーシア国内で工場を建設しようとする場合、投資許可を出すのが連邦政府で、現場での工場建設の許可を出すのが土地に関する管轄を持つ州ということが生じる。連邦と州とで管轄をめぐる争いがあった場合は、連邦裁判所により決着がつけられることになっているが、実際には二つのレベルの政府による柔軟な調整により、このような事例はそれほど多くはない（Harding, 2012: 136）。その理由の一つは、連盟党が1973年に発展的に解消して作られた与党連合国民戦線（Barisan Nasional: BN）が[3]、連邦議会の過半数を維持すると同時に、ほとんどの州の政権を握ってきたことにある。これにより、連邦と州の間の関係が安定化してきた。

　安定的な連邦－州関係を背景としながら、BN政府は、連邦に有利な権限の配分や、限定的な州の歳入基盤といった制度的特徴をうまく利用し、自らの財政的優位や、野党に対する選挙政治上の優位を維持してきた。連邦制が今日まで持続しているのは、BNの優位を連邦制が支え、その結果として維持されるBNの優位が、円滑な連邦制の運用を可能にしてきたからである。

利益分配と資源収奪のメカニズムとしての州

　まず、連邦制は、連邦政府をコントロールし続けるBNにとって、自らの支持者に対して財を分配するための仕組みとして機能してきた。第1節でみたように、州の財源は極めて限定的であり、歳入の2割を占める連邦交付金に依存している。連邦政府は、財政配分を武器に、州政府に対する影響力を行使してきた。

　このような連邦の州に対する影響力は、州政府をBN以外の政党が握った場合に、はっきりと現れる。BNとその前身の連盟党は常に連邦議会の過半数を維持してきたが、州レベルでは、しばしば野党政権が成立している。表12-2は、州立法議会におけるBNの議席占有率を示したもので、網掛けのセルは、野党が過半数を獲得し、州政府を構成した場合を示している。

たとえば、マレー半島北部のクランタンでは、野党マレーシアイスラーム党（Parti Islam Se-Malaysia: PAS）が頻繁に州政府を構成してきた。PAS は、トレンガヌにおいても、1999 年に政権の奪取に成功している。また、サバでは、サバ統一党（Parti Bersatu Sabah: PBS）による野党政権が、1994 年まで続いた。BN の成立から 2000 年半ばにかけて、与党が安定して勝利してきたスランゴール、ジョホール、マラッカ、ペナン、プルリスといった州においては、連邦政府の開発予算が多く割り当てられる一方で、野党が政権を握った州に対しては、開発予算があからさまに減らされているばかりか（Jomo and Hui, 2003: 446-449）、憲法に定められた非裁量型の交付金配布の遅延や、低コスト住宅プロジェクトへの連邦貸付の凍結による州財政の締め付けが行われた（Mohammad Agus, 2001: 18-19）。さらに、トレンガヌに対しては、石油ロイヤルティの支払停止という手段により、野党政権の弱体化が図られた（Fong, 2008: 48-51）。

BN はさらに、PBS 下のサバに対して、貿易に関する連邦の管轄を利用し、サバの主要産業であり、州財政の主要な財源である木材の輸出を禁止した。この結果として、サバ州経済は停滞し、1994 年州選挙での BN による政権奪取の一因となった（Loh, 2010: 135-136）。連邦政府が貧困の撲滅や社会開発を掲げていることを考えれば、本来は、1 人あたり GDP が低く、貧困率の高いこれらの州に対しては、より多くの予算が割り当てられるはずである。

このような賞罰を目的とした予算分配が実効性を持つよう、BN は、行政の末端まで伸びる利益分配の仕組みを作ってきた。たとえば、各州における住宅建設や商業施設整備などの開発プロジェクトを実施する公社の役員会を UMNO 支部長が仕切り、UMNO 支持者に対してのみ土地を供与するという慣行がみられる（Mohammad Agus, 2001: 14-15）。さらに、最も下位の行政区分である地区においても、地区開発委員会をはじめとする行政機構の多くを UMNO 党員がコントロールしている（Shamsul, 1984: 194-202）。

また、州は、連邦にとっての良い金づるとなっているともいえる。第 1 節で述べたように、1970 年代に石油と天然ガスは連邦の管轄となり、連邦政府は歳入の約 3 割を占める石油収入を得ることになった。石油や天然ガスを

表 12-2 各州立法議会における連盟党および国民戦線の議席占有率（1959～2013 年）

州(※1)	選挙年					
	1959	1964	1969	1974	1978	1982
プルリス	100 %	92 %	92 %	100 %	100 %	92 %
クダ	100 %	100 %	58 %	92 %	73 %	92 %
クランタン	7 %	30 %	37 %	100 %	64 %	72 %
トレンガヌ	46 %	88 %	54 %	96 %	100 %	82 %
ペナン	71 %	75 %	17 %	85 %	74 %	93 %
ペラ	78 %	88 %	48 %	74 %	76 %	90 %
パハン	96 %	100 %	83 %	100 %	100 %	97 %
スランゴール	82 %	86 %	50 %	91 %	88 %	94 %
ヌグリ・スンビラン	83 %	100 %	67 %	88 %	88 %	92 %
マラッカ	100 %	90 %	75 %	80 %	80 %	90 %
ジョホール	88 %	100 %	94 %	97 %	97 %	100 %
サバ	n.a.	n.a.	100 %	58 %	92 %	13 %

州	選挙年						
	1986	1990	1995(※2)	1999	2004	2008	2013
プルリス	100 %	100 %	100 %	80 %	93 %	87 %	87 %
クダ	89 %	93 %	94 %	67 %	86 %	39 %	58 %
クランタン	74 %	0 %	16 %	5 %	47 %	16 %	27 %
トレンガヌ	94 %	69 %	78 %	13 %	88 %	75 %	53 %
ペナン	70 %	58 %	97 %	91 %	95 %	28 %	25 %
ペラ	72 %	72 %	98 %	85 %	88 %	47 %	53 %
パハン	97 %	94 %	97 %	79 %	98 %	90 %	71 %
スランゴール	88 %	83 %	94 %	88 %	96 %	38 %	21 %
ヌグリ・スンビラン	86 %	86 %	94 %	100 %	94 %	58 %	61 %
マラッカ	85 %	85 %	88 %	84 %	93 %	82 %	75 %
ジョホール	97 %	89 %	100 %	100 %	98 %	89 %	68 %
サバ	2 %	0 %	48 %	65 %	98 %	95 %	83 %

※1　サラワク州選挙は、実施年が他の州と異なるため、本表には掲載していない。
※2　サバ州選挙は、1994 年。
出所：*New Straits Times*; *The Star*.

有する州はこの低いロイヤルティに不満を持っているものの、サバやサラワクは、連邦からの巨額の開発資金に甘んじてこれを受け入れてきた。すでに述べたとおり、ペトロナスからのロイヤルティ、法人税、配当は、連邦予算の2割から3割を占め、これがBNによる公共事業や福祉政策の財源となっていることを考えれば、連邦にとって州は、資源収奪の対象という意義をも持っている。

連邦-州関係の変化のきざし

　表12-2のとおり、2008年に行われた州議会選挙では、五つの州で野党連合人民協約（Pakatan Rakyat: PR）による州政府が誕生した。この背景には、BN閣僚の汚職、自由で公正な選挙を求める市民による運動の広まりと政府による抑圧、賃金抑圧への有権者の不満などがあった。PRは、2008年選挙において、蓄積したこれらの不満をすくい上げ、最低賃金の導入や政治の自由化、透明化を謳い、各民族の穏健派や若年層、労働者、都市中間層からの支持を集めた。

　この結果として、工業やサービス業の蓄積が進むスランゴールとペナンがPR政権の手に渡ったことは、連邦にとっては大きな痛手となった。連邦政府は、両州の州政府が連邦の分配する開発予算を自らの政治的目的に使わぬよう、ただちに手を打った。たとえば、企業支援プロジェクト予算が州開発公社経由ではなく、連邦政府直轄の公団を経由して分配されるようにしたり、観光分野の州公社を解散させたりすることによって、州レベルでの分配を自らの手でコントロールしようとした（Loh, 2010: 134）。また、開発予算の減額というお馴染みの手段も講じている。

　連邦政府による予算締め付けに対して、ペナン政府は土地の埋め立てや州有地の売却によりなんとか歳入を確保している。その一方で、PR政府は財政の分権化を声高に主張するようになっている。たとえば、法人税や所得税収入を連邦と州の間で一部共有したり、また、州による借り入れを自由化したりすることにより、各州が経済力に見合った歳入基盤強化を進めることを可能にすべきことが主張されている。PRはまた、州政府の歳出についても、

公共交通機関や水道、ガス、社会福祉、ゴミ収集といった分野を州の管轄とすることで、州が現地の要求を睨みながら適切な財政支出をすることが枢要であると主張する。

　2008年選挙以降のBNによる締め付けと、苦しい財政運営にもかかわらず、2013年選挙では、ペナン、スランゴールのいずれにおいても、与党議席の比率がさらに減少した。この背景には、州政府が情報公開法の制定や州執行委員の資産公開をはじめとする自由化や政府の透明化を進めてきたことが、都市中上層に評価されてきたという要因がある。政府による財政分配に頼る必要のない有権者が増えたこれらの州に対して、連邦政府による財政支出の引き締めが選挙に効果をもたらさないということを示しているのかもしれない。

　もちろん、連邦制のデザインを変えるためには、PRが連邦政府を奪取しなければならない。しかし、財政分配を期待する有権者から、ガバナンスの正しさを求める有権者への転換が進んでいけば、BNの優位と連邦制との相互強化的な関係は、次第に終わりを迎えていくだろう。

4．おわりに——マレーシアの連邦制のゆくえ

　マレーシアの連邦制は、権力の制限や分権化、民族の共存といった「連邦制の幻想（Federal Illusion）」（Beranmendi, 2009: 759）の片鱗もみせない。小気味よいほどである。マレーシアの連邦制は、中央集権化を進めようとするイギリス政府と、自らの権利や権限を守ろうとするUMNOやスルタン、サバ、サラワクとマラヤとの取引や妥協の結果として作られ、BNの優位を強化することに寄与してきた。その意味において、マレーシアの連邦制は、アクターを等しく縛るルールというよりは、特定のアクターの権力資源となってきたとみることができる。

　しかし、2008年以降、分権化や参加、政府に対する権力の制限を希求する有権者が、権力者を縛らない連邦制という矛盾をあぶり出し、既存制度を壊しうる野党を支持するようになった。その結果として、強い中央政府を特

徴とする既存の連邦制度のデザインは、必ずしも与党の優位を保障するものではなくなりつつある。既存の連邦制度が、力のあるアクターにとって恩恵をもたらさなくなったとき、あるいは、闘争の結果として権力者が交代したときに、マレーシアの連邦制度は大きく変わっていくだろう。

1) 国王は、9州のスルタンから成る統治者会議において選出される。
2) 変更点は、1994年に連邦の管轄のリスト（憲法第9附則）に「観光」が加えられた点のみ。
3) BNは、1969年の民族紛争を契機に、連盟党と旧野党が形成した拡大版与党連合である。

【参考文献】

Bhttacharyya, H. (2010) *Federalism in Asia: India, Pakistan and Malaysia*, Routledge.
Beramendi, P. (2009) "Federalism," Boix, Charles and Susan Stokes (eds.), *The Oxford Handbook of Comparative Politics*, pp.752-781.
Cheah, B. K. (2002) *Malaysia: The Making of a Nation*, ISEAS.
Fernando, J. M. (2002) *The Making of the Malayan Constitution*, MBRAS Mongraph No.31.
Fong, J. C. (2008) *Constitutional Federalism in Malaysia*, PJ, Sweet and Mazwell Asia.
Harding, A. (2012) *The Constitution of Malaysia: A Contextual Analysis*, Hart Publishing.
Jomo, K.S. and Wee C. H. (2014) *Malaysia@50: Economic Development, Distribution, Disparities*, Strategic Information and Research Development Centre.
――― (2003) "The Political Economy of Malaysian Federalism: Economic Development, Public Policy and Conflict Containment," *Journal of International Development*, Vol.15, No.4, pp.441-56.
He, B. (2007) "Democratization and Federalization: Asia," Baogang He, Brian Galligan and Takashi Inoguchi eds., *Federalism in Asia*, Edward Elgar Publishing, pp.1-32.
Khong, K. H. (2003) *Merdeka!: British Rule and the Struggle for Indpendnece in Malaya 1945-1957*, Strategic Information Research Development.
Loh, F. (2014) "Centralised Federalism in Malaysia: Is Change in the Offing?," Meredith Weiss (ed.), *Routledge Handbook of Contemporary Malaysia*, Routledge, pp.72-82.
――― (2010) "Restructuring Federal-State Relations in Malaysia: From Centralsed to Co-operative Federalism?," *The Round Table*, Vol.99, No.407, pp.131-140.
Mohammad Agus Y. (2001) "The Politics of Malaysian Federalism: The Case of Kelantan," *Jebat*, Vol. 28, pp.1-24.
Nambiar, S. (2007) "The Practice of Fiscal Federalism in Malaysia," Anwar Shah (ed.), *The Practice of Fiscal Federalism: Comparative Studies*, McGill-Queen's University Press, pp.178-203.
SarDesai, D. R. (1997) *Southeast Asia: Past and Present, Fourth Edition*, Westview.
Shafruddin H. (1984) "The Constitution and the Federal Idea in Peninsular Malaysia,"

Journal of Malaysian and Comparative Law, Vol. 11, pp.138-177.
Shamsul, A. B. (1986) *From British to Bumiputera Rule: Local Politics and Rural Development in Peninsular Malaysia*, ISEAS.
Tan, T. Y. (2008) *Creating "Greater Malaysia": Decolonization and the Politics of Merger*, ISEAS.

Ministry of Finance, *Economic Report*, 各年。
Government of Malaysia, *9th Malaysian Plan; 11th Malaysian Plan*.
Department of Statistics Malaysia, *Population Distribution and Basic Demographic Characteristics*.
World Bank, *World Development Indicators* （オンライン版、http://data.worldbank.org/data-catalog/world-development-indicators）

　本章は、科学研究費補助金（若手B）「中所得国マレーシアにおける財政と民主主義：開発志向国家の再考に向けて」（研究代表者鈴木絢女）（課題番号15K21493）の成果の一部である。

第Ⅱ部　事例編

第13章
インドネシアの連邦制なき「世界一の地方分権化」

見市建

　インドネシアは人口2億4000万人、広大な国土と極めて多様な宗教およびエスニック集団を抱える。1998年にそれまで三十余年にわたって続いたスハルト大統領を頂点とする権威主義体制が崩れると、民主化とともに、急激な地方分権化が行われた。スハルト体制の崩壊は、ソ連やユーゴスラヴィアの解体と民族紛争のような事態を危惧させることとなり、「世界一の地方分権化」と称されるほどの急速な改革が行われることとなった。

　急速な地方分権化は意図せざる結果も生んだ。寡頭制や家産的ともいえる地方支配や汚職の蔓延、それに自治体新設が相次いだ。これに対して、中央政府は地方自治体から権限を一部奪還し、自治体新設の要件を厳格化、国会は2014年9月に地方首長公選制を廃止する法改正を行った。しかし、地方首長公選制は民主化の成果として、世論の幅広い支持を受けている。国会による公選制の廃止は、党派的な利益追及が直接的な理由だったこともあって強い反発を受け、2015年2月には国会で再度の法改正が行われて同制度は維持されることとなった。

　インドネシアの「連邦制なき地方分権化」がどのような論理で進められ、どのような帰結をもたらしているのだろうか。本章は、中央政界における分権化政策とその流れを押し戻そうとする動き、および地方分権化の現状を踏まえてこの問いに答える。構成は以下のとおりである。第一に民主化と地方分権化の経緯とその評価について概説する。第二に地方分権化の影響とりわけその意図せざる帰結について検討する。第三に地方首長公選制導入の影響

第13章　インドネシアの連邦制なき「世界一の地方分権化」

とこの制度をめぐる政治過程を検討する。以上から、地方分権化がインドネシアの政治的安定と民主化の定着にもたらした帰結を明らかにしたい。

1．民主化と急速な地方分権化

民主化の開始

　インドネシアでは1997年からのアジア経済危機の影響を受け、翌98年5月にそれまで30年以上続いたスハルト大統領による権威主義体制が崩壊した。通貨ルピアが暴落して物価が急騰、身内贔屓が目立つようになっていた長期政権への批判が高まった。政治改革を要求する学生のデモンストレーションは全国に拡大し、各地で治安当局との衝突、治安の弛緩、学生活動家への発砲や誘拐、大統領外遊時の暴動等を経て、最後には学生が国会を取り囲んだ。内閣の大半が辞職し、国軍の指導部が大統領に辞任を促した。劇的に進行した政変であったが、その過程においては、国軍や与党ゴルカル幹部など政権内エリートの一部と学生運動の間に対話があり、これが比較的スムーズな移行をもたらしたとされる（増原, 2013）。

　副大統領から昇格したバハルディン・ユスフ・ハビビ大統領は民主化改革を次々と進めることで、暫定政権の正当性を確保した。国軍の政治的役割が制限され、1999年2月には政治改革3法（政党法〔1999年第2号法〕、総選挙法〔同第3号法〕、議会構成法〔同第4号法〕）を制定、6月には48政党が参加して総選挙が実施された。それまで在野や野党的立場にあった主要イスラーム組織は政党を結成し、政治参加した。ゴルカル（民主化後ゴルカル党に改名）はスハルト体制期から全国イスラーム組織、学生運動、地方の宗教組織などを取り込んできた。多元化し競争が高まっても、1950年代のような政党・イデオロギー間の深刻な対立は生まれなかった。1965年後半以降の共産党員虐殺に端を発するスハルト体制は、急進的な左派の取り締まりに加えて、イスラーム政治勢力を潜在的野党勢力とみてこれを制御し懐柔した。こうしたスハルト時代の遺産が中央の政治の安定を生んだ（Mietzner, 2008）。さらに社会のイスラーム化も進行して、イスラーム系とナショナリスト系の

237

政党の差異も縮小した（見市, 2014）。こうして民主化後の歴代政権ではイスラーム系、ナショナリスト系を問わない大連立が常態化した。

　もっとも民主化移行期のインドネシア社会はそれほど安定していたわけではない。政変直後には村長などの地域的な支配者に対する抗議活動、農民による公有地やゴルフ場の占拠などが各地で起こった。スハルト体制末期に起こった西カリマンタン州におけるダヤック人とマドゥラ人の紛争が、中カリマンタン州にも飛び火し、中スラウェシ州のポソやマルク州のアンボンではキリスト教徒とムスリム間で紛争が起き域外からも民兵組織の援軍が送られた。それぞれの紛争では数百から1000人規模の死者と数万人の避難民が発生した。次にみる地方分権化改革は、一部では政治的競争を高め、こうした紛争の原因にもなったが、大半の地域では不満を解消し政治的安定をもたらす効果があった。まずはその背景からみていこう。

地方分権化の背景

　地方分権化は民主化移行期の安定に絶対的に重要であった。東西5000キロにわたって広がる島国インドネシアのエスニック・グループは400以上にのぼり、最大のジャワ人でも総人口の3割程度である。約9割がムスリムであるが、キリスト教など他の宗教は地理的に広がっており、人口比以上の存在感がある。1億人以上が居住するジャワ島、なかでも人口が集中するジャカルタ首都圏などと地方、ジャワ島以外の「外島」との地域間格差は大きい。東チモール、アチェ、パプア（イリアンジャヤ）ではかねてから根強い分離独立運動があった。スハルト体制が崩壊すると、天然資源が豊かなリアウ州と東カリマンタン州から分離独立あるいは連邦制への転換を訴える声が上がった。上記のとおり地域的な紛争も散発した。こうしたことから国家の分裂が危惧され、中央政界およびいくつかの地方からもこれまで「タブー」とされてきた連邦制化を求める声も挙がったのである。というのも、インドネシアは連邦制を採用していた時期がある。日本の敗戦後に再占領を目論むオランダとの独立戦争を経て、オランダとの交渉によって生まれた1949年憲法は連邦制を規定していたのである。しかし同憲法はわずか8カ月で破棄さ

れ、インドネシアは独立宣言時の1945年憲法に回帰した。以後連邦制はオランダが植民地権力を維持するために採用した、ナショナリズムに反する悪しき制度とされてきた。国軍や2001年に大統領になった「スカルノ初代大統領の娘」メガワティ・スカルノプトリは、連邦制は国家分裂を招くとして強い警戒感を示した（Ferrazzi, 2000）。もっとも、事実上連邦制に匹敵するような地方への大幅な権限委譲が行われ、経済的な利益から連邦制を提起した一部地方の声は霧散することとなった。

　国の仕組みを大きく変える地方分権関連2法（地方分権法〔1999年第22号法〕、中央地方財政均衡法〔同第25号法〕）は、上記の政治改革3法成立直後の1999年2月に国会に提出されるとわずか3カ月で公布された。国際的に改革への注目が集まるなか、少数の官僚によって基本的な設計がなされた。世界銀行が「ビックバン」と呼んだこの法案策定にはドイツの国際協力公社（GTZ）が深く関わり、また内務省一般行政・地方自治総局長リヤス・ラシッド（アブドゥルラフマン・ワヒド政権で地方自治担当大臣）を委員長とする内務省内の「7人委員会」のうち6人がアメリカの大学院で学位を取得していた。スラウェシ島出身で初めて非ジャワ人の大統領となったハビビをはじめ、ゴルカル党幹部が非ジャワ人で占められていたことも地方分権化推進を後押しした（Crouch, 2010: 92; 岡本, 2015: 27, 29）。

　地方分権化による政治的安定には、分離独立派の弾圧と権威主義期の中央集権という制度的背景が前提となっていた。すなわち分離独立運動があった東チモールやアチェ、パプアではこれまで分離派への弾圧が行われてきた。このうち1975年にインドネシアが侵攻・併合した東チモールはハビビ政権下で住民投票が行われて独立、アチェは2004年のスマトラ沖地震の大災害を契機に劇的に和平が実現した。パプアでは分離派の弾圧が続いているが、同時に自治体新設と利権の分配などによる懐柔も進んでいる。その他の大半の地域では、スハルト体制期の州政府と住民のアイデンティティは結合せず、州単位での分離独立運動が生まれにくい条件があった（Aspinall, 2013）。後述するように、民主化後の地域主義はより小さな単位で、また国民国家の統一性を脅かすことなく台頭するようになった。

政治的安定とエリート支配

 比較的安定した民主化への以降と地方分権化は、少数の政財界のエリートによる寡頭制支配（オリガーキー）と裏腹である、という議論が有力である。ロビソンとハディーズは、寡頭制の形成を市場経済の拡大に伴う富の蓄積と政治権力のコントロールの結果であるとする。彼らが注目するのは、富と権力が集中し、これを防御することを可能にする権力関係の集合的なシステムである。そして、民主化によって改革的な個人や新たな政治手段が現れても、すぐにエリートに取り込まれてしまうと主張する。ハディーズによれば地方政治でも同様の「ローカル・オリガーキー」が築かれているという[1]（Robison and Hadiz, 2004; Hadiz, 2010）。また官民の暴力装置が跋扈、あるいは民主化や地方分権化にうまく適応してエリート支配の一翼を担っている、との議論もなされている（本名, 2013; 岡本, 2015; 森下, 2015）。

 しかし民主化以降、エリート間の競争は激しくなり、また政財界のプレーヤーは大幅に入れ替わっている。大都市部や全国レベルの政治では、世論の支持を背景としたポピュリスト的な政治家の登場や政財界エリートの利益に反するような政策もみられるようになっている。汚職撲滅委員会が政治エリートを次々と逮捕し、2014年には庶民出身のジョコ・ウィドド（通称ジョコウィ）大統領が誕生している。寡頭制支配論の想定は少々単純にすぎるだろう。2014年9月の地方首長公選制廃止はたしかに少数のエリートによる支配を想起させたが、市民社会や世論の強い反発に遭って公選制は復活した。以下、寡頭制支配論を念頭に置きつつ、地方分権化の概要と帰結、地方首長公選制をめぐる政治過程を順にみていこう。

2．地方分権化の帰結

地方への大幅な権限委譲

 1965年の共産党員によるクーデター未遂事件とされる9・30事件とその後の大量虐殺、そして混乱の収拾に端を発するスハルト体制は、強権的かつ中央集権的な体制を築いてきた。1974年の地方自治体法によれば、地方自

治体（州・県・市）は中央政府の延長と位置づけられており、中央による支配の道具であった。地方首長は形式的には地方議会による選挙で決められたが、政府の意図する人物が選ばれるのが暗黙の了解となっていた。1980年代までは5分の4の州知事は（退役ないし現役の）軍人であった。その後、文民の割合が増えたが、大半が官僚出身のゴルカル党員であった。同時に、主として外島から得られる豊富な資源収入が中央から分配され、大統領を頂点とするパトロン・クライエント関係が築かれていた（Crouch, 2010: 89-90）。1998年の政変はこうした中央による支配システムの崩壊を意味していた。

　前述のとおり民主化移行期に極めて短期間で成立した、地方分権化を定める二つの法律（地方行政法〔1999年第22号法〕・中央地方財政均衡法〔同第25号法〕）は、大幅な地方への権限委譲を規定した。地方行政法は、司法、治安国防、通貨金融、外交、宗教、マクロ経済政策などを除くすべての行政分野に自治体の権限が及ぶとし、公共事業、教育・文化、農業、産業・商業など11分野を基礎自治体である県・市が遂行するとした。州は地方自治体であるとともに、中央政府の下部機関としての性格も一部維持され、県や市の境界事項や県や市が遂行できないか遂行していない分野を管轄することになった。その結果、中央省庁の出先機関は廃止ないし地方自治体の関連部局に統合され、国家公務員の実に6割近い約190万人が地方公務員に移管された（ただし移管された公務員の約3分の2は教育分野であった）。さらに中央地方財政均衡法によって、地方自治体の予算も大幅に増加した。2000年に全体の17％を占めていた地方予算は翌01年には倍近い30％まで急増した。財源の半分以上は人件費であるが、開発予算も大幅に拡大した（岡本, 2012; 岡本, 2015: 27-28; Asia Foundation, 2003: 21）。

　短期間に決定された地方への権限委譲は少なからぬ混乱をもたらした。森林省や鉱業エネルギー省はそれ以前の法律を根拠に、天然資源開発の権限は中央政府にあると主張した。地方自治体が上位法に反する法律を制定したり、権限外の徴税や天然資源の開発許可、さらには違法伐採や違法採掘を容認するといった事例が頻発した。利権が地方に下り、地場のビジネスと政治の結びつきが強まることで、汚職が蔓延した。2003年に設立された独立政府機

関である汚職撲滅委員会（KPK）に汚職の罪で逮捕された地方首長（副州知事、副県知事、副市長を含む）は56人に上る（2015年8月6日時点、detik.com 2015/08/06）。しかもこれは氷山の一角に過ぎず、また後述するように地方自治体の寡頭制や家産制とも呼びうる支配も後をたたない。

自治体の新設

　1999年の地方行政法はまた自治体新設の要件を大幅に緩和した。州新設には3県・市以上、県・市新設には3郡以上から構成されること、その他住民の合意や上位の州、県・市、中央政府の同意などがその要件であった。この結果、自治体の数は1998年1月には26州304県市（2000年に独立した東チモールを除く）だったのが、2014年7月までに34州514県市にまで膨れ上がった。ジャワ島以外のエスニック構成が複雑な島々では、県・市の数が軒並み倍増した。これは制度設計者たちにとってはまったく想定外の現象であった（岡本, 2015: 33）。

　自治体を新設した地方にはそれぞれの事情が存在するが、その多くには共通点もみられる。すなわち、地域間、あるいは宗教やエスニック集団間の経済格差、そして地方エリートによる政治的・経済的な資源の独占である。天然資源がありながら貧しい周辺地域があったり、経済的政治的に周辺化されたエスニック・グループが、自治体を新設することで格差を是正したり、紛争を回避した（岡本, 2015: 32-33）。前述のように1998年末からムスリムとキリスト教徒のあいだで紛争があった中スラウェシ州のポソ県では、1999年と2003年にそれぞれムスリムが多数派の県が新設されてポソ県から分離し、ポソ県は結果的にキリスト教徒が多数派の自治体になった。自治体の新設によってムスリムとキリスト教徒が棲み分けをし、紛争の沈静化につながったのである。

　自治体新設は首長以下、地方公務員などのポストを生み、地方エリートは予算や経済的権益を得ることができる。こうした自治体新設の「効果」が明らかになると、より微細な差異を理由に地方有力者らが各地で自治体の新設を求めるようになった。補助金など中央政府の財政的負担は大きくなるばか

りである。2004年の第32号法では自治体新設の要件が厳しくなったが、自治体新設の動きは各地で後を絶たない。2014年1月の時点で87地域の自治体新設法案が国会の審議を待っている状況である（*Tempo.co*, 2014/01/02）。

1999年第22号法を改正した2004年の地方行政法（2004年第32号法）では、中央と州の権限強化が行われ、地方分権の「行き過ぎ」に対する歯止めがかけられた。州は地方自治体であると同時に中央政府の下部組織の性格を持ち、基礎自治体である県・市を「監督・指導」すると規定された。州官僚のトップである州官房長の任免権は大統領、県・市官房長は州知事が握り、さらに州の財政と徴税について中央政府は拒否権を持つとされた。こうした中央集権への揺り戻しの背景には、内務省に加え、2001年に成立したメガワティ・スカルノプトリ政権の意向があった（Crouch, 2010: 103-110; 岡本, 2012）。先にも述べたように、メガワティには「国家の統一」への強いこだわり（および連邦制＝国家分裂への強い抵抗感）がある。彼女が率いる闘争民主党はナショナリズムに立脚し、またジャワ島を主要な支持基盤としている。人口1億人を超えるジャワ島では、これまでのところ、バンテン州の新設以外に自治体新設はほとんど実現していない。闘争民主党は民主化後初の1999年総選挙の結果、ゴルカル党に代わって第一党となっていた。

ただ、地方自治体に対する中央の統制は実質的にはそれほど強まっていない。むしろ同じく2004年第32号法が導入した地方首長の公選制によって、それまで地方議会で選ばれていた首長が有権者の直接選挙によって選出されることとなり、地方首長の正当性が高められた。次節では、この地方首長公選制をめぐる政治から、地方分権化改革維持の論理を明らかにしたい。

3．民主化改革の一環としての地方分権化──地方首長公選制の廃止と復活から

地方首長公選制の導入

　地方首長（正副州知事・県知事・市長）の公選制は、民主化と地方分権化の一環として2005年6月に開始された。前述のとおり、それまで地方首長は

地方議会（州議会・県議会・市議会）によって選ばれており、スハルト時代にはさらに内務省による候補者の選考があり、事実上政府の意中の人物が選ばれる仕組みになっていた。他方、民主化後の地方議会による選挙では、議員の買収や示威行為による脅迫が横行し、批判の的になっていた。前年に導入された大統領の公選制とともに、国民に広く歓迎されたといえるだろう。

　地方首長の公選制は少なからぬ変化を地方政治にもたらした。二つの極端な地方首長のパターンが耳目を集めている。第一に地方自治体の寡頭制、場合によっては一族による家産的な支配である。地方分権化によって、首長の権限や利権が大幅に拡大し、政治的経済的な資源を分配することで選挙資金や支持を調達することになった。選挙費用は高騰し、利権を保持している現職が圧倒的に有利になり、また選挙資金を提供できる実業家に依存することになった。2005年に行われた首長選挙では、実に87％が現職ないし地元官僚出身者が選出され、その大半が実業家とペアを組んでいた（Rinakit, 2005）。スハルト体制期からの地方有力者（とくに地元官僚）が、経済的利権および地域主義、エスニシティ、宗教的権威、あるいは暴力、しばしばそれらの巧みな組み合わせによって支持を動員し、首長の座に就いている。そして首長の家族が後継者になったり、地方議会の議長、選挙管理委員会委員長などの要職を占める例が後を絶たない。

　そのもっとも顕著な例が、ジャカルタに隣接するバンテン州を牛耳ったジャワラ（やくざ）、土建業者、ゴルカル党幹部のハッサン・ソイブである。彼は2000年のバンテン州設立運動を契機に影響力を強め、翌年に娘アトゥットを副州知事に据えた他、親族や子分を要職につけた。アトゥットは現職の強み、広範な買票、地方メディアの統制の成果もあって、2006年に州知事に当選、首長公選の時代になっても一族支配は続いた（岡本, 2015）。東ジャワ州のバンカラン県では、2期10年県知事を務めたイスラーム法学者（ウラマー）のフアド・アミン・イムロンの息子が2012年に全国最年少の26歳で県知事に当選した。前県知事は選挙管理委員会にも影響力を持ち、2012年の県知事選では9割の票が息子に、2014年大統領選挙でも自らが支持する候補に8割以上の票が入った。知事の汚職を追求したNGO活動家が

襲撃されるなど、暴力も行使された。もっとも、一族支配が10年以上続いたとはいえ、アトゥットもフアド・アミンも汚職の容疑で逮捕され、有罪になっている。一族支配はそれほど多いというわけでもない。筆者が調査をしている東ジャワ州では、2005年から15年に38自治体で行われた95の首長選挙（半数の県と市が2回、残りは3回の改選）において、現職の勝率は78％と高かったが、3期再選を禁止する規定から、2期を超えた権力継承は困難であることが明らかになっている。首長の親族が当選したのはバンカラン県を含め三つの自治体のみであった。

　第二に、寡頭制支配とは対照的な、改革派首長の台頭である。政党や既存の組織、資金に頼らず、改革志向の政策（少なくともそのイメージ）から大衆的な人気を得ている首長が各地に誕生している。現大統領のジョコ・ウィドド（通称ジョコウィ）がその典型である。貧しい家庭に生まれながら家具の輸出業で頭角を現し、2005年に初の首長公選制で中規模都市ソロ（中ジャワ州）の市長に当選、2010年には9割以上の得票で再選された。2期目途中の2012年にジャカルタ首都特別州知事に当選、さらに2014年には大統領選挙に立候補した。貧困層への教育や医療の無償化など分配政策以外にも、汚職の追放や行政改革が大きな評価を受けた。東ジャワ州スラバヤ市長のトリ・リスマハリニは地元官僚出身ではあるが、公園の整備や緑化運動、売春街の駆逐が人気を呼んだ。こうした非分配的な政策を看板とする首長がとりわけ大都市部に出現している。ジョコウィが大統領になったあとにジャカルタ州知事に昇格したバスキ・プルナマ（通称アホック）も、少数派の華人キリスト教徒にもかかわらず、諸政策の迅速な実行、州議会の資金流用の指摘、やくざ組織に対する毅然たる態度などを通して多数派のムスリムにも高い人気を維持している。アホックは、来る2017年の州知事選において、政党の支持に基づかない独立候補として立候補するためにすでに90万人以上（2016年6月現在）の署名を集めた。主要政党の2014年総選挙のジャカルタにおける得票数を上回ることで、その正当性を強調している。

　1998年の民主化、2005年の地方公選制導入のより広範な影響を分析するためには、立候補および当選した首長のプロフィール（官僚、軍人、政党政

治家、社会組織のメンバーなど）の量的な把握とともに、有権者からの支持調達のパターンを把握する必要がある。南スラウェシ州を対象としたビューラーの研究によれば1998年から2013年までの州・県・市の首長選挙では、45％の候補者がスハルト体制期に国家機関に属したことがある学者、官僚、軍人（国家エリート）であり、そのうち少なくとも42％が当選しているという。こうした国家エリートの割合は多いようにも思えるが、エリート間の競争は激しく、例えば軍人はほとんど落選している。勝利の鍵となるのは個人的あるいは地域的なネットワークであり、南スラウェシ州ではイスラーム主義グループとの結びつきを強めているという（Buehler, 2015）。

　どのようなネットワークが支持調達に有効であるかは地域によって異なるが、重要なのは政党の役割が限定的なことである。独立候補擁立の条件は厳しく、ほとんどの首長候補は政党からの支持を得て立候補するが、候補者には政党政治家ではないものも多い。政党は既得権益を握る官僚や選挙資金を提供できる実業家に公認を与えることがしばしばである。彼らは再選を目指して政党を乗り換えることも珍しくない。一族支配が行われている自治体では、一族のメンバーが政党を超えて議席を得ている。大衆的人気を資源とする改革派政治家の台頭も政党の役割を後退させている。

　首長公選制のもう一つの重要な帰結は、宗教やエスニシティといったアイデンティティの政治の台頭と均衡である。民主化の初期には、権力争いの先鋭化が宗教やエスニシティ間の紛争にまで発展する例があった。しかし、例えばムスリムとキリスト教徒の紛争があった中スラウェシ州のポソでは、紛争後の首長選においてはムスリムとキリスト教徒が正副候補のペアが組まれるようになった（Brown and Diprose, 2009）。ポソでは自治体新設が同様に紛争の沈静化に効果をもたらしたことは前述のとおりである。幅広い支持を得るために異なる宗教やエスニシティのペアが組まれることは、かなり一般化している。現在でも一騎打ちの大統領選や州知事選では、多数派の宗教やエスニシティの支持調達を狙って、アイデンティティが強調されることもしばしばである。しかし暴力的な衝突にまで至る例はほとんどなく、「ソフトなエスニック政治」が支配的である（Aspinall, 2011; Miichi, 2014）。県・市レベ

ルでは、宗教やエスニシティそのものというよりは、地域的な影響力が強い宗教指導者や貴族、社会団体といったより小さな単位のネットワークが有権者の支持調達においてより重要になっている。

地方首長公選制の廃止と復活

　最後に中央の政治に話を戻して、民主化改革の一環としての地方首長公選制がいかに維持されているのか、2014年9月から15年2月までの間に起こった首長公選制の廃止と復活の政治過程から検討してみよう。

　内務省はすでにみた2004年の地方分権2法の改正を始め、中央による監視や人事や財政などの統制強化、地方自治体の権限縮小のための政令や通達を繰り返し行ってきた。また莫大なコストがかかる地方首長公選制を繰り返し廃止しようとしてきた。ただ2011年、2013年に国会に提出された法案には一貫性がなく、前者は州知事の公選制を、後者は県知事・市長の公選制を廃止（代わりに議会による間接選挙に回帰）する内容であった。これらが国会の支持を受けなかったために、2014年9月に提出された法案では、公選制の廃止は盛り込まれなかった。同時に資源開発における県・市の許認可の剥奪など、地方自治体の権限を中央政府に戻す傾向が強い法案が提出された（岡本, 2015: 260）。

　しかし当時の政治状況が、内務省の意図とはまったく異なる形で、一旦は首長公選制を廃止させることになった。7月の大統領選挙においてジョコウィ現大統領の対立候補プラボウォ・スビヤントを支持した諸政党は、大統領選挙に敗れたものの、国会においては多数派を占めていた。彼らがジョコウィ新政権発足直前のタイミングで首長公選制の廃止と間接選挙導入の法改正を行ったのである。彼らが地方議会でも連立を組めば、大半の地域で多数派を占めることができる。こうした党派的な利益のために首長公選制の廃止を目論んだのであった。野党連合の露骨な政治的野心に対して主要な知識人やNGOは反発を強め、既存メディアやインターネット上のSNS（ソーシャル・ネットワーク・サービス）を利用して、あるいは路上で、公選制廃止に対する抗議運動が行われた。圧倒的多数派が首長公選制を支持しているとの

世論調査結果も複数公表された。

　キャスティングボートを握っていたのはユドヨノ大統領の民主主義者党であった。同党は野党連合の一員として首長公選制の廃止に一旦は同意した。しかし首長公選制は民主化改革の一端としてユドヨノ政権下で導入され、これまで大統領は民主化の定着を自らの功績としてきた。このため、抗議運動はツイッターなどのSNSを利用して「＃安らかに眠れ民主主義（#RIPDemokrasi）」のほか、「＃恥を知れユドヨノ（#ShameOnYouSBY）」というハッシュタグでユドヨノ大統領を標的とした。路上のデモンストレーションでも同様のスローガンが使われた。民主主義者党は方針を転換し、現行制度を改善したうえで公選制を維持するという提案を行った。しかし国会は民主主義者党の提案を受け入れず、同党の議員は退席、公選制廃止を含む地方首長選挙法（2014年第22号法）と新しい地方行政法（2014年第23号法）が9月26日に国会を通過した。「＃恥を知れユドヨノ」は実に25万回以上ツイートされ、世界中のトレンドトピックに名を連ねた。アメリカに外遊していたユドヨノは大いに動揺し、民主主義の後退だとして公選制廃止に反対する声明をユーチューブで流した。その後「＃恥を知れユドヨノ」はトレンドトピックから突如消えたので、政府がツイッター社に依頼してハッシュタグの削除を行ったとの憶測も流れた（*Jakarta Post*, 2014/09/29）。

　ユドヨノ大統領は9月30日に帰国すると2日後には先の二つの法律を改正する大統領令を発した。大統領には国会の議決への拒否権はなく、法改正には国会の同意が必要である。民主主義者党は大統領令の発令に際して、野党連合に留まることで他の政党を説得して合意を得た。しかし首長公選制の存廃はその後も与野党間の政争の具になった。ジョコウィ政権成立後、野党連合に属するゴルカル党が分裂し、ジョコウィ大統領側に付く動きが表面化した。12月2日、ゴルカル党首のアブリザル・バクリはゴルカル党大会において公選制を維持する大統領令に反対（つまり公選制廃止に賛成）を表明した。すると8日にユドヨノがジョコウィに会い、公選制維持の方針を確認した。この間、野党連合の他の政党は様子見を決め込んで、踏み込んだ発言は避けていた。自らの態度表明がジョコウィ政権への圧力、あるいはゴルカル

党の結束維持に役立たないことを見定めたのか、翌9日にはバクリは前言を撤回して、大統領令への支持を表明した。こうして、2015年2月17日には新しい地方首長選挙法（2015年第1号法）、地方行政法（2015年第2号法）が採択され、最終的に首長公選制が維持された。

公選制の維持か廃止かが議論の大半を占めたが、新しい二つの法律にはほかにも重要な制度変更が含まれていた。首長公選制については、独立候補の立候補要件を厳しくして政党による統制を強めたこと、選挙実施によるコストを下げるためにこれまで30％以上の得票者がなかった場合の決選投票がなくなったこと、統一地方選（Pilkada serentak）の導入、首長の近親者の首長選立候補禁止、などである。この結果、2015年には12月9日に、前後に任期を迎える全国263カ所の州・県・市で一斉に首長選が行われることになった。なお、その後首長近親者の立候補禁止は憲法裁で違憲判決が出され、統一地方選を前に現職の対立候補がいない場合の規定がないことが判明するなど、地方首長選挙法の不備が指摘されている。やはり憲法裁の裁定で、現職の対立候補がいない場合は、現職の信認投票を行うことが決められた。

首長公選制をめぐる攻防では、結果として、民主化改革の一環としての公選制を支持する世論や市民社会の要求が実現した。こうした近年の運動は、特定のグループによって主導されるのではなく、問題に応じてアドホックに連合が組まれ、オンライン／オフライン双方で活発化する。汚職撲滅委員会（KPK）に対する度重なる政治エリートの介入（国会における法改正や警察のKPK幹部捜査）にも、こうした運動が一定の成果を挙げてきた。2012年ジャカルタ州知事選、2014年大統領選でも勝手連の活動がジョコウィの当選を後押しした。

地方分権化の帰結

では、少数のエリート（オリガーキー）が支配するといわれるインドネシア政治において、どういう条件でこうした市民社会の要求が実現するのだろうか。地方首長公選制導入後の地方の状況、さらに公選制の廃止をめぐる政治過程から明らかになったのは、官僚や実業家などによる支配とともに、政

治エリート間の激しい競争の存在である。そうした競争のなかから、一部とはいえ、大衆の人気を政治的資源とする改革派首長が台頭している。与野党連合間の争いは首長公選制廃止のきっかけになったが、世論を反映させやすい条件にもなった。スハルト体制時に比較して、政治エリートは社会に依存するようになった。ただ、多くの場合、彼らは自らの権力の拡大や維持に利する限りにおいて、社会的アクターの要求に応える（Buehler, 2014）。自らの人気を高め、批判の的になることを避け、あるいは政治的な競争相手を出し抜くために、政治エリートは市民社会や広範な世論の要求に応えるのである。

また地方首長公選制や KPK のようなアカウンタビリティを高める改革への支持には、民主的、自由主義的なイデオロギーよりも、道徳に訴える手法が効果を発揮する（Rodan and Hughes, 2014）。首長公選制存廃をめぐる政治過程では、民主主義へのコミットメントを訴えるよりも、公選制廃止を最初に阻止しなかった大統領個人への人格攻撃が有効であった。首長選挙でも同様に、特定候補の支持不支持がしばしば道徳の問題として浮上し、宗教的なネガティブ・キャンペーンを生むことにもなるのである。こうした傾向は、民主主義や自由についての価値観の深まりという点では甚だ不十分であるが、結果としてアカウンタビリティが高められている。インドネシアにおける民主化改革の一環としての地方分権化は、さまざまな問題を抱えながらも、政治的安定や民主化の定着に貢献しているといえよう。

1) 寡頭制支配論とその批判についてはひとまず拙著（見市, 2014: 28-29）および本章第3節を、より詳細な議論は以下に収録の諸論文を参照のこと（Ford and Pepinsky eds., 2014）。

【参考文献】

Asia Fundation (2003) *Indonesia Rapid Decentralization Appraisal (IRDA), Third Report*, Asia Foundation.

Aspinall, E. (2011) "Democratization and Ethnic Politics in Indonesia: Nine Theses," *Journal of East Asian Studies*, Vol.11, pp.289-319.

――― (2013) "How Indonesia Survived: Comparative Perspectives on State Disintegration and Democratic Integration," in M. Kunkler and A. Stepan (eds.), *Democracy and Islam in Indonesia*, Columbia University Press, pp.126-146.

Brown, G. and R. Diprose (2009) "Bare-Chested Politics in Central Sulawesi: Local Elec-

tions in a Post-Conflict Region," in M. Erb and P. Sulistiyanto (eds.), *Deeping Democracy in Indonesia? Direct Elections for Local Leaders* (*Pilkada*), ISEAS, pp.352-374.
Crouch, H. (2010) *Political Reform in Indonesia after Suharto*, ISEAS.
Buehler, M. (2014) "Elite Competition and Changing State-Society Relations," in M. Ford and T. B. Pepinsky (eds.), *Beyond Oligarchy: Wealth, Power and Contemporary Indonesian Politics*, Cornel University, pp.157-175.
Bunte, M. (2009) "Indonesia's Protracted Decentralization: Contested Reforms and Their Unintended Consequences," in M. Bunte and A. Ufen (eds.), *Democratization in Post-Suharto Indonesia*, Routledge, pp.102-123.
Ferrazzi, G. (2000) "Using the 'F' Word: Federalism in Indonesia's Decentralization Discourse," *The Journal of Federalism*, Vol.30, No.2 pp.63-85.
Ford, M. and T. B. Pepinsky (eds.) (2014) *Beyond Oligarchy: Wealth, Power, and Contemporary Indonesian Politics*, Cornell University Press.
Hadiz, V. (2010) *Localising Power in Post-Authoritarian Indonesia: A Southeast Asia Perspective*, Stanford University Press.
Mietzner, M. (2008) "Comparing Indonesia's Party Systems in the 1950s and the Post-Suharto Era: Centrifugal versus Centripetal Inter-Party Competition," *Journal of Southeast Asian Studies*, Vol.39, No.3, pp.431-453.
Miichi, K. (2014) "The Role of Religion and Ethnicity in Jakarta's 2012 Gubernatorial Election," *Journal of Current Southeast Asian Affairs*, Vol.33, No.1, pp.55-83.
Rinakit, S. (2005) "Indonesian Regional Elections in Praxis," IDSS Commentaries.
Rodan, G. and C. Hughes (2014) *The Politics of Accountablity in Southeast Asia: The Dominance of Moral Ideolgies*, Oxford University Press.
World Bank (2003) "Decentralizing Indonesia: A Regional Public Expenditure Review Overview Report," East Asia Poverty Reduction and Economic Management Unit Report, No. 26191-IND. Washinton D.C.: The World Bank.

川村晃一・見市建（2015）「大統領選挙——庶民派対エリートの大接戦」川村晃一編『新興民主主義大国インドネシア——ユドヨノ政権の10年と2014年選挙』アジア経済研究所、73-93頁。
増原綾子（2010）『スハルト体制のインドネシア——個人支配の変容と1998年政変』東京大学出版会。
岡本正明（2012）「逆コースを歩むインドネシアの地方自治——中央政府による「ガバメント」強化への試み」船津鶴代・永井史男編『変わりゆく東南アジアの地方自治』アジア経済研究所、27-66頁。
岡本正明（2015）『暴力と適応の政治学——インドネシア民主化と地方政治の安定』京都大学出版会。
本名純（2013）『民主化のパラドックス——インドネシアにおけるアジア政治の深層』岩波書店。
見市建（2014）『新興大国インドネシアの宗教市場と政治』NTT出版。
森下明子（2015）『天然資源をめぐる政治と暴力——現代インドネシアの地方政治』京都大学出版会。

第Ⅱ部　事例編

第 14 章
途上国での分権改革は難しいのか？
フィリピンの事例からの考察

石井梨紗子

　本章では、1990年代以降、民主化の推進と並行して地方分権化政策を進めてきたフィリピンを取り上げる。同国の事例は連邦制の事例ではなく、分権化の事例である。また発展途上国という文脈において、分権化の制度導入が開発とガバナンスの問題を孕んでいる点が特徴的であり、この点では第13章で取り上げたインドネシアと類似している。しかしながら、分権化に関する議論の主軸が分離独立問題に置かれていない点では、インドネシアの分権化とも様相は異なっている。本章は、フィリピンの分権化政策の経緯を概観し、政策の効果が先行研究でどのように理解されてきたかを説明する。その上で既存の説明の限界を考察し、今後の必要とされる研究の方向性を指摘したい。

1．1991年地方自治法（LGC）の制定

背景

　フィリピンは大小7000以上の島々から構成される島国である。16世紀以降、1946年の独立に至るまで、スペイン、アメリカ、日本の統治を受けてきた。イスラム教徒住民を擁する南部ミンダナオ島以外の地域では、大多数の国民がキリスト教を信奉するキリスト教国である。

　同国の地方統治の形は、スペイン、アメリカの統治時代にその礎が築かれたという解釈が近年では一般的になっている。ジョン・サイデルは、国内の

資金や雇用など、経済的資源の大半が公的な領域にあり、私的所有権も確立していなかったアメリカ植民地下のフィリピンで、アメリカを模した民主主義の諸制度が性急に導入された結果、先のスペイン統治時代に高い裁量を与えられて大土地所有制を背景に力を蓄えていた地方エリートが、中央、地方の議員として支配力を拡大していくことにつながったと論じる（Sidel, 1999）。またポール・ハッチクラフトは、20世紀初頭にアメリカ植民地政府が、フィリピンの独立に向けた動きを阻止するべく「自主政府プログラム」を推進したことで、中央政府の立法権限が強化される一方、地方の自律性が高まったと分析する（Hutchcroft, 2000）。こうした地方統治の状況は、同時期に中央集権化と官僚制の整備が進展し、住民支配と課税の手段が、中央の官僚や軍部に吸収されていった他の東南アジア諸国とは決定的に異なっているとこれらの論者は論じている（Hutchcroft, 2000; Sidel, 1999）。

　もっとも、現代フィリピンの地方分権化が一気に前進したのは1991年に制定された地方自治法（Local Government Code: LGC）以降のことである[1]。地方分権化の推進は、「エドサ革命」または「ピーポーズ・パワー（Peoples' Power）」と呼ばれる民主化運動の結果、マルコス政権を倒して誕生したアキノ政権の選挙公約にも盛り込まれていた政策であった。アキノ就任後には、まず「1987年憲法」において地方政府の自律性が認められ、これに基づきLGCが制定された。分権化推進の背景には、アキノの政策志向のみならず、構造調整政策期にあったフィリピンに対する国際ドナーの意向も多いに反映されたと言われている。実際、LGC起案の過程には米国開発庁（USAID）をはじめとする国際ドナーによる技術支援が提供された。基礎的な行政サービス提供に関する権限と責任を大幅に地方政府に委譲したLGCは、地方政府に早急かつ大胆な変化をもたらした。フィリピン大学のアレックス・ブリアンテスは、この時期の地方政府の変化を「行政ショック」と形容している（Brillantes, 1998: 44）。

LGCの理念と概要

　上述のとおり、フィリピンの地方分権化政策はアキノ革命の政治的焦点で

あり、民主化の推進がその政策の中核的な目的であった。民主化の手段としての分権化政策は、冷戦後、途上国におけるグッド・ガバナンスを強調していた国際ドナーの方向性にも沿うものであった。もっとも、分権化によって行政サービス提供を改善することも政府の主要なアジェンダであったことは相違ない。LGC の第 1 項は、「真に意味のある地方自治権」を獲得した地方政府が、「自助的な共同体として最大限の発展」を享受し、「国家政策の目標達成に向けたより効果的なパートナー」として機能することが謳われている[2]。以下、LGC に規定された分権化政策の詳細を概観する。

　フィリピンの地方政府（Local Government Unit: LGU）は大きく三つの階層に分かれており、LGC ではそれぞれの行政単位に求められる最小の人口、歳入、面積が設定されている[3]（図14-1参照）。最小の行政単位である基礎自治体はバランガイと呼ばれ、もっとも住民に近いところから行政サービスを提供する。複数のバランガイの集合から成る第二の層が、ミュニシパリティまたは構成市である。最後に、中央政府の下にある最上位の地方自治体が州であるが、マニラ首都圏と後述のイスラム自治区には置かれていない。このほかに構成市のなかで一定の基準を満たした高度都市化市と、独自の憲章によって設置された独立構成市が存在し、これらは州の監督下から外されるが、基本的な権限は構成市と変わらない。2012年時点で、80州、138市、1496ミュニシパリティ、4万2027バランガイが存在している[4]。全国に17存在する地方管区（リージョン）は、行政単位であるが地方自治体ではない。

　なお、ミンダナオにおいては「1987年憲法」の定めに従って住民投票が実施され、4州が「ミンダナオイスラム自治区（Autonomous Region in Muslim Mindanao: ARMM）」への参加を表明した。ARMM は独立した政府としての地位が認められている。

　LGC で権限委譲された基礎的行政サービスは、保健、社会サービス、環境、天然資源、農業である。各地方政府は、委譲されたサービス分野に関して、国家のナショナル・ミニマムを満たすために各中央官庁から課されるプログラムを拡大、変形できる他、追加的に独自の「特別プログラム」を導入することもできる。さらに地方政府には、従来付与されていなかった地域開

第14章　途上国での分権改革は難しいのか？

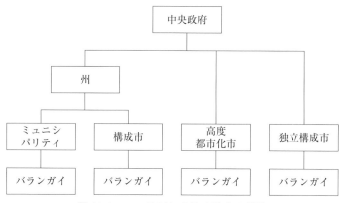

図 14-1　フィリピンの地方政府の構造
出典：筆者作成。

発機能が与えられた。このことにより、地方政府は地方のニーズに沿って独自の地方開発プログラムを実施できるようになった。

　これらの権限委譲に伴って、必要な人員と財源が中央政府から各地方政府に委譲された。地方政府は自主歳入を創出する権限を得るとともに、使用料等の徴収を通じて従来よりも大きな課税権限を得ることになった[5]。また鉱山、漁業、森林使用料等、天然資源から得られる国家収入は、当該地域の地方政府に配分されるようになった。さらに、国家税収の一部を地方政府に配分する内国歳入割当（Internal Revenue Allotment: IRA）の比率は 11 ％から 40 ％に引き上げられた[6]。LGC は配分された IRA のうち少なくとも 20 ％を、経常支出ではなく、開発関連のプロジェクトに充てることを義務づけている。

　各地方政府の首長[7]、副首長、地方議会議員はすべて住民の直接選挙で選出される。任期は 3 年であり、再選は 3 回まで認められている[8]。ちなみに 1 ターム 3 年という任期については、その短さについて多くの議論がなされるところである。巷では「地方の首長は役職に慣れるまでに 1 年かかり、2 年目に新しい政策を導入し始め、その年の終わりからは次の選挙の準備にとりかかる」と揶揄されている。

　LGC の最大の特徴は、地方行政における市民参加を制度化している点にある。より具体的には、LGC は、非政府組織（Non-governmental organization:

NGO) や住民組織 (People's Organization: PO)、および民間セクターの団体が、地方開発協議会 (Local Development Council: LDC) をはじめとする場でのコンサルテーションを通じて、地方政府の様々な意思決定過程に参加することを義務づけている。年に2回行われるLDCの目的は、各地方議会による開発計画の策定を支援すること、および領域内の開発に向けた取り組みを調整することにある[9]。LDCは地方議会議員のほか、下位地方政府の代表者と、NGOなどの市民の代表者から構成されるが、市民の代表者の数が構成員の25％以上を占めることが規定されている。あらゆる開発プロジェクトはLDCの承認を必要とすることから、市民は地方政府の開発計画プロセスに対する影響力を与えられたということができる。

分権化の進捗状況

　LGCが施行されて25年以上が経過したが、LGCが想定したような政策策定を積極的に行い効果的なパフォーマンスを上げている地方政府はあまりないとされている。もっとも批判される点は、地方政府の中央政府への財政的依存状況である。多くの地方政府はいまだに財政の多くをIRAを中心とする中央政府からの分配金に依存しており、地方政府歳入に占める地方財源からの歳入は30％程度に留まっている（BLGF, 2008）。増税への政治的リスクが、地方政府の歳入増加の妨げになっているとも考えられている。この他、国会議員に政治的に配分される優先開発支援資金（ポーク・バレル）も、地方政府の財源になっている。

　サービス提供に関しては、多くの地方政府は「特別プログラム」を設計、実施するには至っておらず、ナショナル・ミニマムの確保そのものにも支障が出ているという見方もある。さらに、LGCの特徴でもあった市民参加に関する規定も、多くの地方政府で形骸化している。LDC自体が規定通りに実施されていないケースも見られる他、NGOを参加させていたとしても限定的であったり、形式的なものであったりすることが多い。

2．分権化の効果に関する諸見解

分権化悲観論

　一般的に、途上国における分権化の効果に関する実務的見地からの評価は芳しくない。分権化政策に寄せられる様々な期待に反して、実際に分権化を導入した途上諸国では、フィリップ・モーウッドが「混沌と破綻」(Mawhood, 1993: 1)と表現した状況が報告されている。とくに、分権化に伴う「地方エリートの台頭」は多くの論者に指摘されている。委譲された権限が地方エリートに掌握されることで、市民の政策策定過程への参加や地方のニーズに沿った行政サービス提供といった、分権化が本来目指したはずの目的が達成されないという問題である。さらに、こうした地方エリートは多くの場合中央政府の政治家と結びついているため、中央・地方政府は共に権限を市民のレベルにまで委譲させるインセンティブを持たず、市民もまたこれに対抗する手段も意図も有さないことから、結果として分権化改革は骨抜きにされてしまうのである。途上国の文脈においては、貧困削減が分権化に期待される重要な効果の一つであるが、地方行政が地方エリートに独占されている状態では、貧困層のニーズを満たす行政サービスの改善はおよそ見込めない。

　本章が扱うフィリピンは、このように地方分権改革が望ましくない結果をもたらした途上国の代表的な例として位置づけられてきた。実際、首長の直接選挙が開始されたLGC施行後も、地方政治家の顔ぶれは伝統的な地方エリートから一新されることはなかった。このことはフィリピンの民主化が、部族長、軍閥、トラポー（タガログ語で「ならず者」）、マフィア、ボスなどと呼ばれる旧来の専制的な政治クランに牛耳られているという批判を呼ぶことになった（川中, 2001）。さらに上述のとおり、LGCが規定した市民参加の枠組みは多くの地方で形骸化し、地方財政のIRAへの依存は続き、一般市民のための革新的なサービスが提供される余地は極めて小さいと考えられてきたのである。

二つのアプローチからの解釈

　フィリピン研究においては、地方政治は二つのアプローチから理解されてきた。第一のアプローチは、「社会」の側面からフィリピン地方政治にはびこる地方エリートの支配を説明するアプローチである。ここではしばしばジョエル・ミグダルの「強い社会・弱い国家」論（Migdal, 1998）が引き合いに出される。ミグダルの議論そのものはフィリピンを事例に展開されたものではないが、途上国全般に適用されるものである。ミグダルは、途上国に特徴的な「編み目状の社会」が社会支配を細分化させ、国家の効率的な支配を阻害していると強調する。この結果、地方エリートが生存戦略の糧の提供と引き換えに地方住民を支配する一方で、中央政府は地方エリートにその組織と資源を掌握されたままの「弱い政府」に甘んじることになる。ミグダル的な解釈は、1960年代以降にフィリピン研究を凌駕し、現在でも強い影響力を持つパトロン＝クライアント論の解釈と軌を一にしている。カール・ランデに代表されるクライエンティストたちは、いわゆる政治文化論の影響を受けて、地方エリートがフィリピン社会に固有の文化によって形成されたパトロン＝クライアント関係に基づいて、温情主義的な住民支配を行っていると説明してきた。ここで言うフィリピン固有の文化とは、内的債務（'*utang na loób*'）やカリスマ的な地方リーダーとの疑似親族（'*compadrazgo*'）などを指す。温情の報酬として、クライアント（住民）はパトロン（地方政治家）の集票マシンとなる他、資金やその他の資源を提供するのである（Hutchcroft and Rocamora, 2003）。

　第二のアプローチは、新制度論、なかでも歴史的制度論に依拠し、「国家」の側面からの地方政治の様相を説明するものである。クライエンティストが地方政治を「社会」や「文化」を変数として説明したのに対して、制度論者ないしステーティストたちは同じ現象を「国家」の構造や制度から説明する。サイデル（Sidel, 1999）はその代表的な論者であり、地方エリートの台頭を「ボッシズム（bossism）」と名付け、それが地方住民に対する威圧的な支配によってもたらされていると論じる。そのような支配を可能にしているのが、上述の植民地期から形成されてきた国家構造、すなわち立法者が国家の資源

へのアクセスと所有を独占している構造である。サイデルが事例として取り上げた三つの州の首長は、パトロン＝クライアント論が描いた温情的なリーダーではなく、威圧的で暴力的な存在として描写されている。国家中心アプローチは、政治状況を供給者側、すなわち支配者層の関心から説明する点で、受給者側である被支配者層の要因に着目する社会文化アプローチと相反している。サイデルにいわせると、クライエンティストの議論は国家間の文化の相違を強調する点で傲慢かつ差別的である。なぜなら結局のところ、パトロン＝クライアント論は西欧に産業民主主義をもたらした市民文化のうぬぼれた優越性を再確認しているに過ぎないからである。

　問題は、上記いずれのアプローチも、途上国の分権化で問題となる「地方エリートの台頭」の典型例としてフィリピンを捉えており、分権化の効果に関しては悲観的な態度をとっているという点である。したがって、「行政ショック」とも呼ばれるLGC施行以降の地方政府には「変化」は見出されず、むしろ旧態依然とした地方政治の「継続」が強調されてきたのである。しかし本当に分権改革は地方政府にいかなる変化ももたらさなかったのだろうか？　答えは否であろう。実際、ブリアンテスをはじめ現地研究者の間では、LGCの理念を体現する優良地方政府の存在が指摘されてきた（Brillantes, 2003）。内務地方政府省（Department of Interior and Local Government: DILG）やフォード財団のイニシアティブで1993年から開催されているガリン・ポーク賞（Galing Pook）の受賞自治体でも、従来型の地方政府とは明らかに異なる革新的な政策が導入されている。

　ところが、クライエンティストもステーティストも、そのような事例を「変化」としては認識しなかった。ランデは、何らかの変化が認められるとすれば、それは市民社会の能力と政府に対するリアクションが変化したことの現れであり、地方政治の仕組みは何ら変わっていないと論じた（Landé, 2001）。一方でサイデルは、多少の変化を認めてはいるものの、それが投票者の投票行動や分権改革によるものではなく、ゆるやかな資本主義の発展過程とそれに付随した地方ボッシズムの政治経済の変化として捉えている（Sidel, 1998）。つまり、いわゆるグッド・ガバナンスを行っている優良自治

体のボスは、そのような評判を得てマニラや海外からの投資を惹き付けることによって今まで以上の利益を獲得することができると気付いたに過ぎず、無慈悲で腐敗した地方ボスの性質は不変であると主張している。

こうした状況から、比較的近年まで、地方政府に生じた「変化」を認識し、何が地方政府間に「変化」の発現の有無、つまり分権化の効果の差をもたらしたかを追究する研究は現れなかったのである。これにはミクロな実証研究の実績が限られていたことも一因として考えられる（Smoke, 2003）。

近年の議論――「変化」への着目

上述のように、クライエンティストもステーティストも地方政治の不変性を強調してきたが、近年、特にミクロな実証研究は地方政治に生じた「変化」に着目するようになってきた。先駆的な論者として、ナガ市を事例に研究を行ってきた川中豪が挙げられる（Kawanaka, 2002）。ガリン・ポークで複数受賞歴があるナガ市は、若くに着任した市長が都市貧困層を支持母体とする NGO と連携して参加型政策策定を導入したことで有名である[10]。川中はナガ市の事例以外にも、フィリピンの伝統的な政治家一族のなかからでさえ、グッド・ガバナンスと倫理性を兼ね備え、非営利団体と協働し、民間企業での経験を活かした市政運営を行うような、いわゆる「新世代」の地方政治家が登場していることを指摘している（Kawanaka, 2002）。ただし、川中によれば、彼らのグッド・ガバナンスと倫理性は、従来の研究が想定してきたマシン政治と相反するものではない。「新世代」政治家たちは、都市化に伴い有権者層が多様化してきたことに対応して、草の根の地域住民に対して説明責任を果たすことを通じてより強力な集票マシンを構築することを選択したという。ギャビン・シャトキンもナガ市を事例に取り、都市化のほか、中央政府のコントロールの縮小、メディアの強化、政党の組織化などの政治環境の変化が、市長が参加型民主主義を推進する可能性を高めたと論じ、川中の議論に同調している（Shatkin, 2008）。また同様の議論として、マニラ首都圏の事例にみられるネットワーク・ガバナンスを分析したエマ・ポリオも、政治家一族が、政治環境の変化のなかで台頭してきた都市貧困層などの新興

アクターと連携して有権者のニーズに応えることで、既存の権力構造を再構築してきたと論じている（Porio, 2012）。

一方、片山裕は、LGCは「ゲームのルール」を変更したことで、地方政治家が選択し得る政治オプションを広げたと論じる（片山, 2000）。特にLGCが地方首長に海外投資を直接受け入れる権限を与えたことは、首長がグッド・ガバナンスや政策の効率性を無視できない状況を作り出した。いまや投資を誘致して地方開発を進めることこそが、ゲームに参加する地方政治家にとって最も有効な手札となっているというのである。アンドレアス・ランゲ（Lange, 2010）は、デビット・カン（Kang, 2002）による「地方エリートは寡占体制下において地方開発を推進する政策をとりやすい」という命題をセブの事例から実証し、競争的な政治環境が地方開発政策という手札の選択を促していることを示している。ジョセ・オービル・ソロンらによる複数の事例研究も、競争的な政治環境に着目し、他の政治家一族との競争に晒されている州知事ほど開発投資を積極的に行い、その結果再選を果たす傾向にあると分析している（Solon *et al.*, 2009）。

さらにヨゼフ・カプーノは、地方政府が革新的な政策を導入する要因について量的分析を行い、より若く高い学歴を持つ首長が、比較的財政が緊縮していて、情報アクセスが良く、選挙民の収入レベルが高く、政治的に競争の激しい地方政府に登場したとき、革新的な政策アウトプットが生じやすいと結論づけている（Capuno, 2011）。

このように近年の研究では、政治環境の変化と並行して、ボッシズムとは異なる新しいタイプの地方首長のリーダーシップが、地方政府の政策に変化をもたらす要素として認識されている。すなわち、都市化をはじめとする政治構造の変化を受けて、革新的な首長がリーダーシップを発揮し、地域開発政策の推進や市民参加の促進といったグッド・ガバナンスと評される政策を選択的に導入しているという理解である。ステーティスト同様に新制度論に依拠しているものの、首長の集票行動に関する合理的選択論からの解釈であるとみることができるだろう。こうした分析は、分権化以降のインドネシアの地方政府のパフォーマンスを検証したクリスチャン・ルーブキーの研究と

も相通じている。ルーブキーは、地方政府の良好なパフォーマンスは、受益者である社会からの要請よりも、供給者たる首長の革新的なリーダーシップからの説明が有効であると論じている (von Luebke, 2009)。ここで分権化政策の派生効果としてのメディアの役割、ドナー資金、選挙の実施は、革新的なリーダーシップを生むインセンティブとして捉えられている。

　これらの研究は、これまで否定され続けてきた地方政府の「変化」を認め、そのような「変化」が生じる要件を実証的に示している点で大いに評価できる。しかしながら、地方政府の実態に照らしたとき、まだ説明が未熟な部分も多いように思われる。第一に、議論の多くは首長が新しいタイプの政策を導入する際の政治的インセンティブ（合理的選択に関わる制度）を特定することに終始しているが、同じインセンティブの下で異なる地方政府間の政策アウトプットに生じる差については充分に説明しきれているとは言い難い。言うなれば首長がインセンティブの変化を敏感に認識し、それに対応するか否か、すなわち首長の資質とリーダーシップが結果の差を生むというわけであるが、果たしてそれだけであろうか？　ルーブキーが主張するように、リーダーシップという要素は、非民主的な規範が依然として残っている移行国では非常に重要であることは否定できない (von Luebke, 2009)。しかし、首長がリーダーシップを発揮する環境には、個々の政策を実施する職員の能力やモチベーション、国際ドナー等による外部からの触発なども無視できない要因として存在するのではないだろうか。こうした点については、今後ミクロなレベルでの組織論的な研究が求められるところであろう[11]。

　第二に、都市化の進行は、多くの研究で指摘されている制度変化の要因であるが、この説明では農村部地方自治体で生じている変化は説明できない。都市化による有権者の多様性の拡大は変化をもたらす重要な要因であるが、農村部の変化にも目を向ける必要があるだろう。実際、ガリン・ポークの受賞自治体には農村部自治体も含まれている。

　第三に、多くの研究では、政策アウトプットとして地域開発政策が取り上げられているが、社会政策に対する分析は極めて乏しい。たとえばソロンらの研究では、地域開発が進んで税収が増加することで、社会政策は自ずと充

実することを前提にしているが、現実にはそのようにはならないことは火をみるより明らかである（Solon *et al.*, 2009）。地域開発政策が首長にとって経済的インセンティブになるのに対し、貧困層を対象にした社会政策は見返りが期待できない。投資誘致には積極的な首長が、保健や社会福祉の政策には関心を示さない事例は数多く見受けられる。地域開発が進展することは好ましいとはいえ、川中が危惧するように、地方首長が海外企業の「ディーラー化」することにもなりかねない（川中，2009）。途上国の分権化政策に期待される貧困削減への効果を考えた場合、社会政策も分析対象として重視していく必要がある。

　第四に、分権化の政策アウトプットとして重視される市民参加の推進に関しては、首長にとっての新しい形の集票メカニズムとしてしか捉えられていない傾向が強く、参加の主体となる市民サイドの分析はほとんどなされてきていない。しかし、首長の意向から地方政府が市民参加を奨励するだけで、本当に市民参加の度合いが高まるのだろうか？　特に市民の行政参加の伝統がない地域において、市民の動員はそれほど容易なことではないはずである。これまでの研究では、市民を受動的な存在としてみなしてきたにもかかわらず、市民は行政参加の機会が与えられればそれを受け入れて参加というアクションを起こすと想定しているところに矛盾がある。やはり呼びかけに対応する市民サイドの条件（たとえば、既存の市民組織の数や能力）やインセンティブも検討していくべきであろう。

3．分権化悲観論を超えて

　これまでみてきたように、フィリピンの地方分権政策は大胆な権限委譲を伴う改革であったが、その帰結は長らく否定的に捉えられてきた。民主的な政治を推進することを掲げたはずのLGCであったが、結局地方エリートによる政治の独占は継続し、途上国での分権化政策導入の典型的な失敗例とみなされてきたのである。このような評価は地方政府の実情に照らしてあながち誤りではなかったものの、分権化がいかなる変化ももたらさなかったわけ

ではなかった。LGC の施行から二十余年が過ぎてようやく、分権化改革によるプラスの効果が顕著な事例が実態として増加し、同時に学術的な議論においても認識されるようになってきた。なおこの間、次なるステップとしての連邦制導入の議論は常に政治アジェンダに上っているものの、現段階で現実には至っていない。

　このようなフィリピンの分権改革は、国際ドナーにとっても教訓の多い事例であろう。ドナーの協力も得て作成された LGC の制度設計は、理論的には機能しえても、形骸化のリスクを孕んでいた。制度が形骸化せず機能するために必要な要件は、やはりミクロな実証から検証していくほかない。特に LGC の特徴でもあった市民の行政参加に関する制度設計は、多くの地方政府で形式的にしか実施されなかった。こうした状況から、近年の国際ドナーは、地方政府を介さず、直接コミュニティを支援するアプローチをとるようになってきている。しかし、開発の持続可能性や、真の意味での分権化の強化を考えるとき、やはり地方政府を通じた市民参加のメカニズムを構築する必要があろう。当然だが、最終的には、地方政府を選ぶのも、そのサービスを享受するのも、その政策プロセスに参加を求められるのも、すべてほかでもない市民である。地方政府が変化すると同時に、市民も意識を変えて地方行政のパートナーとして能動的に機能する必要がある。その意味で、すでに指摘したような市民サイドの研究は今後のドナー支援にも有用なインプリケーションをもたらすはずである。

　今後危惧される課題としては、さらなる地方政府間格差が挙げられる。年間7パーセント近くの経済成長を遂げるようになった今、積極的に投資を受け入れる地方政府が財政的に自立していくとともに徐々にガバナンスのレベルも高めていくであろう状況に対し、投資受け入れに遅れをとった地方政府は、財政的にもガバナンス的にも取り残されていく可能性がある。拡大する地方政府間のパフォーマンスの差をいかに狭めていくか、中央政府がどのような役割を果たすのかが、今後の分権化の動向にも影響を与えるのではないだろうか。

1) 1950年代以降、分権化の試みは複数回行われたが、多くは権限の「分散（deconcentration）」に留まり、権限の「委譲（devolution）」を伴う分権化は LGC がはじめてであったとする見解が主流である（Brillantes, 1998; Reforma, 1998）。
2) LGC, Sec.2.
3) LGC, Book III.
4) 国家統計局（National Statistic Coordination Board: NSCB）ウェブサイトによる。http://www.nscb.gov.ph/pressreleases/2012/PR-201205_PP2_01_psgc.asp
5) LGC, Book II.
6) LGC, Sec. 284. IRA は、(i) 国家税収の一定割合が州、市、ミュニシパリティ、バランガイの間で 23: 23: 34: 20 の割合で配分されたあと、(ii) それぞれの LGU カテゴリーに配分された資金が、人口と土地の大きさで各 LGU に再配分される。(LGC, Sec.285)
7) 州では総督（governor）、ミュニシパリティ・市では市長（mayor）、バランガイではバランガイ・キャプテン（barangay captain）と呼ばれる。
8) LGC, Sec.43. ただし、3 選後 1 ターム空ければ再選が可能である。
9) LGC, Book I, Title Six.
10) ナガ市の改革を率いた元市長であるジョセ・ロブレド氏は、市長を退任後、中央政界に進出し DILG の長官を務めたが、在任中の 2012 年に事故で他界した。
11) 一例として、複数の地方政府の事例から職員のフォロワーシップの重要性を分析した本章筆者の論文がある（Ishii, 2015）。

【参考文献】

BLGF (2008) *Moving Towards a Positive and Sustainable LGU Financial Performance … Statement of Income and Expenditures CY 2005-2007 Publication*, Bureau of Local Government Finance (BLGF).

Brillantes, A. B. (1998) "Decentralized Democratic Governance Under the Local Government Code: A Governmental Perspective," *Philippine Journal of Pubic Administration*, Vol.42, pp.38-57.

─── (2003) *Innovations and Excellence: Understanding Local Governments in the Philippines*, University of the Philippines.

Capuno, J. J. (2011) "Incumbents and Innovations under Decentralization: An Empirical Exploration of Selected Local Governments in the Philippines," *Asian Journal of Political Science*, Vol.19, No.1, pp.48-73.

Hutchcroft, P. D. (2000) "Colonial Masters, National Politicos, and Provincial Lords: Central Authority and Local Autonomy in the American Philippines, 1900-1913," *Journal of Asian Studies*, Vol.59, No.2, pp.277-306.

Hutchcroft, P. D. and Rocamora, J. (2003) "Strong Demands and Weak Institutions: The Origins and Evolution of the Democratic Deficit in the Philippines," *Journal of East Asian Studies*, Vol.3, pp.259-292.

Ishii, Risako (2015) "Leadership and Organisational Performances in Decentralised Local Governments - A Case Analysis from the Philippines," Paper presented at the International Research Society for Public Management (IRSPM) XIX at the University of Birmingham.

Kang, D. C. (2002) *Crony Capitalism: Corruption and Development in South Korea and the Philippines*, Cambridge: Cambridge University Press.

Kawanaka, T. (2002) *Power in a Philippine City*, Institute of Developing Economies, Japan External Organization.

Landé, C. H. (2001) "The Return of "People Power" in the Philippines," *Journal of Democracy*, Vol.12, No.2, pp.88-102.

Lange, A. (2010) "Elites in Local Development in the Philippines," *Development and Change*, Vol.41, pp.53-76.

Mawhood, P. (1993) "Decentralisation: the Concept and the Practice," in P. Mawhood (ed.), *Local Government in the Third World: Experience of Decentralization in Tropical Africa*, The Africa Institute, pp.1-22.

Migdal, J. S. (1988) *Strong Societies and Weak States: State-Society Relations and State Capabilities in the Third World*, Princeton, Princeton University Press.

Porio, E. (2012) "Decentralisation, Power and Networked Governance Practices in Metro Manila," *Space and Polity*, Vol.16, No.1, pp.7-27.

Shatkin, G. (2008) "Decentralization and the Struggle for Participation in Local Politics and Planning," V. A. Beard, F. Miraftab and C. Silver (eds.), *Planning and Decentralization: Contested Spaces for Public Action in the Global South*, Routledge.

Sidel, J. T. (1998) "Take the Money and Run?: 'Personality' Politics in the Post-Marcos Era," *Public Policy*, July/September, pp.27-38.

―――― (1999) *Capital, Coercion, and Crime: Bossism in the Philippines*, Stanford University Press.

Smoke, P. (2003) "Decentralisation in Africa: Goals, Dimensions, Myths and Challenges," *Public Administration and Development*, Vol.23, pp.7-16.

Solon, J. O. C., Fabella, R. V. and Capuno, J. J. (2009) "Is Local Development Good Politics? Local Development Expenditures and the Re-Election of Governors in the Philippines in the 1990s," *Asian Journal of Political Science*, Vol.17, pp.265-284.

von Luebke, C. (2009) "The Political Economy of Local Governance: Findings from an Indonesian Field Study," *Bulletin of Indonesian Economic Studies*, Vol.45, No.2, pp.201-230.

片山裕（2000）「フィリピンの地域開発と新自治法――イロイロ州の事例研究」水口憲人・久米郁男・北原鉄也編『変化をどう説明するか――地方自治編』木鐸社、193-215頁。

川中豪（2001）「フィリピン地方政治研究における国家中心的アプローチの展開」『アジア経済』42巻2号、45-58頁。

―――― （2009）「地方政府」大野拓司・寺田勇文編『フィリピンを知るための61章』明石書店、165-168頁。

コラム④

少数民族と天然資源──ミャンマーでの連邦制をめぐる議論

今村真央

　長年の軍事独裁から民政移管中のミャンマーでは、今日連邦制が盛んに議論されている。1948年の独立以来長い間民族紛争が続いているこの国では、少数民族の政治的自治権を認める制度を指す語としての「連邦制」は長い間禁句であった。しかしここ数年、言論の自由が拡大するとともに「連邦制」が公の場で論じられるようになった。以前は、亡命政治活動家などがもっぱら国外で行っていたセミナーや研究集会が、最近は国内でも盛んに開催されている。驚くべきことに中央政府自体もはっきりと口にするようになった。このコラムでは、ミャンマーにおいて、連邦制が盛んに語られている理由、そしてその議論での主な論点を紹介したい。

　ミャンマーの人口は推定でおよそ5150万人。このうち60〜70％をビルマ族が、そして残りの30〜40％を様々な少数民族が占めるといわれているが、正確な数字はない。国民の9割が上座部仏教を信仰しているといわれている。国土面積は68万km²（日本の約1.8倍）である。

　ミャンマー国家の歴史的基盤はイラワジ川の中下流域で栄えた仏教王朝だが、3度の英緬戦争を経て19世紀末までにその全域がイギリス支配下に置かれた。ミャンマーの北部から中国へのアクセスを求めた大英帝国は、エーヤーワディー（イラワジ）川流域のみならず周辺の山岳地帯を含める広大な地を「英領ビルマ」として定めたが、これらの山岳地帯には、歴史的にビルマ王朝による支配が必ずしも及んでいなかったので、英国植民地政府もこの「フロンティア」地域を直接統治はしなかった。第二次世界大戦後、ミャンマーは独立を勝ち取ったが、ビルマ族主導の独立運動に反感をもつ民族も少なくなく、独立後翌年から民族紛争が始まった。この民族紛争は泥沼化し、

今日に至っている。

　ミャンマーでは1962年から軍事政権が続いたが、軍政は2008年に新憲法案を制定し、その後テインセイン大統領が政治改革に着手した。2011年には、アウンサンスーチーが率いる国民民主連盟も選挙に参加するようになり、2015年の総選挙では同党が圧勝した。2016年3月には54年ぶりの文民大統領が誕生し、軍の独裁から複数政党制への移管が試みられている。しかし、議席数の4分の1は自動的に国軍に振り分けられている。また、少数民族地域では選挙がまったく行われない地域もある。ミャンマーの連邦制をめぐる議論はこの民族問題と切っても切れない関係にある。

　ミャンマーでは近年まで「連邦制」という語が長い間タブーであったと聞いて不思議に思う読者もいるかもしれない。というのも「連邦」という語は、独立以来つねにこの国の正式名称に使われてきた語であるからだ。日本語でのミャンマー国の正式名称は現在「ミャンマー連邦共和国」。2010年以前は「ミャンマー連邦」であった。1974年から1988年までは「ビルマ連邦社会主義共和国」。さらに遡ると、1948年から74年までが「ビルマ連邦」。ミャンマーの原語での国名に、「連邦」と訳される「ピーダウンズ」という語が使われなかったことはない。つまり、この国は独立の時点から自らを、多民族から構成される連邦国家であると認識してきた。

　この「ピーダウンズ」という語は、統一国家を指す語として頻繁に使われる。毎年2月12日の連邦記念日は「ピーダウンズ記念日」であり祝日だ。ミャンマーの国会は「ピーダウンズ・フルットー」（連邦議会）と呼ばれている。「ピーダウンズ」はまたミャンマー以外の国についても普通に使われる。例えばビルマ語で「アメリカ合衆国」はビルマ語で「アメリカ・ピーダウンズ」である。

　ここで注意したいのは、今日行われている連邦制についての議論で中心となっている語は、「ピーダウンズ」ではなく、「フェッダレー・ピーダウンズ」であるという点だ。どう違うのだろうか。英語には、「ピーダウンズ」

はこれまで union と訳されてきた。「フェッダレー」は英語の federal のビルマ語読みなので、「フェッダレー・ピーダウンズ」は「union」に対して「federal union」を意味していると言えるだろう。「ピーダウンズ」が国の統一を強調する愛国的な響きを持っているのに対して、「フェッダレー・ピーダウンズ」は地方分権への志向を表している。

「フェッダレー・ピーダウンズ」はまず、ミャンマー国外で民主化運動を展開してきた少数民族の亡命活動家が提唱し始めたようだ。例えばチン族のリアン・サコンは「ミャンマー連邦制のデザイン」という長文の報告書を2005年に執筆しているが、「フェッダレー・ピーダウンズ・サニッ」(federal union system) という語を使って、少数民族地域への分権を制度的問題として議論した。また、2011年にはカチン、モン、シャン、カレン（別称カイン）、カレンニー（カヤー）、チン、ラカイン（アラカン）を含む10以上の武装団体から構成される「統一民族連邦評議会」が発足されたが、ここでも使われている語は「フェッダレー・ピーダウンズ」だ。こういった少数民族グループの連合体にはいくつもの前身（たとえば「民族民主戦線」や「民族評議会」）が以前からあったが、ここ数年こういった組織が「フェッダレー・ピーダウンズ」という語をよく使うようになった。

2014年2月12日の連邦記念日では、テインセイン大統領自身が「フェッダレー・ピーダウンズ・サニッ」という語を使い、連邦制という制度の支持を表明した。これは多くの人を驚かせた。この声明を受けてたとえばカレン民族同盟の代表は、これまでタブーであった「連邦制」を大統領自身が語り始めたことを高く評価した。以前は、「フェッダレー・ピーダウンズ」を口にしただけで独立分離派と疑われたので、この語がようやくタブーでなくなると述べている[1]。

それでは、実際に「フェッダレー・ピーダウンズ」という新しい語によって、どのような新しい議論がされているのだろうか。現時点で連邦制を提唱する人々が最も問題にしているのは、少数民族の名を冠した七つの州の自治

権だろう。

　ミャンマーの国土は、七つの「地方域」(ビルマ語で「タインデータージー」)、七つの「州」(「ピーネー」)から構成されている。七つの地方域は主に、「マンダレー地方域」など、歴史的にビルマ族の文明が何世紀にも渡って続いてきた平野部であるイラワジ川流域に位置している。一方で、七つの州は、イラワジ川流域を外から囲む山地帯に位置している。また、これら7州にはそれぞれ少数民族の名が州名として用いられていて、それぞれの民族のアイデンティティと結びついている。ミャンマーでの連邦制をめぐる議論は主に、これら7州——カチン州、カヤー（別称カレンニー）州、カイン（カレン）州、チン州、モン州、ラカイン（アラカン）州、シャン州——の権限をめぐるものである。これら七州は、歴史的にビルマ族による直接支配が及ばなかった地域であり、言語的も文化的にもミャンマー中央部とは異なっている。これらの地域では、中央政府に対する武装抵抗運動が長い間繰り広げられてきた。現在も中央政府の行政が滞りなく機能しているとはいえない。

　2008年憲法によって、州知事と州議会が新しく設置されたが、知事と議会の権限の拡大を少数民族は要求している。憲法によれば、州知事は大統領が任命することになっている（261条）が、州知事を州内の選挙で直接選ぶことを少数民族側は求めている。

　州政府の権限として特に焦点となっているのが天然資源だ。これら7州の合計面積はミャンマーの国土の半分以上であるのみならず、鉱山や森林など、ミャンマーの豊かな天然資源の大半がこの7州のうちに位置している。たとえば、年間採掘量が推定3.7兆円にも達するヒスイ（翡翠）はすべてがカチン州で採掘されている。2008年憲法には、国土と天然資源の所有権、採掘権、使用権は中央政府に属するとあり（第1章「連邦の基本原則」第37条）、実際には国軍のトップがその膨大な利益を貪っている（Global Witness, 2015）。カチン開発ネットワーキンググループなどの市民団体は、こういった資源の所有権や採掘権などは州政府に移されるべきだと主張している（Kachin

Development Networking Group, 2015)。

　しかし、半世紀のあいだ軍事独裁を続けてきた中央政府がこういった要求に歩み寄るかは疑わしい。元軍人の政府高官および彼らのビジネスパートナーが膨大な利益を自ら譲渡するとは思えないからだ。2016年にアウンサンスーチーが率いる国民民主連盟が政権を掌握したが、これによって州レベルへの権限の譲渡が容易には進むとも思えない。その理由を二つ挙げておきたい。

　まず、ミャンマーには100を超える民族が入り組んでいるのが現状であり、少数民族のすべてが州レベルの権限強化を望んでいるわけではない。少数民族が七つしかなく、その7民族のそれぞれが7州にきれいに分布しているのであれば、民族問題と州レベルの政治改革は重なる。しかし実際には、各州内に多様な民族が入り組んで混在しているのみならず、多くの民族が州境を跨いで分布している。たとえば、カチン州の自治権を強化することはたしかにカチン民族の政治力強化につながるかもしれないが、そのことに対してカチン州内の非カチン族からの反発を呼ぶかもしれない。

　また、ミャンマーの豊かな天然資源の恩恵が国全体に行き渡るようにするのであれば、当然のことながら州を超えた分配のメカニズムが必要になる。地元の人々だけがその恩恵を独占する制度では広い支持を得られないことはいうまでもない。7州には貴重な天然資源が位置しているが、ミャンマー全国に対する人口比は低い。たとえば、2014年の国勢調査によれば、カチン州の人口はおよそ170万人、ミャンマー総人口の3％程度でしかない。カチン州には国勢調査が行われなかった地域があるので、正確なデータはないが、4％を超えることは考えにくい。国際NGOグローバル・ウィットネスによれば、ヒスイ産業だけで国のGDPの半分近くを占めてるというが、この資源を人口4％に満たないカチン州が独占することにはいかなる政権下でも許されないだろう。

　ほかにも、学校教育のカリキュラムを州によって変えてもよいかどうか、

例えば少数民族の歴史（観）や言語を公立学校で教えることは許されるか、といった問題が近年連邦議会でも議題に挙げられている。ミャンマー国内で「連邦制」が語られるようになったのは、ここ数年のことであり、議論は始まったばかりだ。独立以来内戦が 70 年近く続き、軍事政権が実質半世紀以上続いたこの国の政治問題はまだまだ山積みだが、それだけに連邦制の効果への期待は高いといえるだろう。ここ数年の間で、市民が国内でオープンに議論できることになったことは確実に大きな変化だ。議論では他の国の事例を参考にしようという姿勢もよくうかがえる。先に挙げたカチンの市民団体などは、報告書で世界の様々な国の連邦制を引き合いに出して論じている。本書が提供しているような連邦制の比較研究は、今後ミャンマーでも盛んに行われるようになるだろう。

1) ラジオ・フリーアジア、2014 年 2 月 12 日、"Thein Sein Assures Federal System on Myanmar's Union Day," http://www.rfa.org/english/news/myanmar/union-day-02122014174547.html/

【参考文献】
Global Witness (2015) *Jade: Myanmar's 'Big State Secret.* http://www.globalwitness.orglen/campaigns/oil-gas-and-mining/myanmarjade/（2016 年 7 月 29 日）
Kachin Development Networking Group (2015) "Kachin State Natural Resources development Discussion Paper," http://www.kdng.org/publication/457-kachin-state-natural-resources-development-discussion-paper.html

第 15 章

カナダ連邦制と憲法秩序の再編
ケベック・ナショナリズムに与える効果

柳原克行

　連邦制の効果という視点に立つと、カナダはアンビバレントな事例である。ロシアに次ぐ世界第 2 位の国土面積を有し、社会構成において高度な多元性を抱えているにもかかわらず、少なくとも暴力的な民族対立によって崩壊の危機を経験したわけでもない。このことは、近代的連邦としてはスイスとアメリカに次ぐ歴史をもつことにも示されている。

　カナダ連邦における統合の遠心力をあえて挙げるとすれば、ケベック・ナショナリズムの存在であろう。20 世紀後半以降、ケベックは連邦内で自立化を模索するとともに、これが政治的独立（ケベック主権）の要求に転化することもあった。フィリップ・レズニックとウィル・キムリッカの用語を借りると、カナダは「多民族型連邦制」（マルチナショナル）と「領土型連邦制」（テリトリアル）の特徴を併せもち、これがケベック自立化の成否をも規定している[1]（Resnick, 1994; Kymlicka 2001）。本章では、カナダ連邦制の制度的条件と憲法秩序のなかで、ケベックのネイションとしての自立化がどのようにもたらされ、また制約を受けたのかを考察する。

1．カナダ連邦制の歴史的背景と制度的構造

歴史

　1867 年 7 月 1 日、三つの英領北アメリカ植民地を統合してカナダ連邦が誕生した。連邦結成を促した誘因は次の 3 点である。第一は防衛上の理由で

ある。独立後のアメリカ合衆国はイギリスとの衝突を繰り返すなかで、英領植民地にも侵略の矛先を向けつつあった。第二は経済的安定の確保である。当時、すでにイギリスは自由貿易体制へシフトし、植民地特恵制度も廃止していた。第三は政治的隘路の解決である。なかでも連合カナダ植民地はイギリス系とフランス系の民族間対立から政治的行き詰まり状態にあった。対外的脅威と対内的危機への打開策として北米の英領植民地全体の統合案が浮上したのである（Simeon and Robinson, 1990: 19-30）。

1867年の英領北アメリカ法（British North America Act、以下、1867年憲法と表記する）により、オンタリオ、ケベック、ノヴァスコシア、ニューブランズウィックの4州からなるカナダが成立した。このとき、連合カナダ植民地が英語系中心のオンタリオ州と仏語系中心のケベック州に分割されたことから、カナダは民族的・文化的・言語的差異に沿って連邦制を導入した最初の事例といわれている[2]（Forsyth, 1989）。

その後、大陸横断鉄道の建設を条件として1871年にブリティッシュ・コロンビアが、1873年にはプリンスエドワード島が州として加入した。広大な西部プレーリー地域では、カナダ政府がハドソン湾会社からルパーツランドを購入し、同地を切り分けるかたちで、マニトバ（1870年）、アルバータ（1905年）、サスカチュワン（1905年）の3州を創設した。1949年には最後の州としてニューファンドランド州が連邦加入を果たした。また、連邦直轄の自治単位としてノースウェスト（1870年）、ユーコン（1898年）、ヌナヴト（1999年）の三つの準州がある。

政治制度

カナダはイギリスからウェストミンスター型政治制度（立憲君主制と議院内閣制）を忠実に継承するとともに、そこにアメリカから着想を得た連邦制を接ぎ木するというユニークな政治制度をもつ国である（松井, 2012: 46-62）。英国と同様に、国レベルの政治権力はカナダ議会・下院（House of Commons）の第一党に基盤をもつ連邦首相に集中する。下院の選挙制度は単純小選挙区制であり、各州の議席数は、10年ごとの国勢調査結果に基づ

いて人口比例代表の原理に応じて配分される。上院（Senate）もイギリスと同じく任命制の機関である。通常、連邦国家の第二院には地域（州）平等代表の役割が期待されることが多いが、カナダ上院はそうではない[3]。下院とほぼ対等な権限を有するものの、民主主義的代表ではないため、下院と異なる決定を下すことはほとんどない。また、イギリス君主の名代として総督（governor-general）が置かれている。総督は形式的にはイギリス君主によって任命されるが、連邦首相の助言に基づいて行う。

なお、州においても同様にウェストミンスター型の政治制度が再現されている。州レベルにおける君主の名代は副総督（lieutenant-governor）である。副総督は形式的には総督によって任命されるが、この場合も連邦首相の助言に基づく。州の統治機構も議院内閣制である。一院制の州議会は、単純小選挙区制によって選ばれ、第一党のリーダーが州首相（premier）となって組閣する。また、州レベルの政党組織は、連邦（全国）レベルのそれとは完全に切り離されている。したがって各州の政党システムも、連邦政党システムとは別の、独立した世界を構成している。

連邦 – 州間の権限配分は1867年憲法に定められている（松井, 2012: 91-3）。連邦議会の排他的権限には、軍事・防衛、通商貿易、刑法、銀行・通貨・公債、度量衡、先住民など29項目が含まれている（第91条）。これに対し、州の排他的権限は、財産権および私権、教育、病院、天然資源管理、地方公共団体および地方の事業など16項目が含まれている（第92条）。総じて、連邦政府には新国家の建設と経済的自立のための権限が、州政府にはローカルで社会政策に関する権限が配分されたことになる。なお、農業と移民は、連邦と州が立法権を共有する競合的権限である（同第95条）。

初代連邦首相ジョン・A・マクドナルドらイギリス系の政治指導者たちは、故国と同種の、単一国家を前提とした中央集権的・議会主義的統合を望んでいた。しかし、各州に植民地期以来のアイデンティティが残存し、とりわけケベック州では仏語系・カトリック系人口が多数派を占めていることから、連邦制の導入は不可避であった。仏語系住民にとって連邦に参加することは、イギリス支配から抜け出すチャンスであったが、英語系・プロテスタント系

が多数派を占めるカナダにおいて永続的な少数派となることも意味していた。したがって、ジョルジュ・エティエンヌ・カルティエら仏語系指導者が連邦結成に賛同したのは、ケベック州政府が仏語系コミュニティの維持にとって不可欠な分野のコントロール権を獲得できるからにほかならない。ケベックは州権によってカトリック教育やフランス民法など独自の制度を維持することができた。この意味で、カナダには建国当初から非対称型連邦制（asymmetrical federalism）の特徴が組み込まれていたのである（Watts, 2008: 128-129）。

連邦体制の分権化

　1867年憲法の制度的特徴は、総じて、連邦政府優位で中央集権的な「疑似連邦的」（quasi-federal）体制であったが（Wheare, 1963）、20世紀以降は州政府の規模と役割が大きくなり、高度に分権化した連邦体制へと発展する。その要因として次の3点を指摘することができる。第一は、各州の地域的独自性と経済的利益が強化され、連邦政府主導の「カナダ国民」構築（nation-building）が円滑に進まなかったことにある。最大の遠心力は、言語文化的亀裂を動員して独自のネイション形成を追求するケベックである。だが、他の諸州においても、1950年代以降の州構築（province-building）を通じて、州政府はカナダ国民にとって重要なアクターとして認識されるようになる。戦後の福祉国家形成にともない医療や福祉などの州権の重要性が増し、地域経済の発展によって州政府機構の行財政能力が飛躍的に高まると、各州政府は連邦政府による州権への介入を嫌い自立化を求めるようになった。第二は司法判決である。1949年までカナダの最終控訴院はイギリス枢密院司法委員会であったが、同委員会は連邦－州間の権限対立に際し、州に有利な判決を下すバイアスを有していた[4]。第三は、ウェストミンスター型制度をとる連邦政府のレベルにおいて、州の代表制度が存在しないことである。この結果、政府間関係の政策調整アリーナとして「連邦－州首相会議」（First Ministers Conferences）が活用されるようになった。同会議では、連邦首相と10の州首相をアクターとして、政府間財政移転や憲法改正案など様々な

政策交渉が展開される。あたかも国家間外交のような様相を呈することから、このメカニズムは「連邦－州間外交」(federal-provincial diplomacy) と呼ばれている。これは、連邦制とウェストミンスター型政治制度の結合から生じるカナダ固有の帰結である。

2．ケベックのナショナリズムと自立性の模索

「契約」としてのカナダ連邦

　では、ケベックの自立化にとって、カナダ連邦制はどのような意味をもっていたのか。ここで確認しておきたいのは、英語系と仏語系（ケベック）の間で連邦結成の解釈そのものが異なっていたことである。英語系にとっては、建国メンバーである 4 州の合意によってカナダ国家が誕生したものとして理解されている。したがって、カナダという単一のナショナリティのもとで、すべての州は平等な存在であるとされる。他方、仏語系ケベックにとって連邦結成とは、元来、言語・文化・宗教の点で別個のナショナリティをもつ英語系と仏語系による「契約」の所産にほかならない。すなわち、二つの「建国ネイション」(founding nation) は対等であり、カナダはナショナリティの二元性によって成立しているという理解である。したがって、ケベックにとっては、連邦政府は英語系カナダの代表であるのに対し、ケベック州政府は仏語系カナダの代表であり、両者は対等・平等な交渉パートナーであるとする解釈がもたらされるのである（Anderson, 2007: 196-198）。

連邦政府主導のカナダ国民構築

　さて、ケベックが独自のナショナリズムを政治的に動員し、連邦内の自立化を模索するのは、連邦政府主導のカナダ国民構築および汎カナダ的 (pan-Canadian) 市民権との対抗関係においてのことである（Béland and Lecours, 2008: 45-53）。社会政策は州の排他的権限であるため、戦後の福祉国家化はカナダ連邦制の輪郭にも大きな変化を与えることになる。この点で、連邦政府が活用したのが歳出権 (spending power) である。これは、憲法上の規定

をもたないが、州との費用分担プログラムや条件付補助金を通じて、実質的に州権領域へ介入し、全国的な政策実現を図るためのものであった。すなわち、連邦政府は社会政策を媒介に個人としてのカナダ国民との結びつきを強化することで、カナダという単一の政治共同体の統合を進めようとしたのである。イギリスとの精神的結びつきが希薄化するなかで、少なくとも英語系諸州においては、国民生活における連邦政府の役割拡大は積極的に受け入れられ、カナダ国家主導の新しい国民的アイデンティティが求められた（柳原, 2011: 253-254）。

「静かな革命」と州政府主導のケベック・ナショナリズム

　ケベックが独自の「ネイション」構築を追求し、連邦政府主導のカナダ国民構築に対抗するようになるのは、1960年代以降である。1950年代頃までのケベックは、総じて、カトリック教会の宗教的・世俗的影響力を中心とした伝統的社会構造と農村型経済を特徴としていた（Simeon *et.al.*, 1990: 137-140）。州政治の舞台では、モーリス・デュプレシ率いる超保守的なユニオン・ナシオナルが一党支配体制を確立し、英語系資本と結託することでケベック社会を意のままにコントロールしていた。カトリック教会が教育界を牛耳って宗教教育を行っていたことからも、英語系と比べて仏語系の教育水準は低く、所得格差も大きかった。この時期のケベックは、総じて、従属的な少数派である仏語系の「生き残り」を主眼とする保守的ナショナリズムによって支配されていた。この点は、連邦制との関連においても明白である。州の調査委員会による『トレンブレー報告』（1956年）は、憲法上の権限配分を厳守するという立場から連邦歳出権による介入を強く非難するとともに、急速に拡大しつつある社会政策の財源移譲を求めている。ケベック支配層にとっての最大の関心は、連邦主導の福祉国家化と州権への介入からケベックの伝統的共同体を防衛することであった（Béland *et.al.*, 2008: 46; Cameron 2012: 46）。

　デュプレシの死後、1960年州議会選挙でジャン・ルサージュ率いるケベック自由党が勝利を納めると、州政府主導の近代化改革がスタートする

(Simeon *et.al.*, 1990: 176-182)。天然資源大臣ルネ・レヴェックのもとで水力発電会社の州営化、投資公庫の設立によって州独自の産業開発への道筋をつけた。また、教育省を設置することで学校制度を非宗教化した。これら一連の改革を通じてケベック社会の後進性を払拭し、仏語系が従属的地位から脱して「我が家の主人」（Maîtres chez nous）と、すなわち「ケベック国家」の主体となることが目標とされたのである。このケベック社会の転換期は「静かな革命」（Quiet Revolution）と呼ばれる。それは、ケベック社会のイデオロギー的・政治的変容として理解することができる。第一に仏語系共同体の中心的制度はもはやカトリック教会ではなく、ケベック州政府となった。第二に、州政府が社会的発展の責任を負うことで、州主導の福祉国家化を実現した。第三に、保守主義的政治体制から州政府主導の経済介入型政治体制へと変化した（Cameron, 2012: 47）。

　1960年代以降、カナダ連邦制におけるケベックの自立化戦略は、既存の政府間関係を前提とした自衛路線から大きく転換する。ケベックは連邦体制の構造自体の改革を求め、ケベックの自己決定権を確保するために、州政府主導で政策的目標を積極的に追求するようになった。それは第一に、連邦制における自立性を高め、自州の権限を拡大することであり、第二に、連邦政府から州への税源移譲および財政移転によって、ケベックの財政的能力を高めることである。とりわけケベックにとって注目すべきは、こうした要求が「ケベック国民(ネイション)」構築戦略に位置づけられていることであろう（Cameron, 2012: 46-48）。1965年には、連邦自由党ピアソン政権との交渉によって、カナダ年金制度からの「離脱」と財政的補塡の獲得に成功し、独自の「ケベック年金制度」が設立された。これもカナダ連邦制にみられる非対称型特質として解釈することができよう。

　「静かな革命」は、ケベック・ネイションのあり方にも変化をもたらした。ケベックは独自のネイション共同体としての認識を強めるとともに、州政府は仏語を軸にケベック社会を統合する主体としての役割を確立した。これにともなって、保守的ナショナリズムは急速に衰退し、近代的ナショナリズムへと転換した。その担い手はもはや狭義の仏語系に限定されていない。仏語

を共通語としながら、移民を含む多様なエスニシティを積極的に受け入れる領域的・市民的な「ケベコワ・ネイション」である。こうして福祉国家形成期のカナダには、連邦主導の「カナダ国民」構築と州主導の「ケベック国民」構築との対抗において、二重の「ナショナル・プロジェクト」が競合することになったのである。

3．ケベック「主権」の模索と憲法秩序の再編

連邦政府主導の統合路線──二言語・二文化モデルから二言語・多文化モデルへ

　ケベック・ナショナリズムの変容は、連邦政府主導のカナダ国民構築に修正を迫るものとなった。1963年、ピアソン連邦自由党政権は「二言語・二文化主義調査委員会」を設置し、こうした動きに対応した。同委員会報告（1965年）は、仏語系ケベックを独自のネイションとして承認したわけではないが、「建国ネイション」の二元性とその対等性の原則を確認し、仏語と英語に対等な地位を与えるものであった。これは1969年の「公用語法」によって法制化される。その目的はケベック州外に居住する仏語系住民に対し連邦政府のサービスを仏語で提供すること、そして、すべての仏語系住民が（ケベックではなく）カナダ社会に受け入れられるようにすることにあった。これは、理論上、ネイションと言語の結びつきを分離するとともに、言語次元に限定してカナダ社会の二元的特質を承認したことになる（Gagnon et.al., 2007: 228）。しかし、これは英仏両語を母語としないヨーロッパ系の住民からの反発を受けることになった。そこで調査委員会は、1969年、『カナダの文化的発展に対する他の民族的諸集団の貢献』を提出した。これが1971年には、ピエール・トルドー政権による「二言語・多文化主義」宣言に連なることになる。同宣言においては、「英語と仏語の二言語を公用語として定めるが、公式の文化は存在しないし、民族集団間の優劣は存在しない」と謳われている。この多文化主義モデルの統合路線は、「契約理論」に基づいて建国ネイションの対等性に立ち、仏語を軸としてネイション構築を進めるケ

ベックの立場と相容れないことは明白であった（Gagnon *et.al.*, 2007: 234-237）。連邦政府主導の国民構築路線の変化によって、ネイション構築をめぐるケベックと連邦政府（および英語系諸州）との亀裂はより深いものとなった。この対立は憲法改正をめぐる舞台において顕在化することになる。

ケベック党政権と 1980 年「主権連合」州民投票

　カナダ憲法を英国議会から移管する試みがスタートしたのは、第一次世界大戦後にまで遡る。1867 年憲法が英国議会法であるという問題に加え、国民の権利に関する憲法規定が存在しないという問題は早くから指摘されていたものの、憲法改正条件に関する合意が成立せず、膠着状態に陥っていた（Russell, 2004: 57）。

　カナダ議会において憲法改正の議論が本格的に再開されるのは、1960 年代にケベック・ナショナリズムの高揚を受けてのことである[5]。ケベックの要求は自治権の拡大から憲法改正による「特別の地位」の獲得へと移行していた。だが、憲法改正条件をめぐる対立が続き、連邦政府と諸州政府との間で駆け引きが終わることはなかった。なぜなら改正条件の決定は、カナダ連邦そのものに関する競合的立場の問題に行き当たるからである。すなわち、トルドー首相に代表される連邦政府の中央集権的・汎カナダ主義的国民統合、ケベック州が主張する英仏ネイションの対等性、英語系諸州に共有される全州平等原則——少なくとも三つの立場の折り合いを付けることが必要となるからである（Simeon, 2004: 106）。

　1976 年 11 月の州議会選挙で、レヴェック率いるケベック党（Parti Québécois）がケベック州政権を獲得すると、憲法改正議論も緊迫の度合いを増すことになった。同党は、レヴェックがケベック自由党閣僚辞任後に、「主権連合」（sovereignty-association）構想を目標に掲げて結成したナショナリスト政党であった。これは、経済的にはカナダとの「連合」関係を残しつつ、政治的には完全な「主権」を獲得することで、いわば半独立国家となることをめざすものである。レヴェック政権は連邦政府主導の二言語・多文化主義に対抗して「仏語憲章」（1977 年）を制定し、ケベック社会の一言語化

政策を強化すると、1980年5月、公約実現のための州民投票に踏み切った。ただし、州民投票の質問において、ケベック独立の可否を率直に問う表現は避けられた。むしろ、「主権連合」の実現に向けて連邦政府と交渉するにあたって、州民はケベック州政府に「信託権」を与えることに同意するか否か、という慎重な表現が選ばれた。

　投票キャンペーンが展開されるなか、レヴェックら主権獲得派の前に立ちはだかったのが、連邦自由党トルドー首相である。トルドーは連邦存続派を率いて反対キャンペーンを展開した。そして、投票前夜の最終演説において、州民投票が否決された場合には、「連邦制の刷新」に取り組むことを公言したのである。結果的に賛成派は切り崩されることになり、投票結果は賛成40.4％に対し、反対59.6％で州民投票は否決された。二元的ナショナリティの立場に基づいて、カナダとは異なる「ケベック国家」の確立をめざす試みはいったん挫折することになった（Simeon, *et.al.*, 1990: 249-255）。

憲法秩序の再編——1982年憲法

　州民投票の否決後、トルドーは公約どおり憲法改正に向けた交渉を再開する。トルドーが公言した「連邦制の刷新」とは、ケベックからすれば、憲法改正によってケベック社会の独自性を公式に承認することであると理解されていた。だが、トルドーはまったく異なる意図を持っていた。ここで憲法改正交渉における連邦首相と諸州の首相たちの政治的応酬について詳説する余裕はないが、1982年憲法の合意内容は次の4点であった[6]（Russell, 2004: 107-126）。

　第一はイギリス議会から憲法改正権を移管したことである。すなわち、カナダ議会はここに自国の憲法の改正権を得たのである。第二は全国一律に適用される「カナダ権利自由憲章」を憲法に導入したことである。これまではイギリスの議会主権の伝統のもとで議会を通じて人権の保護がなされてきたが、今後は憲章に基づいて裁判所が人権の実質的法令審査を行うものとなった[7]。以上2点はトルドーによる汎カナダ主義と個人権中心主義の立場を反映するものである。

第三は憲法改正条件を決定したことである。改正案件によっていくつかの異なる方式が定められたが、特に「一般的方法」においては、連邦上下両院と（人口の過半数を代表する）7州の議会による承認を条件としている。この条件のもとでは、ある特定の州が拒否権をもつという事態は起こらないため、全州平等原則が反映されたとみることができる。

　いずれにせよ、1982年憲法は、単一のナショナリティにおいて「カナダ国民」を捉えるトルドーの汎カナダ主義の論理を反映する内容であった。ここに想定されているのは、言語・文化・人種・民族などにかかわらない平等な諸個人と平等な諸州である。

　では、ケベックの立場からすれば、これはどう評価されたのであろうか。1982年憲法は、(1) ケベックがネイション共同体として「独自の社会」であることを、あるいはケベックに「特別の地位」を与えることを一切認めておらず、(2) カナダ国民全員が等しく「カナダ自由権利憲章」のもとに置かれることから、言語に関する州の独占的権限さえも制限される可能性がある。さらに、(3) 憲法改正条件の点では、1867年憲法以来、ケベックが事実上保持していると考えてきた拒否権が認められておらず、(4) 連邦－州間費用分担プログラムからの離脱に対する財政的補填が保障されていない。ケベック州はこの憲法合意がケベックのネイション共同体を損なうものであるとして、現在に至るまで批准に応じていない。

二つの憲法協定の挫折

　1984年連邦総選挙で進歩保守党のブライアン・マルローニーが「ネイション間の和解」を公約に政権交代を果たすと、翌年のケベック議会選挙でもロベール・ブラサ率いるケベック自由党が政権交代を実現させた。両首相の個人的な友好関係も後押しする形で、ケベックを1982年憲法秩序に迎え入れるための交渉が再開される（Russell, 2004: 127-153）。

　交渉に先立ってブラサは、ケベックが1982年憲法に合意するための5条件を提起した。(1) ケベックが「独自の社会」であると承認すること、(2) 移民に関するケベックの権限を増やすこと、(3) 9人のカナダ最高裁判事の

うち3人をケベック枠とし、ケベック民法に精通した人物を任命すること、(4) 連邦歳出権の行使を制限すること、(5) 将来のカナダ憲法改正に関してケベックが拒否権をもつこと——である。これらの条件は同年6月、連邦首相と（ケベックを含む）全州の首相によって合意され、3年以内にすべての議会（連邦の上下両院および全州議会）の批准によって成立するものとされた。しかし、終盤にニューファンドランドとマニトバの2州で批准が撤回されてしまった。同協定にはケベックの独自性を承認し、建国パートナーとして公式に認める意味が含まれていただけに、ケベックはこれを「英語系カナダの背信」と受け取り、ブラサ州首相は、今後ケベック州は憲法改正をめぐる交渉には参加せず、連邦政府および英語系カナダ諸州からの新たな憲法改正のオファーがない限り、1992年に分離独立の可否を問う州民投票を実施すると公言した。幸い1992年にも憲法交渉が再開され、「シャーロットタウン協定」が合意されたが、今度は国民投票によって55％の反対で否決された (*ibid.*: 154-227)。

翌1993年の連邦総選挙において、与党の進歩保守党が壊滅し、ケベック連合（Bloc Quebecois）と改革党（Reform Party）という地域政党が躍進したことは象徴的である。1994年9月のケベック州選挙において、パリゾー率いるケベック党が政権復帰を果たすと、翌95年10月に「パートナーシップ協定と主権」を求める州民投票を実施した (*ibid.*: 228-235)。この州民投票においては、ケベック以外の同意の有無にかかわらず、賛成票が上回れば、分離のプロセスを開始するという意図が込められていた。結果的に主権派の敗北に終わったものの、その票差は5万2000票であり、わずか1％以下であった（賛成49.42％、反対50.58％）。

1995年州民投票の結果は、カナダの分裂が現実に起こる可能性を示したものとして、大きな衝撃と危機感を呼ぶものであった。ケベック・ナショナリズムの高揚以来、30年におよぶ憲法秩序の再編は、その過程においてカナダとケベックという二つの「ネイション」構築がぶつかり合い、両者の溝が埋められることなく、2度目の州民投票によって終わりを迎えた。

4．分離のハードル

最高裁判決をめぐって

　1995年以降の展開として注目すべきは、1998年の最高裁判決と2000年の「クラリティ法」であろう[8]。1996年1月、パリゾーが州首相を辞任し、ケベック連合の前党首で強硬派ナショナリストであるルシアン・ブシャールがケベック党政権を引き継ぐと、州民投票の再実施が現実的可能性として浮上した。連邦政府はケベックが一方的な離脱ルールを確立する前に、連邦政府主導で、州の連邦離脱の際のルールと条件を設定することで先手を打とうとした。実際、州の離脱には憲法改正が必要とされ、そうした改正にはカナダ議会とすべての州の議会の同意が求められることになる。

　1996年4月、ジャン・クレティエン連邦自由党政権は、カナダ最高裁に対し、以下の内容を照会した。(a) カナダ憲法に照らしてケベック州議会および政府は「一方的分離宣言」をする権利を有するか？ (b) 国際法に照らしてケベック州議会および政府はこの権利を有するか？ また、そのための自決権を有するか？ (c) この点で、国内法と国際法が衝突する場合、カナダでどちらが優先されるか？——の3点である（Schneiderman, 1999: 5-6）。連邦政府には自らに有利な判決を引き出そうとする明確な意図があったことは事実である。

　1998年8月28日、カナダ最高裁判所は、次のような内容の判決を下した。(a) 州が一方的に分離することはできない、(b) カナダの政治的枠組みにおいてケベックは「抑圧されている」とみなされないため、国際法においても一方的分離を進める権利を有していない、(c) したがって、国内法と国際法は衝突しておらず、この点については回答する必要はない——と。

　他方で、最高裁判決には、連邦政府の楽観的な期待とは異なる、重要な内容が含まれていた。すなわち、最高裁は、(d) 分離プロジェクトが「明確な」住民投票によって支持されるものであれば、それは正当なものである、(e) 「分離プロジェクトの民主的正当性とは……カナダ憲法体制の存続と機

能が、カナダからの離脱を望むという州民の明確な多数派の明確な表現に無関心でいられない場合、残りの（それ以外の）カナダの側には交渉義務が生じる」、(f)「州民投票結果を民主的意志の表現として理解するなら、その質問内容と支持の両面において曖昧なものであってはならない」——と。

最高裁判決は、(1) カナダ連邦の四つの基本原理（連邦制・民主政・立憲主義・法の支配）、(2) 憲法改正によって州が分離することは可能であること、(3) ケベック州政府が分離独立のために憲法改正の手続きを進めることには正当性があること、(4) 州民の「明確な多数派」が分離を選択した場合、ケベックとそれ以外のカナダは対等なパートナーとして、上記の基本原理を尊重して誠実に交渉しなければならないこと——を認めたが、他方で、「明確な多数派」や「明確なルール」の具体的内実については明確にせず、政治的決着にゆだねるものとした。

同判決は、連邦政府とケベックの双方にとって「勝利」とみなされた。ケベックにとっては、ケベックを単なる一州としてではなく、自立的「ネイション」として、少なくとも理論上は「離脱」の権利が認められたと解釈された。他方、連邦政府にとっては、ケベックの離脱権には明確なルールが必要であることを確認する判決として捉えられたのである。

クラリティー法

最高裁判決を受けて、先手を打ったのは再び連邦政府であった。連邦政府は、ケベックがこの判決を受けて州民投票を再度実施することを防ぐために、州の離脱条件の「明確性」を法制化しようとした。2000年6月、「分離の付託に関するカナダ最高裁判所の意見表明を受けて、明確性の要件を具体化する法律」（通称「クラリティ法」）が成立する。その内容は、(1) 州はカナダからの一方的離脱の権限を有しない、(2) 離脱に関わる州民投票の質問内容は「明確」でなければならず、その「明確さ」はカナダ議会が判断することができる、(3) 投票によって州民の離脱意思が「明確に」示された場合、連邦政府には州政府と交渉する義務が生じる、(4) 離脱の交渉には、すべての州および先住民が参加しなければならない——という内容である。

同法の含意はきわめて重要である。すなわち、ケベック州民投票に際し、その質問内容の明確さを判断する権限は、カナダ議会が掌握することになるからである。クラリティ法の規定によれば、たとえケベックの州民投票において賛成側が勝利したとしても、連邦下院が野党や先住民団体および他の関係諸団体と協議の結果、州民投票の質問内容が充分に明確でないと判断すれば、連邦政府は分離独立に関してケベックと交渉する義務を負わないことになる。加えて、賛成派が勝利したとしても、全有権者の多数派を代表していないと判断される場合にも、連邦政府に交渉義務は生じない。政府間関係大臣のステファン・ディオンは「50％プラス1票では不十分である」と繰り返し主張していたとはいえ（Young, 1999: 105）、同法は「明確な多数派」を厳密に定義していない。さらに、同法は、交渉において「資産および負債の分割、州境に関わるあらゆる変更、先住民の権利と利益および土地返還要求、マイノリティの保護」を争点に交渉することを義務づけている。これは、ケベックに対し、現行の州境が必ずしも保証されえないこと、また、ケベック州内の英語系住民や先住民が分離に反対する場合には、連邦政府がその立場を代弁しうることを意味している。

　ケベックが再び州民投票を実施するとしても、事実上、クラリティ法が州民投票の成立条件の判断を連邦政府に与えているだけに、ケベック州にとっての分離のハードルはさらに高くなったといえる。

5．カナダ連邦制が発揮した効果とは？

　本章では、カナダ連邦制におけるケベック自立化戦略の変容と憲法秩序の再編を考察した。レズニックおよびキムリッカの類型化に即すると、カナダは連邦制に関しては二重のヴィジョンを併せもつ国である。すなわち、仏語系の存在からナショナリティの二元性を前提に連邦制を導入したという点で「多民族型連邦制」の要素を備えている。他方で英語系諸州においては、単一のナショナリティを前提とする「領土型連邦制」のヴィジョンが定着している。カナダでは戦後福祉国家形成のなかで、二つの「国民」構築が競合的

に展開した。この結果、連邦制の局面においてはケベック自立化の余地が生まれたが、それが連邦制の枠を超えて憲法秩序の再編に及んだために、ネイションとしての承認はいっそう難しくなった。その最大の要因は、トルドーの汎カナダ主義と、個人権中心主義が1982年憲法によって制度化されたことに求めることができる。

連邦制の効果を国家分裂の回避力に求めるなら、カナダ連邦制は一定の有効性を発揮しえたといえる。連邦制の枠内であれば、ケベックは州政府主導のネイション構築に成功するともに、連邦体制内における一定の非対称性を享受することが可能である（たとえば、フランス民法、州所得税制度、州移民政策、ケベック年金制度など）。実際、2006年には、スティーブン・ハーパー保守党政権下において、カナダ下院はケベックが「統一カナダの枠内で一つのネイションを構成している」とする決議を採択した。とはいえ、ナショナリティを異にするケベックの承認ないし主権獲得の要求は、なお、カナダ連邦制の遠心力として再編を促すことになろう。

1) 「領土型連邦制」とは、権力の空間的分立として中央政府の権力を制限するためのものであり、これを構成する州には地方行政区画としての位置づけしか与えられていない。単一のナショナリティが想定されているため、全ての州は平等である。「多民族型連邦制」とは、複数のネイション集団を抱える国において、少数派ネイションの自治要求に対応したものである。すなわち、全国的には小数派であっても、特定の州においては多数派となるように州境を設定することで、少数派集団の自治要求を制度化する。また、こうした特定の州に他とは異なる権限を与えるような制度である場合、「非対称型連邦制」と呼ばれる。
2) 1867年、カナダ自治領（Dominion of Canada）として成立した。つまり、英帝国の枠内において内政面の自立を達成した。外交面はなおイギリスに従属していた。カナダが外交自主権を獲得するのは、オーストラリアやニュージーランドなどと同様、英帝国から英連邦体制へと移行した1931年のウェストミンスター憲章による。
3) 上院は英国の貴族院をモデルにしているとはいえ、「新大陸」には貴族階級が存在しなかったため、上院議員には身分ではなく財産などの要件を課している。当初は終身制であったが、1965年に75歳定年に変更された。上院議席の配分には大西洋カナダ、ケベック、オンタリオ、西部カナダ、準州の五つの区域が設定されているものの、議席配分に何らかの法則があるわけではない。現在の州別議席数は、ノヴァスコシア10、ニューブランズウィック10、プリンスエドワード島4、ニューファンドランド6、ケベック24、オンタリオ24、マニトバ6、サスカチュワン6、アルバータ6、ブリティッシュ・コロンビア6である。
4) たとえば、1935年1月、連邦首相ベネットはアメリカのニューディール政策を模して、

連邦政府の介入による経済再建および社会的救済策（「ベネット・ディール」）を打ち出したが、反発した州政府による提訴の結果、同委員会によって権限逸脱であると判断とされ、挫折している。
5） ケベック党の R・レヴェックの思想を軸に据えて憲法改正に至るプロセスを分析した近著として、荒木（2015）を参照のこと。
6） 憲法秩序の再編に関するスタンダードな解説として、Russell（2004）を参照のこと。
7） 州首相が特に抵抗したのが憲章の導入である。なぜなら、伝統的な議会主権が損なわれ、カナダ最高裁判所が州議会立法に違憲判決を下す可能性が生まれたからである。こうした州首相の反対に対し、交渉の最終段階で当時の法務大臣 J・クレティエンが提案したのが、議会立法に対する憲章の「適用除外」条項である（1982年憲法第33条）。連邦議会および州議会は、憲章の規定にかかわらず、法律が有効であると宣言することができる、とされた。すなわち、議会主権の伝統と両立させ、英語系諸州の首相たちの合意を得るために、いわば抜け道を用意したのである。詳細は、松井（2012: 163）を参照のこと。
8） 1995年州民投票以後の政治過程については、Young（1999）、柳原（2013）を参照のこと。

【参考文献】

Anderson, L.（2007）"Federalism and Secessionism: Institutional Influences on Nationalist Politics in Quebec," *Nationalism and Ethnic Politics*, Vol.13. Issue 2, pp.187-211.

Béland, Daniel and André Lecours（2008）*Nationalism and Social Policy: The Politics of Territorial Solidarity*, Oxford University Press.

Cameron, D.（2012）"Quebec and the Canadian Federalism," in H. Bakvis and G. Skogstad（ed.）, *Canadian Federalism*, 3rd ed. Oxford University Press. pp.38-58.

Forsyth, M.（ed.）,（1989）*Federalism and Nationalism*, Leicester University Press.

Gagnon, A-G. and R. Iacovino（2007）*Federalism, Citizenship, and Quebec: Debating Multinationalism*, University of Toronto Press.（丹羽卓・古地順一郎・柳原克行訳『マルチナショナリズム』彩流社、2012年）

Kymlicka, W.（2001）*Politics in the Vernacular: Nationalism, Multiculturalism and Citizenship*, Oxford University Press.（岡崎晴輝・施光恒・竹島弘之訳『土着語の政治——ナショナリズム・多文化主義・シティズンシップ』法政大学出版局、2012年）

Resnick, P.（1994）"Toward a Multinational Federalism: Asymmetrical and Confederal Alternatives," F. L. Seidle（ed.）, *Seeking a New Canadian Partnership: Asymmetrical and Confederal Options*, Institute for Research on Public Policy pp.71-89.

Russell, P. H.（2004）*Constitutional Odyssey: Can Canadians Become a Sovereign People?*, 3rd ed. University of Toronto Press.

Schneiderman, D.（ed.）（1999）*The Quebec Decision: Perspective on the Supreme Court Ruling on Secession*, James Lorimer.

Simeon, R. and I. Robinson（1990）*State, Society, and the Development of Canadian Federalism*, University of Toronto Press.

Simeon, R.（2004）"Canada: Federalism, Language, and Regional Conflict," U.M. Amoretti and N. Bermo（eds.）, *Federalism and Territorial Cleavages*, Johns Hopkins Univesity Press pp.93-122.

Watts, R. L. (2008) *Comparing Federal Systems*, 3rd ed., McGill-Queen's University Press.
Wheare, K. C. (1963) *Federal Government*, 4th ed, Oxford University Press.
Young, R. A. (1999) *The Struggle For Quebec: From Referendum to Referendum?*, McGill-Queen's University Press.

荒木隆人（2015）『カナダ連邦政治とケベック政治闘争――憲法闘争を巡る政治過程』法律文化社．
松井茂記（2014）『カナダの憲法』岩波書店．
柳原克行（2011）「カナダにおける社会的シティズンシップと多様性の統合――戦後の発展と90年代以降の模索」田村哲樹・堀江孝司編『模索する政治――代表制民主主義と福祉国家のゆくえ』ナカニシヤ出版、248-270頁．
―――（2013）「マルチナショナリズムとカナダ連邦制」『大同大学紀要』第49巻、161-171頁．

第 16 章
アメリカにおける連邦制の成立と発展
20 世紀後半の都市コミュニティと福祉政策をめぐるその効果

石神圭子

　アメリカ合衆国憲法（以下、連邦憲法）は、現存する成文憲法中最も古いものであり、1787 年起草、1788 年発効以来 200 年以上の生命を保っている。さらに、この間 27 の憲法修正を行ったのみである。60 年の間に 94 の修正を行ったインドや、メキシコやベネズエラなど憲法そのものを変えてきた歴史をもつ国々、あるいは連邦制そのものが革命や軍事政権の登場により法的機能を失った国々と比べると、アメリカの連邦制は突出して安定的なのである。その点で、連邦憲法は近代国家制度としての連邦制の原点であり、かつ「成功した連邦制」だといえる。
　しかし、連邦憲法制定をめぐる歴史を紐解けば、憲法制定がいかに多くの批判と攻撃にさらされつつ誕生したものかがすぐに判明する。アメリカでは、イギリス植民地時代から各邦（states）は自らの統治権＝主権を有しており、自治が確立されていた。移住者は、本国イギリスから遠く離れた荒野の開拓を通して、封建制から「切断された」近代的な政治社会に生きていたのである。したがって、独立の達成と（君主や中央集権的支配を想起させる）「国家」の創設との間には論理的矛盾が生じ、憲法制定者の間でも激しい論争が繰り広げられた。では、この論争はいかにして「安定的な体制」へと昇華されたのか。アメリカの連邦制に関する理解の核心はこの点にあるといっても過言ではない。別の言い方をすれば、この問いは、現在まで大量の移民を受け入れ続ける多民族国家の政治統合を可能にしてきたアメリカ連邦制の定着（変容）過程に関する歴史的理解を促している。ここで重要なのは、アメリカ連

邦制の構築・運用は、民族的伝統や歴史に対して中立的であり、そのことによって内部分裂を回避してきたという点である。これは、同じ連邦制でも、イギリス系市民とフランス系市民との地域間対立への配慮を余儀なくされたカナダの場合との決定的な相違である。だとすれば、こうした特有の統治システムであるアメリカ連邦制のもとで、いかにしてデモクラシーが定着してきたのかを、歴史的な視点から検討する必要がある。

　こうした問題関心から、本章では現代アメリカの連邦制の運用とその効果を20世紀後半以降の都市と福祉政策を事例として考察してみたい。バージェスによれば、連邦制は現実に機能している政治制度とそれを支えるイデオロギーから成り立っている（Burgess, 1993）。事実、20世紀転換期までは、連邦政府が州の管轄権を超えて全国的な規制を実施することは、単に制度上の手続きを経るのみでは不可能だった。地域の問題は地域で解決するという州権論は、アメリカ人の政治文化の初期状態なのである（平体, 2007）。こうした観点からみれば、20世紀後半における急速な福祉国家化の進展は、アメリカの連邦制そのものにビルトインされているイデオロギー対立の解消、とみえるかもしれない。つまり、中央集権への論理的・心理的抵抗（州による自治の重視）は、個人の自由を確保・拡大するための国家権力の要請に回収されたのだ、と。だが、この対立は、とりわけ20世紀後半のアメリカにおいて最大の分裂軸となった都市（人種）問題をめぐってむしろ深化・複層化しつつ現在に至る。

1．アメリカの建国と連邦憲法の制定

歴史的背景

　1787年起草の連邦憲法の前文は、「われわれ合衆国の人民は（We, the people of the United States）……ここに憲法を制定する」と最初に謳っている。これは、合衆国という政治体は、政府と人民との間ではなく、自律した各個人間の合意に基づく社会契約によって成り立つ、という公式宣言である。ここに、自由や平等といった普遍的理念を共有するすべての近代的個人を構成

員とする、理念国家アメリカの根本的政治概念がある[1]。

　他面、独立の機運が高まるまでの植民地に遡れば、移住者は明確にイギリス国王を君主として認めていた。有名なメイフラワー誓約（プリマス植民地への移住者による共存に関する同意書）の冒頭には、国王ジェイムズ1世への忠誠が述べられており、それぞれの植民地の君主はイギリス国王だった。つまり、独立以前のアメリカ植民地とは、王政と共和政（＝主権が人民の大部分にあり、君主を認めない政体）が混在する辺境ヨーロッパだった（石川, 2014）。

　だが、やがて直接的には本国による一連の課税立法を契機として、間接的には植民地の人々の日常的な政治活動（実質的参加と自治）の発展によって、3000マイル彼方に存在する「君主」による統治の論理は否定される。13邦の代表者らは、まずイギリス本国という強大な存在を相手に戦争を行うために大陸会議（Continental Congress）を招集し、1776年には独立宣言をヨーロッパ世界に公表、以後7年にわたる戦争を経て、1783年のパリ条約によって独立国家としての承認を得る[2]。その間、連合規約（Articles of Confederation and Perpetual Union）の採択、発効（1781年）を通して、13の主権をもつ国家連合としてのアメリカ（United States of America）が法的に規定された。

　実は、このときアメリカを諸邦＝国家間の恒久的連合として各ステイトの独立性に重点を置くか、恒久的なユニオンの統合性に重点を置くかをめぐっての当事者の主張は極めて錯綜していた。独立とは旧イギリス帝国体制からの（への）分離（反発）運動である。アメリカ内における中央集権化の機運は、独立の精神および論理と矛盾する。しかし独立の達成と確保のプロセスにおいては、パリ講和条約の履行という点から、連合会議の規定はむしろ拡大を迫られた。結局のところ、国家連合としてのアメリカはわずか6年しか続かなかった。

国家をめぐる攻防とその含意
〈共和国と連邦制〉
　1787年の立法者たちは、既存の国家連合（とそれを規定する連合規約）

を改変して、一つの国家を創設した。このとき、彼らは、政治社会から（物理的にではなく）抽象的に王政を切断し共和政を選択した。独立戦争が「アメリカ革命」という語で定着しているのは、それが政治学的に本質的な体制転換を意味しているからである（斎藤, 1992; 中野, 1993; 石川, 2014）。だが、アメリカの政治社会から王政を切断する、という理念的抽象度の高い「革命」は、当然、連邦憲法の制定と中央政府の創設をめぐる政治的論争を惹起する。州政府と連邦政府の間における権限の分割、という新たな国制は、まさにこうした論争を解消する必要性から生まれてくる。しかも連邦制は、主権は単一にして不可分（分有すれば戦争状態に陥る）という当時の思想的常識を覆すものであり、立法者らには、体制の正統性を示す必要があった。そこで、彼らは主権の分有こそが人々の自由の保持に最良である（人々の自由を最大限に保証するのは各邦である）と考えた。政府を連邦と州に分割すれば、単一の多数派がすべての政府権力を握ることは難しい。そのうえで、一切の権力の源泉を人民という抽象的概念に求め、その共和政的性格を強調したのである。別言すれば、1783年のアメリカの人々にとって、連邦政府という問題は何一つ自明ではなかった。

　他方、共和政においては、人民にはすべての人々に共通する利益（共通善）への関心が求められる。この点、立法者の多く――とりわけ憲法の起草において中心的役割を果たしたパブリウスの面々――の関心は、すでに定着していた風土としてのデモクラシーを抑制するための中央政府の創設にあった（斎藤, 1992）。彼らは、王政に代わる新たな制度の構築にあたって、人民を権威に求めつつ、党派や自己利益といったまさに共和政と不整合な悪徳の猛威を最も危惧する人々でもあった。

〈憲法は何を規定したのか〉

　この拭い難い人民への恐怖を抱えつつ、連邦憲法制定を目指したフェデラリスツ（人民主権に立脚した連邦政府の創設の擁護者）の1人、マディソンは、権力の抑制均衡と多様性の保持による悪徳の相殺、という論理によって人民統治を正当化する（ハミルトンほか, 1999）。一方、反フェデラリスツ（あくま

でも国家連合に固執する地方利益の擁護者）は、その広大な地における不可視化された権力の拡大こそを脅威とみなし、人民による小さな共同体を公的生活の要とすることで当時の生活者としての民衆心理を代弁した。ここではその攻防の詳細は省くが、結果として、フェデラリスツと反フェデラリスツの間の妥協という政治的英知が合衆国憲法という成文憲法に結実する。その肝は、憲法第6条第2項における連邦の優位——合衆国憲法を国の最高の法（the supreme law of the land）とする——を規定するとともに、憲法修正第10条（権利章典）において個人の権利のみならず各邦の権利を保障した——連邦政府の権限はあくまでも邦ないし人民から委託（delegate）されたものであり、政治の権限は各州それぞれに、または人民に留保（reserve）される——ことである。だがここには、「人民」とは誰なのか、「人民相互の契約」から除外されている者は誰なのか、そして「国家」は「人民」から除外された者の包摂と統合のためにどこまでの権限をもつべきか、などといった20世紀まで引き継がれる問題への解は存在しなかった。

2．20世紀連邦制と福祉国家

「福祉国家」への歩み
〈連邦制＝権利の保障？〉

　1789年の連邦憲法は、政府の制約と法に先行する自然権を規定した高次の成文法としての規範性を備えていた。だがそれは、恒久的に国家の機能・役割を規定するものではなく、国民の生存権に関する規定も有していなかった。つまり、連邦制の具体的運用においては、状況に応じて大幅な解釈の余地が残されていたのである。すでに述べたとおり連邦制の設計に際して人種や民族問題は埒外に置かれていた。たとえば権利章典は、当時の南部における黒人奴隷の基本的人権については一切黙認していた（憲法における二つの例外は、各州の人口から先住民を除外し、黒人奴隷を1人当たり「5分の3」として算出することを定めたことである）。

　だが、国内経済の発展を優先し、黒人を動産奴隷として南部に隔離するこ

との矛盾は徐々に激しい対立を引き起こしていく。1857年、連邦最高裁により、黒人は合衆国市民として認められず、議会は連邦の領土内で奴隷制を禁止する権限はないとの判決（Dred Scott v. Sandford, 通称ドレッド・スコット判決）が下された。これを機に、経済的な動機から奴隷制の存在を求め、連邦からの離脱を図る南部諸州と、奴隷制を廃止し、連邦を維持しようとする北部諸州の間で対立が深まり、南北戦争（The Civil War, 1861-1865）が勃発する。そして、戦争の結末（憲法修正による奴隷制の廃止と新たな市民の包摂）により、連邦解体の危機は過ぎ、（一次的にせよ）アメリカという国の普遍主義的原則の一貫性はより高まった。しかし、戦争後の統合と再建は未完に終わる。そして、社会経済的変化に応じた憲法の再解釈（普遍的人権の保護など）に関しては、以後、連邦最高裁判所による解釈が大きな役割を果たすのである。

表16-1 連邦制度の展開

1789-1861 二元的連邦制（dual Federalism）(1)	連邦政府の権限を憲法に列挙されたものに限定し、州政府がそれ以外に留保された権限を行使する。連邦と州のそれぞれの管轄権限を厳密に維持する。
1861-1933 二元的連邦制（dual Federalism）(2)	連邦・州の二重構造は維持されるが、徐々に連邦による州への土地付与などを通じて連邦の権限が拡大していく。
1933-1960 協力的連邦制（Corporative Federalism）	連邦の権限がさらに拡大するが、連邦主導で、連邦・州・地方政府が対立するのではなく、協力関係を維持していく。
1960-1968 創造的連邦制（Creative Federalism）	連邦・州・地方政府間で（時には民間人や団体も加え）一緒に計画立案・意思決定を行うことを特徴とする。
1968-1993? 新連邦制（New Federalism）	連邦政府に集中していた権限を州に戻す。ニクソン大統領が提唱したが、連邦の財政逼迫からレーガン政権以降は連邦政府の州に対する助成金が減額された。

出所：岩野（1995: 21）に加筆・修正。

〈「社会問題」の登場〉

　表16-1は、アメリカの連邦制および社会経済的発展とそれに応じた政府機能の変化を示すものであり、アメリカ政治史の常識に属するものである。以降、この表に従って連邦制の定着と変容過程をみていく。これによれば、連邦権擁護派が勝利した南北戦争後も、理論的には二元的連邦制が維持されていた。南北戦争後からニューディールまでの間、財政を含めた政治機能の多くは州・地方政府に集中しており、政府間関係は分離的だった。だが、その後の連邦制の運用形態は歴史の進展とともに変化していく。連邦政府による人権侵害に備えるための権利章典は、州による個人の権利の侵害に対し連邦政府が介入する口実として用いられ、連邦政府の権限は、20世紀前半を通して大幅に拡大していくのである。そして、その契機となったのが、世紀転換期において意識され、経済恐慌によって自明となった「社会問題」[3]の登場であった。人々の生活に最も近い政府によっては対応しきれない問題が浮上して初めて、アメリカ連邦最高裁は連邦政府の権限強化を認め、アメリカ型「福祉国家」化への道を後押ししたのである。

福祉をめぐる州権と集権

〈州権という「自由」〉

　二元的連邦制とはいわば建国期以来のアメリカの自由の安全保障装置である。それゆえ、連邦政府の権限の拡大といっても、そこにはわれわれが想像する以上に数多くの手続きと乗り越えるべきハードルが存在した。たとえば、産業化が進み、大量の移民が都市に流入した世紀転換期から1920年代にかけて、多くの児童が様々な労働に従事し、各州においてはモラルや教育の観点から児童労働法が制定された。だが、児童労働規制の全国化は蹉跌する。平体は、この歴史的過程の詳細な分析をもとに、連邦制に付随する制度上の多くの「拒否点（veto points）」、及び州政府の権限行使と連邦政府の自制によって成り立つアメリカ人の自由という二元的連邦制のイデオロギー的影響力を明らかにしている（平体, 2007）。また、ピーターソンが指摘するように、1929年の世界大恐慌が発生した当初ですら、多くの州知事は恐慌に伴う問

題を州政府が解決すべきとの立場から、連邦政府が社会福祉改革を主導することに反対していた（Peterson, 1981）。

　実際には、連邦と州以下の政府が社会福祉政策の遂行において協力し合うニューディールの協力的連邦制（Corporative Federalism）下でも、アメリカにおいては、州権という「自由」が、本来は連邦レベルで提供するのが合理的なはずの再配分政策を困難にしていた。この点について、西山隆行は、たとえば奴隷制以来の独特の社会構造が破壊されることを恐れた南部諸州出身の政治家がニューディール以後の社会福祉政策の拡充に対して拒否権を発動したことを挙げる。つまり、20世紀アメリカの福祉国家化においては、地域ごとの自律性・独自性が際立っていた。そのため、連邦制と福祉国家の関係は常に非整合的であり、かつ前者が後者の発展を阻害する機能を果たしていたともいえるのである（西山, 2008）。

集権と「平等」の保障

　その意味では、第二次世界大戦後の戦後復興の一環として政府により推進された住宅政策や復員軍人援護法（Servicemen's Readjustment Act of 1944, 通称G.I Bill）は、ナショナルな政策への支持とともに、全国的な社会保障拡大の効果をもった。だが、こうした制度の運用については、当時多くの黒人が居住していた南部における不当な人種差別的対応が明らかになっている。そして、農業の技術革新と労働力過剰によって黒人の北部都市への大量移動が顕著になった頃、北部における都市問題が政治問題化する。

　60年代の創造的連邦制（Creative Federalism）は、主として、都市に集住せざるをえない（人種差別がなかった北部では住民の自治により、実質的な居住区分離が進んでいた）黒人の貧困問題の解消のため、連邦政府の主導の下、州・地方政府・民間団体を含めた合理的な政策立案を意図したものである。それに伴い、連邦政府は福祉予算と政策的主導権を拡大し、従来、州・地方の領域であった行政分野に権限を拡張していった。事実、州・地方総支出に対する連邦補助金の割合も、60年には14.5％、70年には19.0％と増大している。留意すべきは、この間に人種平等を保障する法制度が確立されたこ

とにより、平等の確保における連邦の州に対する優越という構図が形成されたことであろう。1964年に連邦最高裁が黒人への差別的行為を違憲としたことは、各州の自律性・独自性の名の下での福祉国家構造に一定の変化をもたらしたのである。

3．「創造的連邦制」の射程

「集権化」をめぐる困難
〈反動の余波〉

　60年代後半、政府によるマイノリティへの再配分の増大を連邦政府の過大な関与（逆差別）と批判する人種的バックラッシュが巻き起こった。1968年大統領選挙で共和党大統領候補ニクソンは、まさに（貧困者ではなく）勤労者こそ「人民」、という構図を創出することで平等の意味をすり替え、白人労働者階級の絶大な支持を得て勝利した（エドソール＆エドソール, 1995）。こうしてニクソン政権は、人種平等の名の下で大きくなりすぎた連邦の権限を再度州に戻す新連邦制（New Federalism）への移行を図る。とはいえ、この時期、連邦政府と州、地方政府が税収を分かち合い、地方経済の活性化を図る一般税収分配（General Revenue Sharing）が実施されており、それがスラムを抱える地方都市政府の財政を支えていた。だが、アメリカが債務国に転落する共和党レーガン政権期の87年には、地方の自立性を回復するという名目で税収分配も廃止される。この間、都市の貧困は悪化し、また憲法において明記された権限をもたない（地方政府はあくまで州の創造物である）地方政府は、増大する社会福祉の負担にもかかわらずそれに対して何の解決策も打てないジレンマに立たされた。結局のところ、地方政府が連邦政府からの移転支出[4]に依存するという構造が常態化していく（西山, 2014）。

〈集権化の下での「分権」〉

　そもそも60年代の平等主義的政策は、広範な人々の参加を促進し、政治過程における社会経済的不均衡を是正するという目的で行われた。そして、

各州や地方政府に経済的資源を配分し政策の実施を各地方政府や民間組織に委託する仕組みが整備された。いいかえれば、これは当事者に最も近く小回りの利く地方政府や民間組織への間接的介入によって、貧困者が自発的に貧困から脱却することを支援する政策であった。1964年には、創設された経済機会局（Office of Economic Opportunity）主導でコミュニティ活動事業（Community Action Program）が実施され、州政府を飛び越えて全米の各貧困コミュニティおよびコミュニティ組織への資源配分が行われる。だがこのプログラムは一般に失敗に終わったとされている。そもそも、貧困者の参加といってもその定義は厳密ではなかったため、資金を配分される既得権益層は当然、貧困者の参加を縮小解釈した。その結果、コミュニティ事業の支援を受けて増大したラディカルな市民グループや貧困者支援組織と都市政府が参加をめぐって激しく対立するということが各地で起こった[5]。つまり、創造的連邦制下においては、アメリカにおける各州以下の地方政府の政治権力構造や人種関係の複雑さを超えて、意味のある分権を行うことは容易ではないことが露呈したのである（西尾, 1975）。

開かれた機会──コミュニティ組織の飛躍

一方で、多くの批判を浴びて頓挫したコミュニティ活動事業は、現在、より多面的な分析がなされ、それが拓いた政治的機会の側面が評価されている（Marston, 1993）。コミュニティ活動に対する連邦補助は70年代以降も継続し、コミュニティの発言権や外部からの投資に関する法的整備も進んだ。さらに、60年代を通して社会に浸透したコミュニティレベルの活動は、現在、貧困問題の緩和を目指す開発主体や組織化主体として、各州、地方政府における重要な政策アクターにまでなっている。

前者はコミュニティ開発法人[6]（Community Development Corporation）と呼ばれ、低所得者層の住宅供給や職業訓練、社会福祉サービスの提供などを行っている。後者は、一般にコミュニティ組織（community organization）と呼ばれ、近隣が抱える様々なイシューの形成を通して住民同士のつながりや主体的かつ民主的な意思決定を重視している。これは、さらに「教会母体の

コミュニティ組織（Church-based Community Organization: CBCO）」と、世俗的で個人をベースとするコミュニティ組織（主に「即時改革のためのコミュニティ組織化連合（Association of Community Organization for Reform Now: ACORN）」）の二つに分けられる。両者はともに、貧困地域のインフラ整備や労働力開発、有権者登録運動などを行う非営利組織として幅広く活動してきた。ただし、CBCOとACORNは税法上の資格の相違により、政治活動の範囲に幅がある[7]。また、ACORNは2008年の大統領選挙において民主党の動員活動における存在感を発揮したが、CBCOは全国的な政党政治においてはあえて中立的な立場を維持しているのが特徴である[8]。このように、現在の都市コミュニティ組織は非常に多様な形で低所得者地域に関わっており、その地域の人々の利益を代弁し、時に政府へのロビイング活動も行っているのである（Swarts, 2008）。こうした傾向は、部分的にせよコミュニティ活動に膨大な資金を投じたコミュニティ活動事業の正の遺産であるといえる。

新連邦主義との関係

　ここで付け加えるべきは、1960年代以降、こうした民間非営利組織に対する政府の資金供給が増大し、80年代以降でさえ、非営利組織の収入に占める連邦政府への依存度が3割に達していることである（Salamon, 1992）。これは、福祉という公的な問題を民間非営利団体に委託することで解消する、という新連邦制の一つの特徴ともいえる。とりわけレーガン政権期には軍事支出の増大や中央集権的な管理技術の強化がみられる一方で、公共の利益に資する機能とみなされてきた種々の社会サービスを私的セクターに委託する施策がとられていた（Ferguson, 1961）。ニクソンからレーガン政権、そして実質的な福祉削減を実行したクリントン政権に至るまでの新連邦制の本質は、二元的連邦制への回帰というよりはむしろ、福祉をめぐる連邦政府の主導権の拡大と公私領域の逆転傾向にあったといえる。見方を変えれば、活性化するコミュニティ組織の活動は、こうした政府に都合のよい委託構造に回収される側面もあるのである。以下でみるコミュニティ組織の発展は、こうした制度構造の下で、政策革新の可能性や新たな民主化の方向性を示すものとし

て注目すべき事例である。

4．「適応」する都市／連邦制の「効果」

テキサスにおけるCBCOの事例
〈活動の背景・特徴〉

　前述のコミュニティ開発法人は、1960年代後半から70年代の都市問題が激化するなかで近隣の自律性を確保する（取り戻す）、という文脈から活発化した。ACORNは、60年代の社会的動乱のなかで発見された福祉受給者の権利獲得運動から派生した。一方でCBCOは、1930年代のシカゴを出発点とした比較的長い歴史をもつ組織である。とりわけ全国に51の支部を有する産業地域財団（Industrial Areas Foundation: IAF）の活動（一般に「コミュニティ・オーガナイジング」と呼ばれる）は、70年代以降、産業構造の転換に伴う著しい経済的格差を経験している南西部のコミュニティの改善において大きな成功をおさめ、近年注目を浴びている。以下では、テキサスにおけるIAFの活動の背景と特徴を概観する。

　周知のとおり、テキサスは共和党のブッシュ前大統領を輩出した保守的な地域であり、州政治も基本的に共和党優位である。他方で、2012年の大統領選挙では大都市地域で民主党が勢力を伸ばしている。さらに、近年の変化の一つとして、70年代以降の産業構造の変化によって生じた南西部におけるメキシコ系移民の経済的困窮と労働力搾取の問題がある。テキサスは、80年代以降いわゆるサンベルトの一大中心州としてエネルギー産業、ハイテク産業の急速な発展をみたが、石油価格の下落によって大不況に転じた。しかし、90年代までにハイテク産業やサービス産業の発展に成功し州内全体の経済状況は安定化している。問題は、この間、主にメキシコからの（非合法を含む）移民が激増していることである。経済状況が好転し富裕層の郊外化が進む一方で、増大する移民は主に都市でのサービス業に従事し、彼らが不当に搾取されることによる経済格差が拡大した。

〈IAF の理念・実践〉

　IAF は、30 年代以来、全米各都市の低所得者コミュニティにおいてコミュニティ組織を形成し、生活改善に関わる様々なイシューの設定と政策の実現に貢献してきた。また、60 年代後半の全盛期にはコミュニティ・オーガナイザーの養成・教育プログラムを正式に確立し、手法的・理念的更新を経ながら全国化を成し遂げてきた。その特徴として、大きく 3 点が挙げられる。第一に、組織化に関する主導権はあくまで地方支部にあり、全国組織はそれらのアドホックな連合に過ぎないということ、第二に、IAF の各支部とコミュニティ内の教会がある種の契約関係にあることである。オーガナイザーは、基本的に地域の教会との契約（各教会がオーガナイザーを雇用し資金援助を行う）に基づいて組織化と地域住民の生活改善の後方支援を行うのみである。これは、IAF の根本理念である「下からの民主主義」および「人民の権力」の原則に則った独自の形態である[9]。第三に、IAF の非党派主義である。時に党派やイデオロギー対立の激化によりこう着状態に陥る連邦の政治過程に対して、実際に問題を解決せねばならない地方政府は、プラクティカルな改革を行う誘因をもつ。IAF の戦略は、こうした条件を利用して住民のニーズの集約と現実主義的な問題解決を導くことに重点を置く。結果として、地方政府レベルの政策革新が実現されやすくなるのである。

COPS の成果

　では、具体的に IAF の活動はテキサスにおいてどのような成果を得てきたのだろうか。1974 年、テキサス州サンアントニオ西部の貧困地区において、「公的サービスのためのコミュニティ組織（Communities Organized for Public Service: COPS）」が IAF の支部として形成された。その際、自らもメキシコ系である COPS のオーガナイザーらは、住民の多くを占めるメキシコ系移民にとってカトリック教会が重要な制度的基盤となっていることを熟知していた。そのうえで、イシューを前面に出すよりも宗教的な言語を用いてコミュニティや家族の価値に対するコミットメントを通した住民同士の関係性の構築という手法（relational organizing）をとった。同時に、オーガナイザー

らは教区や学校区といった制度ごとにリーダーとなりうる市民を発掘し、時には彼らと司教や校長らも交えたミーティングを主催する。また、彼らは地域のインフラ整備や職業訓練など、ミーティングを通して出てきたイシューごとに市政府、州政府の関係者と接触を図り、アカウンタビリティ・セッション（accountability session）と呼ばれる市民と行政との会合も開いてきた（Warren, 2001）。こうして、COPS は様々な制約を乗り越え、実際に執行可能な政策アイデアを提起してきたのである（Swarts, 2008）。

近年の COPS の最大の成果は、サンアントニオ市における生活賃金運動[10]（living wage campaign）の成功である。2015 年 9 月、サンアントニオ市は最低賃金を従来の 1 時間当たり 11.47 ドルから 13 ドルに引き上げた[11]。この運動は、1994 年のボルティモアを皮切りに着実に全国化してきた、IAF が最も力を注いできた運動の一つである[12]。COPS の成果は、コミュニティ・オーガナイジングのネットワークと実践を通して州内外の都市政府に模倣され、さらなる広がりをみせている。ここに、IAF の政策形成アクターとしての可能性と画期性の一つがあるのである。また、興味深いことに、彼らの活動は、連邦政府からの財源にほぼ依存せずに成立しているのである[13]。

運動の「連邦的」構造

すでに述べてきたとおり、アメリカの連邦制において、国家はそもそも国民の生活保障や救済を直接担うものとして想定されていない。歴史的に、周辺化された者を社会の側に包摂してきたのは、あるいはそうした機能を期待されてきたのは、国家ではなく企業や、自発的な組織、近隣コミュニティによる自治であった。20 世紀のアメリカの福祉国家化は、そうした市場、市民社会への間接的な介入を通して進行してきたのである。

建国以来のアメリカの歴史と連邦制の枠組みに立ち返れば、こうした発展の構造は不自然ではない。だが、民主主義の一形態として連邦制を捉えるならば、アメリカ憲法及び連邦制が拠って立つ中立性と「平等」、そして集権化をめぐる問題の深化を考える必要がある。IAF の活動において着目すべきは、それが通常のトップダウン型の組織と異なり、各コミュニティや地方

を取り囲む社会経済的条件の下で、当事者の参加を促し、共通のイシューをまとめ上げ、ボトムアップで州レヴェルでの貧困や雇用、住宅などの実質的な改革に結びつけてきた点である。さらに、そうした活動が、不平等の解消を目的としていることは明確である。一方で、彼らは組織の形態について「連邦構造（federated structure）」をとり、地方支部の裁量と決定権を維持・強化している。彼らは、権力への不信を内に抱えつつ、地域的多様性や州権という自由を前提に、市民教育と連帯に基づく社会経済的不均衡の是正を試みているのである。このバランス感覚によって、IAFは、アメリカの連邦制の歴史的変容という困難のなかでその原型に立ち戻り、新たな民主化の可能性を導いている。

20世紀アメリカ連邦制の展望

　19世紀を通して、当初抽象的存在だった「人民」は、1830年代のジャクソン政権期を通じて顕在化する。しかし、同時代にアメリカを訪れたフランス人トクヴィルが驚いたのは、暴徒の政治とみなされていた民主主義が、アメリカ固有の条件の下で穏健に発展していく実態だった。それは、広大な土地における統治・統合を支える地域自治の実践と、荒野の開拓という必要に迫られて自発的に結成される結社・組織が、人々の公共心を涵養するという全く新たなメカニズムの発見だった。彼によれば、アメリカでは自治と結社の習慣が連邦や州の成立以前にすでに存在し、人々の公共生活を基礎づけていた（トクヴィル, 2005）。

　だが、20世紀を通して社会に残存する様々な差別や排除の歴史的構造が明らかになり、市民社会における組織やコミュニティの機能不全が提起されてきた[14]。これらは、国家権力の個人に対する侵害に対していかに自由を確保するかという独立以来のリベラリズムの再検討に結び付くものである。20世紀アメリカの連邦制は、たしかに、憲法が保障する自由を超えた価値や原則へのコミットメント——制度が創り出す公私関係の逆転現象にいかに応答するのか——という難問に直面している。しかし、並行して進行してきたコミュニティレベルでの変革の動きは、各都市のパイロット的組織が地方的問

題を解決し、その政策革新がその他の地域・州に波及するという連邦制独自の効果を生んでいる。さらにそれらは、コミュニティを媒介とした下からの市民社会の再構成という民主化の機能をも果たしているのである。

1) アメリカ・ナショナリズムの特殊理念的な性格に着目した必読書として古矢（2002）。
2) 7年戦争の終結後のアメリカ植民地とイギリス本国との対立の本質についてさらに詳しい分析は以下を参照。石川（2008）。
3) 20世紀転換期における「社会的なもの」の台頭と国民国家統合の動態を理解する必読書として中野（2015）。
4) 20世紀初頭の税制再編以降、連邦の税収は拡大し、現在では使途別、一括の二つのタイプの補助金が設定されている。
5) 当時のコミュニティ活動計画をめぐる改革と統制の関係に関して、詳しくは石神（2014）を参照されたい。
6) コミュニティ開発法人に関しては、以下が参考になる。宗野（2012）。
7) 基本的に、CBCOは内国歳入法501（c）(3) 団体の資格を付与されていて、政治活動には制限が加えられている。それに対してACORNが有する内国歳入法501（c）(4) の資格は、CBCOよりも自由かつ広範な政治活動を認めている。
8) 2008年の大統領選挙とコミュニティ組織との関係については、石神（2015）を参照されたい。
9) IAFの民主化理論についての詳細は、石神（2014）を参照。
10) 生活賃金とは、労働者に支払われる賃金の一律的最低ライン、つまり最低賃金（minimum wage）とは異なり、「家族を養える賃金」を意味する。
11) この運動の経緯と詳細については、COPSのホームページ　http://www.copsmetro.com/accomplishments か、あるいはCOPSのfacebook　https://www.facebook.com/copsmetro/ を参照のこと。IAF南西部支部およびCOPSの成果と意義については、別稿で詳しく論じる予定である。
12) 背景には、90年代以降、都市における住居費の高騰が続き、生活賃金が労働組合とも共闘しうる重要なイシューとなったことがある。
13) IAF南西部支部、サンアントニオのCOPSオーガナイザー、Surya Kalra氏とのインタビュー（2015年9月3日）。
14) たとえば、Putnum（2000）、Skocpol（2003）が挙げられる。

【参考文献】

Burgess, M.（1993）"Federalism and Federation: A Reappraisal," in M. Burgess and A.-G. Gagnon（eds.）, *Comparative Federalism and Federation: Competing Traditions and Future Directions*, Harvester Wheatsheaf, pp.3-14.

Ferguson, J. E.（1961）*The Power of the Purse: A History of American Public Finance, 1776-1790*, University of North Carolina Press.

Marston, S. A.（1993）"Citizen Action Programs and Participatory Politics in Tucson," H. Igram and S. R. Smith（eds.）, *Public Policy for Democracy*, The Brookings Institution, pp. 119-131.

Peterson, P. E. (1981) *City Limits*, University of Chicago Press.
Putnum, R. D. (2000) *Bowling Alone: The Collapse and Revival of American Democracy*, Simon and Shuster.
Salamon, L. (1992) *America's Nonprofit Sector*, The Foundation Center.
Skocpol T. (2003) *Diminished Democracy: From Membership to Management*, University of Oklahoma Press.
Swarts, H. J. (2008) *Organizing Urban America: Secular and Faith-based Progressive Movements*, University of Minnesota Press.
Warren, M. R. (2001) *Dry Bone Rattling: Community Building to Revitalize American Democracy*, Princeton University Press.

石神圭子（2014）「「民主化」されるコミュニティ——20世紀中葉の社会政策とソール・アリンスキー組織化運動の交錯」『アメリカ史評論』33号、1-28頁。
――――（2015）「アメリカ・オバマ政権の誕生とその含意——「草の根」の動員過程をめぐる考察」吉田徹編『野党とは何か——組織改革と政権交代の比較政治』ミネルヴァ書房、203-238頁。
石川敬史（2008）『アメリカ連邦政府の思想的基礎——ジョン・アダムズの中央政府論』渓水社。
――――（2014）「アメリカの建国——共和国における王政的権力の再構成」小野紀明・川崎修ほか編『政治哲学2』岩波書店。
岩野一郎（1995）「連邦・州・都市」五十嵐武士・古矢旬・松本礼二編『アメリカの社会と政治』有斐閣ブックス、69-87頁。
岩崎美紀子（1998）『分権と連邦制』ぎょうせい。
エドソール、T・B＆M・D・エドソール（1995）『争うアメリカ——人種・権利・税金』飛田茂雄訳、みすず書房。
斎藤眞（1992）『アメリカ革命史研究——自由と統合』東京大学出版会。
トクヴィル、アレクシス・ド（2005）『アメリカのデモクラシー　第一巻　上』松本礼二訳、岩波書店。
中野勝郎（1993）『アメリカ連邦体制の確立——ハミルトンと共和政』東京大学出版会。
中野耕太郎（2015）『20世紀アメリカ国民秩序の形成』名古屋大学出版会。
西山隆行（2008）『アメリカ型福祉国家と都市政治——ニューヨーク市におけるアーバン・リベラリズムの展開』東京大学出版会。
――――（2014）『アメリカ政治——制度・文化・歴史』三修社。
西尾勝（1975）『権力と参加——現代アメリカの都市行政』東京大学出版会。
ハミルトン、A.、J. ジェイ＆J. マディソン（1999）『ザ・フェデラリスト』斎藤眞・中野勝郎訳、岩波文庫、岩波書店。
平体由美（2007）『連邦制と社会改革——20世紀初頭アメリカ合衆国の児童労働規制』世界思想社。
古矢旬（2002）『アメリカニズム——普遍国家のナショナリズム』東京大学出版会。
宗野隆俊（2012）『近隣政府とコミュニティ開発法人——アメリカの住宅政策に見る自治の精神』ナカニシヤ出版。

あとがき

　本書は、近年の西欧を中心とした「連邦制の逆説」論にヒントを得て、理論、思想、各国事例研究者が「連邦制って何だろうか」「分権改革はどのような意味があるのだろうか」という問いをそれぞれに再考した論文集である。

　本書に通底した連邦制（の安定／不安定）に対する見取り図は、第1章に示されている「インプット正統性とアウトプット正統性の齟齬」の有無によって説明できる。ただ現実の政治はより複雑で、事例編の多くの筆者が「逆説といえるが、完全にそうとも言い切れない」というグレーな結論で終えている。逆に、グローバル化と台頭する地域主義やナショナリズムを調和させるギリギリの制度的装置として、連邦制を把握すべきかもしれない。この「グレーゾーン」は、連邦国家の安定と不安定をめぐる問いがまだまだ奥深くに課題を残している可能性を示唆している。

　そこで以下では、まだ取り上げられていない（たとえばラテンアメリカの）連邦国家があることを念頭に、今後の課題を列挙しておきたい。第一の課題は、安定／不安定の評価基準である。これは規範的次元に立ち入る問題でもあろうが、極端な例を挙げれば、たとえばある地域が分離独立したとしても、それを住民たちが望んだのであれば、分離独立という結果をもって「連邦制は効果がない」と言い切れるか。どうしても主観的な価値判断が入り込まざるをえない。「自治」という観点から評価し直せば、一概に「悪い」ともいえまい。本書は基本的に「分離独立運動が激しいとき、連邦制ないし分権改革は効果がない」というスタンスをとってはきたが、アジアの旧植民地であった国家で分権改革が成功しているという評価をみるとき、あらためてどの観点で連邦制を評価するかという課題が提示される。この点からもアジア地域に対象を広げて議論、執筆を依頼した意義は大きかった。

　第二に、連邦制とは時に、構成体が発する「自治」を求める垂直的なベクトルと、それらを水平的に懐柔し、全体としての「統合」を維持しようとす

る諸力との緊張関係を抱える。垂直的な力と水平的な力の二つの力学を調整する機能を何が果たすか。たとえば仲裁裁判所が挙がるかもしれないし、政治過程では連立形成過程がその調整を果たすかもしれない。ラテンアメリカの大統領制を採用する連邦国家をみれば、行政府＝立法府関係に注目すべきかもしれない。緊張関係が端的に現れる部分の発見とその比較研究が今後望まれよう。

　第三にアイデンティティの多層性と領域性の問題である。多民族国家において、ある個人はいくつのアイデンティティを有しているのか。国民であるだけか、それとも構成体の地域の人であることか、もしくはそこで（特定的に）話される言語や宗教にも強いアイデンティティを持つのか。そして、こうしたアイデンティティが多層的な国家の場合、その区別と構成体の地理的な区分とが一致しているか否かという問題がある。

　たとえばベルギーの場合、フランデレン地域＝オランダ語圏であり、フランスのそれとは地理的に（ブリュッセルを除き）はっきりと区別されている。カナダのケベックでもそうである。こうした場合、第1章で示した二つの正統性のズレが可視化されやすい可能性がある。本書を編む議論のなかで、民族の境界線と連邦構成体の政治的境界線は一致しないほうが安定するのではないかという意見も出た。もしそうであればレイプハルトの連邦制論は真逆の方向に事を進めていることになる。もちろんベルギーはブリュッセルの位置づけをめぐり議論が続いているわけで、事例研究者からは単純にそうとはいえない点もあろうが、比較的容易にデータの収集も可能なように思われる。

　まだまだ議論はつきない。もちろん東欧諸国の場合、東欧革命のインパクトを抜きに連邦制の評価を語ることは難しいし、前述のようにアジア諸国については植民地の歴史を抜きにして、制度の意義だけを語ることは難しいだろう。幸い本書には偶然多くの若い研究者が集ってくれた。彼ら／彼女らが、こうした問題ややり残された事例を引き継いでくれるだろう。

＊　＊　＊

　本書が出来上がった経緯と若干の感謝を記しておく。筆者のおぼろげな記

あとがき

憶によれば、2011年に編者の一人である柳原から日本比較政治学会での企画の応募を持ちかけられたのが発端であったと思う。そこでテーマとして「連邦制の逆説」を提案し、本書でも執筆している馬場をもう一人の報告者に、以前から共同研究に取り組んでいた近藤と臼井に討論者や司会をお願いした。

　幸い企画はとおり、大会前の最後の一週間はヘトヘトで、当日は疲れ果てて自分の報告どころではなかったが、終わって少し冷静になって考えれば、序章に記したような課題以外にも事例選択の課題等、継続的に検討しなければならない課題を与えられたことに気がついた。

　そこで当初は多民族連邦国家に集中して研究を継続しようとしたが、セッション・メンバーを越えてロシア連邦制の若手研究者である溝口に編者として加わってもらい、マレーシアの若手研究者である鈴木に声をかけていくうちに、多くの若い研究者がついてきてくれた。「友達の友達は皆友達」のごとく執筆希望者がどんどん増えていった。しかも彼ら／彼女らとの議論は極めて刺激的であった。幸せなことである。

　そこで多少論点が曖昧になったとしても、若い人たちに思い切り論じてもらおうと考えた。東京（東京大学）で一度、札幌（北海学園大学）で一度の研究会を開催し、いずれも大いに語り合った。執筆者には「この本はジャズだ。各自が思い切り演奏してください」と伝えた。結局かなりの不協和音に聞こえるかもしれないが、まだまだ課題の多い連邦制を扱う本、しかも現下の課題を含む本である。きれいにまとまりすぎると余計に気持ち悪い。もちろんまだ検討の余地があることは承知しているが、逆にまとまりがなさすぎるとお感じの読者がいらっしゃれば、それはひとえに編者である松尾の勉強不足による。

　というわけで、本書はこのような経緯で生まれた本である。まずは2012年日本比較政治学会研究大会（日本大学）で採用いただいた企画委員の先生方、特に仙石学委員長と網谷龍介渉外委員長（いずれも当時）に感謝したい。また特に名を挙げることはしないが、当日までの間筆者の相談に乗ってくれた多くの研究者仲間に「ありがとう」と伝えたい。さらに当日質問いただい

た多くのフロアの先生方にも感謝したい。先生方の声がなければ「もっと頑張ろう」という気持ちは絶対に起こらなかったと思う。

　本書が刊行されたのは、いつものことながら、ナカニシヤ出版の酒井敏行氏の御厚意があったからである。北海道に来てから飲む機会が減ってしまったが、いつもこうして支えてくれて本当に感謝している。またそのうちゆっくり行きたいですね。

　最後に、異例かもしれないが、私の個人的な感謝の言葉を、学会の討論者であり、本書の執筆にも加わってくれた臼井陽一郎、近藤康史両氏に贈ることをお許しいただきたい。あの学会前から今日にいたるまで、お二人には本当に支えられた。しかも、まだまだ未熟な企画を一冊の本としてまとまるよう引っ張っていってくれた。本邦最上級の比較政治学者とEU研究者を親友と呼べる幸せを噛みしめている。引き続きご指導賜りたいと願う。これからもよろしくお願いします。

　　　　2016年9月

　　　　　　　　　　　　　　　　　　　　　　　　　　松　尾　秀　哉

人名索引

あ

アウンサンスーチー　Aung San Suu Kyi　271
アリストテレス　Aristotélēs　53
アルサジュス　X. Arzalluz　115
アルトジウス　J. Althusius　48, 52, 53, 60, 64, 79
アンダーソン　J. Anderson　74, 75
アンダーソン　L. Anderson　39, 44
アンドラーシ　G. Andrássy　163
ウォリン　S. S. Wolin　61
ウォルター　B. Walter　192, 193, 198
エラザール　D. J. Elazar　80, 81
エリツィン　B. Yeltsin　177-179, 181, 183
エルキンス　Z. Elkins　45, 194

か

ガー　T. R. Gurr　36
ガライコエチュア　C. Garaikoetxea　115
カルティエ　G.-É. Cartier　276
川中豪　260, 263
ギールケ　O. Gierke　79
キムリッカ　W. Kymlicka　5, 49, 64, 273, 287
キャメロン　D. Cameron　121
クーデンホーフ＝カレルギー　R. Coudenhove-Kalergi　69
クチマ　L. Kuchma　209
クリスティン　T. Christin　40-44
クレティエン　J. Chrétien　285
グロス　A. Gross　81, 82
ケーマン　H. Keman　18
コーエン　F. S. Cohen　36-38, 43

さ

サイデル　J. Sidel　252, 258, 259
サイドマン　S. Saideman　38
サッチャー　M. Thatcher　72
サパテロ　J. L. R. Zapatero　119
ジスカールデスタン　V. Giscard d'Estaing　71
シデス　J. Sides　194
シャープ　F. Scharpf　24
シュトラーへ　H.-C. Strache　151
シュミット　C. Schmitt　79
ジョーダン　A. Jordan　77
ジョコウィ　Jokowi　240, 245, 247
スアレス　A. Suárez　111-115
スウェンデン　W. Swenden　109
スキナー　Q. Skinner　51
ステパン　A. Stepan　16, 17, 193
スハルト　Suharto　237-240, 244
スピネッリ　A. Spinelli　69

た

タラデージャス　J. Tarradellas　113, 114
ダラボス　N. Darabos　150
チトー　J. B. Tito　213-216
千葉眞　50
チャーチル　W. Churchill　69
チョービッチ　D. Čović　202, 203
デアーク　F. Deák　162, 163
ディオン　S. Dion　287
ティヒッチ　S. Tihić　202
ディ・ルポ　E. Di Rupo　93, 99, 100
デ・ウェーヴェル　B. De Werer　93, 100, 102
デッターベック　K. Detterbeck　22, 23
デュプレシ　M. Duplessis　278
トクヴィル　A. Tocqueville　48, 53, 58-64, 305
ドディク　M. Dodik　202
トフト　M. Toft　193

313

トルドー　P. Trudeau　280-283, 288

な
ニースル　H. Niessl　150, 152

は
ハーシュマン　A. O. Hirschman　20
バージェス　M. Burgess　48, 49, 53, 60, 75, 80, 81
ハーツェル　C. Hartzell　192
ハーバーマス　J. Habermas　80, 81
バーリン　I. Berlin　53
ハイダー　J. Haider　141, 148
バッケ　K. Bakke　38
ハッチクラフト　P. Hutchcroft　253
ハディーズ　V. Hadiz　240
ハビビ　B. J. Habibie　237, 239
ピアソン　P. Pierson　14
ビエラ　J. Biela　45
ピューリンガー　J. Pühringer　15
ファイマン　W. Faymann　15
フィッシャー　J. Fischer　70
プーチン　V. Putin　182-185, 187
ブシャール　L. Bouchard　285
ブジョル　J. Pujol　113, 114, 117
ブラサ　R. Bourassa　283, 284
プラトン　Platon　50
ブランカティ　D. Brancati　21, 38
フランツ・フェルディナント　Franz Ferdinand　171
ブリアン　A. Briand　69
ブリアンテス　A. Brillantes　253, 259
プリマコフ　E. Primakov　182
プルードン　P. J. Proudhon　79
ヘイズ　D. Hays　202
ペイン　T. Paine　55
ヘップバーン　E. Hepburn　22, 23
ベンソン　D. Benson　77
ベローニ　R. Belloni　198
ホイプル　M. Häupl　150
ポコック　J. G. A. Pocock　55

ホディー　M. Hoddie　192
ポポヴィッチ　A. Popovici　159
ホロヴィッツ　D. Horowitz　14, 193

ま
マクドナルド　J. A. Macdonald　275
マス　A. Mas　119, 120
マディソン　J. Madison　294
マルローニー　B. Mulroney　283
ミグダル　J. Migdal　258
ミシェル　C. Michel　103
メガワティ　Megawati　243
メドヴェージェフ　D. Medvedev　185, 186
モネ　J. Monnet　68
モラフチク　A. Moravcik　80

や
ヤヌコーヴィチ　V. Yanukovych　209, 210
ユーシチェンコ　V. Yushchenko　209
ユドヨノ　S. B. Yudhoyono　248

ら
ラーセン　F. Laursen　75
ライカー　W. H. Riker　5, 125
ランデ　C. Landé　257, 258
リュービッチ　B. Ljubić　203, 204
リンス　J. Linz　108, 109, 193
ルサージュ　J. Lesage　278
ルソー　J.-J. Rousseau　50
レイプハルト　A. Lijphart　3, 14, 124, 191
レイリー　B. Reilly　197
レヴェック　R. Lévesque　279, 281, 282
レズニック　P. Resnick　273, 287
ロイド・ジョージ　D. Lloyd George　127, 128
ローダー　P. G. Roeder　3, 39, 121
ロック　J. Locke　55

事項索引

あ
アイルランド　124, 129, 131
アウスグライヒ　158
アウトプット正統性　24
アメリカ　14, 16, 17, 32, 36, 53, 56, 59-61, 71, 73, 76, 252, 253, 273, 274, 291-294, 296-300, 304, 305
　──革命　48, 56
　──合衆国憲法（連邦憲法）　291
アンダルシア　116
安定化連合協定　200
EU　67-76, 78, 80, 200, 210
イングランド　124, 130, 132, 135, 137
インド　17, 125, 127, 291
インドネシア　236, 239, 250, 252
インプット正統性　24
ウェールズ　26, 124-126
ウェストミンスター　137
ウェストロジアン問題　131, 137
ウクライナ　175, 208-211
英領北アメリカ法（1867年憲法）　274
エンティティ投票　195
オーストラリア　125, 127
オーストリア　140-154, 159-171
　──・アウスグライヒ法　163
　──国民党（ÖVP）　140, 144
　──社会党（SPÖ）　140, 144, 150
　──自由党（FPÖ）　140, 144, 150, 153, 158, 168
　──＝ハンガリー
王政　293
オランダ　124
オレンジ革命　210

か
回帰分析　32
外的自決権　85
カタルーニャ　113
　改正──自治憲章　119
カナダ　14, 17, 19, 28, 72, 85, 125, 127, 273-288
　──権利自由憲章　282
ガリン・ポーク　259, 260, 262
頑強性（ロバストネス）　36
間接的連邦行政　143
議会主権　124
救済的分離　85
（旧）ソ連　32, 36, 39, 42, 174, 176, 179, 236
（旧）ユーゴスラヴィア　3, 39, 200, 213-216, 236
協調民主主義　141, 149
共通閣僚会議　164
共通業務　164
極右　149, 150
共和主義　60
共和政　293
キリスト教民同盟（ドイツ）　147
グッド・ガバナンス　254, 259-261
クライエンティスト　258, 259
クラリティー法　286
クリミア　211
　──自治共和国　175
　──・タタール人　210
　──併合　186, 210
クロアチア民主同盟　202
　──1990　203
経済協約　115
計量分析　32
ケベック　28, 85, 273, 275-288
ケルト的周辺域　126, 128
権限委譲　124, 129-137
権限区分条約　178
権力分有　191
言語問題　92, 93
公共生活　305

高速ルート　　110
鉱物資源　　221, 222
合理的選択論　　261
国際ドナー　　253, 254, 262, 264
国事詔書　　160
国法　　160
国民戦線（マレーシア）　　229
国家承認　　86
国家性の問題　　109, 193
コミットメント問題　　193
コミュニティ・オーガナイジング　　302
コミュニティ開発法人　　300
コミュニティ活動事業　　300
コミュニティ組織　　300
　　教会母体の——　　300
コモンウェルス　　50, 57
コンディショナリティ　　199
コントロール　　34

さ
サバ　　221, 223, 228
サラワク　　221, 223, 228
三重主義　　169
シェンゲン協定　　150
自決権　　84
静かな革命　　279
自治州国家制　　110
自治プロセス調整組織法（LOAPA）　　196
自治プロセス法（LPA）　　196
児童労働法　　297
市民参加　　256, 257, 261, 263, 264
社会契約　　292
社会パートナーシップ　　141
州組織　　147, 152
集中と統一（CiU、カタルーニャ）　　117
自由党（イギリス）　　126-130
州の管轄　　221
自由民主主義　　48, 53, 59, 61, 62, 64
自由民主党（イギリス）　　130
州立法議会　　219
主権国家　　50
首相公選制　　185

準連邦国家　　125
上級代表　　198
尚早の承認　　87
新制度論　　15, 258, 261
新フランデレン同盟（N・VA、ベルギー）　　93, 94, 97-99, 101
新連邦制（New Federalism）　　299
スコットランド　　3, 14, 23, 26-28, 84, 125-127, 129-137
スコットランド国民党（SNP）　　23, 26, 27, 128, 132-135, 137
ステーティスト　　258, 259, 261
スペイン　　13, 108-112, 115, 120, 121, 252, 253
生活賃金運動（living wage campaign）　　304
政治文化論　　258
成文憲法　　124, 132
セヴァストーポリ　　175
石油ロイヤルティ　　230
競り上げ　　194
　　——効果　　97, 98
セルビア民主党　　202
1991年地方自治法（LGC、フィリピン）　　252, 254, 256, 257, 259, 261, 263, 264
1982年憲法（カナダ）　　282
操作変数法　　40
創造的連邦制　　298

た
大オーストリア　　171
代議団　　165
多極共存型権力分有制度　　191
多極共存型民主主義　　124
多極共存型連邦制　　92, 96
多数決型民主主義　　130
多数派選出の原理　　148, 152
タタルスタン共和国　　178
単一国家　　124, 129
地域や自治州のエスニシティ　　109
チェチェン共和国　　181
地方エリート　　257-259, 261, 263
地方自治法　　253

事項索引

地方首長公選制　236, 243, 247
地方分権化　236, 237, 239, 241, 243, 244, 251
中央集権　140, 145, 153
―――化　183, 225, 226
DA-RT（Data Access and Research Transparency）　35
t 検定　33
低速ルート　110
帝国的統合　51, 55, 61
デイトン合意　194
データ生成プロセス（data generating process）　43
領土型連邦制
ドイツ　17, 73, 75, 82
統一マレー人国民組織　226
統一ロシア　185
統計分析　32
独自の社会　283
独立社会民主主義者連合（ボスニア）　202
途上国　252, 254, 257-259, 263
ドネツィク州　211
トランスナショナル・デモクラシー　80, 81
ドレッド・スコット判決　296

な

内国歳入割当（Internal Revenue Allotment: IRA）　255, 257
ナイジェリア　41, 125
内生性　39
内的自決権　85
ナショナリズム　62, 74, 125, 126, 130, 131
南北戦争　296
二言語・多文化主義　280
二元的連邦制　297
二重君主国　158
二重主義　163
二大政党　130
ニューディール　297
ネオ・コーポラティズム　141

は

バーネット・フォーミュラ　131, 137
バスク　114
―――国民党（PNV）　112
―――と自由（ETA）　112
パトロン＝クライアント論　258, 259
パネルデータ　36
パリ条約　293
汎カナダ的　277
ハンガリー・アウスグライヒ法　163
非対称型連邦制　276
非対称な連邦制　178
非連合マレー諸州　221, 225
貧困削減　257, 263
フィリピン　252, 253, 257-260, 263, 264
フェデラリスト（フェデラリスツ）　55, 226
反―――　226
フェデラル・ヨーロッパ　67-69, 72, 75, 78, 81, 82
復員軍人援護法　298
ブラジル　17, 41
フランコ体制　111
フランス革命　61
フランデレン　91-95, 97, 98, 100
ブリュッセル　95, 98-100
プロポルツ制　141
プロポルツ選出の原理　148, 152
分権化　211, 234
分離主義　23, 187
ベルギー　13, 14, 16, 17, 19, 23, 26, 28, 40, 42, 91-105
補完性原理　52, 53, 56, 80
保守党　27, 131
ボスニア・ヘルツェゴヴィナ　41, 191, 194-201, 204, 215
ボスニアのための党　203
ポピュリスト　149
ボン・パワー　199

ま

マラヤ連合　226

317

マラヤ連邦合意　226
マリ　41
多民族型連邦制(マルチナショナル)　273
マレーシア　36, 125, 217-219, 225, 227, 229, 233, 234
ミャンマー　267-272
民主化　252-254
民主行動党　202
民族　219
民族の死活的利益　195
民族連邦制（ethnofederalism）　39
民族連邦制指数　40
メイフラワー誓約　293
モデル特定化（model specification）　36

や

ユーロマイダン革命　210
ユニオン・ステート　124, 126, 128
ヨーロッパ統合、欧州統合　67, 68, 70, 76, 80, 81, 126

ら

ライヒ　164
リーダー　98
リーダーシップ　261, 262
リスク下の少数民族（Minorities at Risk: MAR）　36
リスク下の少数民族プロジェクト（AMAR）　44
理念国家　293

リベラリズム　305
領土保全原則　85
ルハンシク州　211
歴史的制度論　258
連合規約　293
連合マレー諸州　221, 225
連合王国　124, 126, 135
連邦議会（マレーシア）　221
連邦国家　192
連邦参議院　143, 145
連邦主義　48, 49, 51, 53, 57, 59-64, 69-71, 74, 76, 78-82, 128, 129
連邦条約　177
連邦制概念　125, 126, 136
連邦制的解決　128
連邦制の逆説　4, 15, 174
連邦政府交付金　223
連邦政府の権限　221
連邦的解決　125, 128, 129, 134
連邦の優位　222
連盟党（マレーシア）　227
労働党（イギリス）　27, 128, 129, 132-134
ロイヤルティ　232
ロシア　68, 174-178, 181, 182, 186-188, 208, 209, 272
──連邦憲法　177

わ

ワロン　91-95, 97, 98, 100

執筆者一覧 (執筆順、＊は編者)

＊近藤康史 (こんどう・やすし)

1973年生まれ。名古屋大学大学院法学研究科博士後期課程修了。博士（法学）。現在、筑波大学人文社会系准教授。政治学・イギリス政治専攻。『個人の連帯』（勁草書房、2008年）、『社会保障と福祉国家のゆくえ』（共編著、ナカニシヤ出版、2011年）、『社会民主主義は生き残れるか』（勁草書房、2016年）、ほか。

久保田徳仁 (くぼた・のりひと)

1975年生まれ。東京大学大学院総合文化研究科博士課程中途退学。現在、防衛大学校国際関係学科准教授。国際政治学、安全保障論専攻。「国連平和維持活動への要員提供と政治体制、犠牲者敏感性——Lebovic の Heckman Selection Model の適用・拡張を通じて」（『防衛学研究』第38号、2008年）、ほか。

森分大輔 (もりわけ・だいすけ)

1968年生まれ。成蹊大学大学院法学政治学研究科博士後期課程満期退学。博士（政治学）。現在、聖学院大学政治経済学部政治経済学科准教授。西洋政治思想専攻。『ハンナ・アレント研究——＜始まり＞と社会契約』（風行社、2007年）、『紛争と和解の政治学』（分担執筆、ナカニシヤ出版、20013年）、ほか。

臼井陽一郎 (うすい・よういちろう)

1965年生まれ。早稲田大学大学院経済学研究科応用経済学専攻博士後期課程単位取得退学、英国リーズ大学大学院法学研究科論文修士課程修了。現在、新潟国際情報大学国際学部教授。EU政治専攻。『環境のEU、規範の政治』（ナカニシヤ出版、2013年）、『EUの規範政治』（編著、ナカニシヤ出版、2015年）、ほか。

小松﨑利明 (こまつざき・としあき)

1974年生まれ。国際基督教大学大学院行政学研究科博士後期課程博士候補資格取得退学。現在、聖学院大学政治経済学部助教。国際法・平和研究専攻。『EUの規範政治』（分担執筆、ナカニシヤ出版、2015年）、『紛争と和解の政治学』（分担執筆、ナカニシヤ出版、2013年）、ほか。

＊松尾秀哉 (まつお・ひでや)

1965年生まれ。東京大学大学院総合文化研究科博士課程修了。博士（学術）。現在、北海学園大学法学部教授。ヨーロッパ政治、比較政治学専攻。『紛争と和解の政治学』（共編著、ナカニシヤ出版、2013年）、『物語ベルギーの歴史——ヨーロッパの十字路』（中公新書、2014年）、『連邦国家ベルギー——繰り返される分裂危機』（吉田書店、2015年）、ほか。

永田智成（ながた・ともなり）
1981 年生まれ。首都大学東京大学院社会科学研究科法学政治学専攻政治学分野博士後期課程修了。博士（政治学）。現在、首都大学東京都市教養学部法学系助教（首都大学東京都市教養学部法学系政治学コース助教）。西洋政治史、スペイン政治専攻。『フランコ体制からの民主化——スアレスの政治手法』（木鐸社、2016 年）、ほか。

小舘尚文（こだて・なおのり）
1975 年生まれ。ロンドン大学経済政治学院より Ph.D（政治学）取得。現在、アイルランド国立大学ダブリン校社会科学・法学部専任講師。比較社会政策専攻。*Maternity Services and Policy in an International Context: Risk, Citizenship and Welfare Regimes*（編著、Routledge 社、2015 年）、『比較福祉政治——制度転換のアクターと戦略』（分担執筆、早稲田大学出版部、2006 年）、ほか。

東原正明（ひがしはら・まさあき）
1973 年生まれ。北海学園大学大学院法学研究科博士（後期）課程単位取得退学。博士（法学）。現在、福岡大学法学部准教授。政治過程論・オーストリア現代政治専攻。『反核から脱原発へ——ドイツとヨーロッパ諸国の選択』（分担執筆、昭和堂、2012 年）、『世界政治叢書 3　北欧・南欧・ベネルクス』（分担執筆、ミネルヴァ書房、2011 年）、ほか。

馬場優（ばば・まさる）
1967 年生まれ。大阪市立大学大学院法学研究科後期博士課程単位修得退学。博士（法学）。現在、福岡女子大学国際文理学部准教授。国際政治史専攻。『オーストリア＝ハンガリーとバルカン戦争』（法政大学出版局、2006 年）、マイケル・ハワード『第一次世界大戦』（翻訳、法政大学出版局、2014 年）、ほか。

* **溝口修平**（みぞぐち・しゅうへい）
1978 年生まれ。東京大学大学院総合文化研究科博士課程満期退学。博士（学術）。現在、中京大学国際教養学部准教授。比較政治学、ロシア政治専攻。『ロシア連邦憲法体制の成立』（北海道大学出版会、2016 年）、『ポスト社会主義期の政治と経済』（分担執筆、北海道大学出版会、2011 年）、ほか。

中村健史（なかむら・たけふみ）
1978 年生まれ。防衛大学校総合安全保障研究科博士後期課程修了。博士（安全保障学）。現在、筑波大学大学院人文社会科学研究科国際公共政策専攻特任研究員。平和構築・ボスニア政治専攻。『国際関係・安全保障用語辞典』（分担執筆、ミネルヴァ書房、2013 年）、ほか。

鈴木絢女（すずき・あやめ）
1977 年生まれ。東京大学大学院総合文化研究科博士課程修了。博士（学術）。現在、同志社大学法学部准教授。東南アジア地域研究、比較政治学専攻。『〈民主政治〉の自由と秩序――マレーシア政治体制論の再構築』（京都大学学術出版会、2010 年）、ほか。

見市建（みいち・けん）
1973 年生まれ。神戸大学大学院国際協力研究科博士後期課程修了。博士（政治学）。現在、岩手県立大学総合政策学部准教授。比較政治学、東南アジア地域研究専攻。『新興大国インドネシアの宗教市場と政治』（NTT 出版、2014 年）、*Dynamics of Southeast Asian Muslims in the Era of Globalization*（共編著、Palgrave Macmillan、2014 年）、ほか。

石井梨紗子（いしい・りさこ）
1977 年生まれ。東京大学大学院総合文化研究科博士課程単位取得満期退学。マンチェスター大学博士課程修了。博士（開発政策）。現在、福岡大学商学部専任講師。行政学専攻。*Towards Good Governance in South Asia*（分担執筆、University of Tampere、2010 年）、ほか。

今村真央（いまむら・まさお）
1973 年生まれ。シンガポール国立大学より Ph. D 取得。現在、山形大学人文学部人間文化学科准教授。東南アジア地域研究・人文地理学専攻。"Rethinking Frontier and Frontier Studies," *Political Geography*（45, 2015）、ほか。

＊柳原克行（やなぎはら・かつゆき）
1971 年生まれ。立命館大学大学院法学研究科博士後期課程修了。博士（法学）。現在、大同大学教養部人文社会教室准教授。政治学、カナダ政治専攻。『模索する政治――代表制民主主義と福祉国家のゆくえ』（分担執筆、ナカニシヤ出版、2011 年）、『マルチナショナリズム－ケベックとカナダ・連邦制・シティズンシップ－』（共訳、彩流社、2012 年）、ほか。

石神圭子（いしがみ・けいこ）
1977 年生まれ。北海道大学大学院法学研究科博士後期課程単位取得満期退学。博士（法学）。現在、日本学術振興会特別研究員 RPD。ブリティッシュ・コロンビア大学政治学部リサーチ・フェロー。政治学、アメリカ政治専攻。『野党とは何か』（分担執筆、ミネルヴァ書房、2015 年）、「「民主化」されるコミュニティ――20 世紀中葉の社会政策とソール・アリンスキー組織化運動の交錯」（『アメリカ史評論』第 33 号、2015 年）、ほか。

連邦制の逆説？
効果的な統治制度か

2016年10月11日　初版第1刷発行　　定価はカヴァーに表示してあります

編　者　松尾秀哉　近藤康史
　　　　溝口修平　柳原克行
発行者　中西健夫
発行所　株式会社ナカニシヤ出版
　　　　〒606-8161 京都市左京区一乗寺木ノ本町15番地
　　　　　　　TEL 075-723-0111　FAX 075-723-0095
　　　　　　　http://www.nakanishiya.co.jp/

装幀＝白沢　正
印刷・製本＝亜細亜印刷
Ⓒ H. Matsuo, Y. Kondo, S. Mizoguchi, K. Yanagihara et al. 2016　　Printed in Japan.
＊落丁・乱丁本はお取替え致します。
ISBN978-4-7795-1105-9　C3031

本書のコピー、スキャン、デジタル化等の無断複製は著作権法上での例外を除き禁じられています。本書を代行業者等の第三者に依頼してスキャンやデジタル化することはたとえ個人や家庭内での利用であっても著作権法上認められておりません。

紛争と和解の政治学

松尾秀哉・臼井陽一郎 編

紛争解決のための「和解」はいかにして可能か。思想史や現代政治理論のなかに「和解」の思想の系譜をたどり、戦後和解や南アフリカなど国内外のさまざまな事例をもとに、「和解」の政治学の可能性を探る。　二八〇〇円

模索する政治
代表制民主主義と福祉国家のゆくえ

田村哲樹・堀江孝司 編

「代表制民主主義＋福祉国家」という20世紀型デモクラシーは、今日、さまざまな挑戦に晒されている「民主主義と福祉」の新たな相互作用にアプローチし、新しいありかたを模索する「政治」の現状を描く。　四八〇〇円

EUの規範政治
グローバルヨーロッパの理想と現実

臼井陽一郎 編

環境、人権、移民、安全保障、アニマル・ウェルフェア……。国際政治をリードするEUの対外的な規範パワーはいかにして形成されるのか。批判的アプローチを通じてそのメカニズムと実像に迫る。　三五〇〇円

ヨーロッパのデモクラシー
改訂第2版

網谷龍介・伊藤武・成廣孝 編

移民とポピュリズム、政党不信と大連立――民主主義をめぐるさまざまな困難に立ち向かうヨーロッパ政治のいまを各国別に紹介。新たにEU加盟を果たしたクロアチアを加えるなど、欧州29カ国の最新の政治状況。　三六〇〇円

＊表示は本体価格です。